名校工程
职教创新系列

中国职业教育

名校/名校长创新管理评析

特色专业卷

国家教育行政学院职业教育研究中心 组编

总 主 编◎邢 晖

本册主编◎陈扬兴

西南师范大学出版社

全国百佳图书出版单位 国家一级出版社

图书在版编目（CIP）数据

中国职业教育名校/名校长创新管理评析·特色专业卷/陈扬兴主编.—重庆：西南师范大学出版社，2012.9

（名师工程系列丛书）

ISBN 978-7-5621-5958-2

Ⅰ.①中…　Ⅱ.①陈…　Ⅲ.①职业教育－专业设置－研究－中国　Ⅳ.①G71

中国版本图书馆CIP数据核字（2012）第211755号

名师工程系列丛书

编委会主任：马　立　宋乃庆
总策划：周安平
策　划：李远毅　卢　旭　郑持军　郭德军

中国职业教育名校·名校长创新管理评析·特色专业卷
Zhongguo Zhiye Jiaoyu Mingxiao/Mingxiaozhang Chuangxin Guanli Pingxi · Tese Zhuanye Juan
陈扬兴　主编

责任编辑：曾　文　郑　丽
封面设计：大象设计
出版发行：西南师范大学出版社
　　　　　地址：重庆市北碚区天生路1号
　　　　　邮编：400715　市场营销部电话：023-68868624
　　　　　http://www.xscbs.com
经　　销：新华书店
印　　刷：重庆华林天美印务有限公司
开　　本：787mm×1092mm　1/16
印　　张：16.75
字　　数：282千字
版　　次：2012年9月　第1版
印　　次：2012年9月　第1次印刷
书　　号：ISBN 978-7-5621-5958-2

定　　价：35.00元

《名校工程》

职教创新系列编委会

丛书总主编	邢　晖
分册执行主编（按姓氏拼音排序）	陈扬兴　段守政　关林柏　郭泗东　贺士榕 姜　峻　江再智　陆志松　石兆胜　吴文鹏 岳小战　张长谦　张建林
点评专家（按姓氏拼音排序）	曹　晔　杜爱玲　佛朝晖　耿　洁　胡嘉牧 蒋乃平　李梦卿　孙　琳　向才毅　邢　晖 徐　涵　张社字　张振笋　周明星
本册参加编写人员（按姓氏拼音排序）	薄小川　陈　军　陈克文　郭立纯　黄瑞旺 李　立　梁泽洪　秦英翔　王　平　王晓旭 温博栋　喻友军　曾呈崧

前　言

职业教育，关乎国计民生，影响发展大局，在推动经济结构调整和产业转型升级、促进劳动就业和文化进步、推进教育结构合理化和人的全面发展等方面，其职能价值不可替代；在培养技能型人才和高素质劳动大军、解决持证上岗就业、提供终身学习、改善畸轻畸重的教育偏失等方面，更是功不可没。特别是当今，中国进入全面建设小康社会和转变生产方式的关键期，进入工业化和城市化快速发展的攻坚期，进入人力资源强国建设和教育整体改革发展的深入期，职业教育面临更大的机遇和挑战，更加任重道远。我们没有理由忽视和漠视职业教育，必须把职业教育放在更加突出的位置。

职业学校，是现代学校的重要类型，也是我国职业教育的主要形式。中等职业学校，是现阶段我国职业教育的主体力量。如果说普通中小学和大学在改革创新和发展中百花开放，竞相争艳，那么职业院校特别是中等职业学校（含中专、职高、技校、成人中专等）更像一簇后发的奇葩，含羞怒放，光彩夺目。职业学校历经数年的攻坚克难，在困境中闪亮转身，在曲折中奋步前行，在负重中实现跨越，办学成就和特色凸显：高中阶段"半壁江山"的规模、面向人人"培养技能"的功能、开门办学"前店后厂"的特点、校企合作"工学交替"的模式；面向市场需求的专业设置、对接职业标准的课程安排、工作任务导向的教学实施、融入工业文明的学校文化、技能大赛产生的社会影响；职校校长"多能性"的角色、职校教师"双师型"的素质、社会能人请进课堂、职校学生"多证在手"；职业学校与国际接轨、与市场接轨、与企业接轨、与社会接轨，办得有声有色、有滋有味、可圈可点。我们没有理由不认真总结职校经验，大力宣传职校成果。

职业学校管理，是教育生产力的"软件"，是"无本万利"的关键元素，是学校提升水平、健康持续发展的重要保障。与普通学校相比，职业学校管理既有共性，也有个性，其研究价值在于本身区别于其他教育类型的特殊规律。比如，管理环境的外生性和多面性，管理思想的社会性和开放性，管理主体的多层性和多类性，管理对象的特殊性和交叉性，管理体制的复杂性和合作性，管理范围的广泛性和整体性，管理内容的多样性和职业性，管理方式的灵活性和多变性，管理过程的复杂性和综合性，管理目标的适切性和多层次性，这些都是由职业教育的特点和特殊规律所决定的。

职业学校校长是职业学校的灵魂，一个好校长在某种意义上就是一所好学校。校长使命和学校管理是两个角度一个命题，也可以说是学校生存发展的动力和关键。与普通学校相比，职业学校的校长管理有独特的要求：思想更加开放、活动更加多样、体制更加复杂、模式更加灵活。但是迄今，无论是对学校管理工作的研究，还是对职校校长思想的挖掘，都显得比较单薄和分散，管理案例的搜集和研究还不多见，与"中等职业教育占据高中阶段半壁江山"的发展规模很不相称，与职业教育管理的多姿多彩和职校校长"多面能人"的类型特色很不相符，我们没有理由不更多地搭建一些平台，更多地聚焦职业学校管理，更多地关注一些"不一般"的职校校长。

本丛书是职校管理或校长管理案例研究的一次初步性尝试，也是2010年以来全国中职校长改革创新研究班的一个延展性成果。正是基于上述考虑，由国家教育行政学院职教研究中心牵头组编，全国各地中等职业学校（几乎均为国家级重点校）踊跃参与，形成这套《中国职业教育名校/名校长创新管理评析》系列丛书。其整体构思是：中等职教是主体，职校校长是主角，学校管理是主题，10个管理板块是重点；单块成册，集合成套，既独立，又关联，亦分亦合。丛书共10卷，分别为学校管理卷、特色德育卷、教学研究卷、师资建设卷、课程改革卷、就业指导卷、特色专业卷、校企合作卷、实训基地建设卷、农村职教特色卷。

丛书各卷的呈现思路大体一致，包含"名校/名校长简介—核心思想—实践应用—拓展反思—专家评析"等主要环节；每一卷分别聚焦一个主题，精选和荟萃十几篇有特色、有创新、有影响的典型院校管理案例，旨在提炼每一所学校的成功模式，展现不同类型校长相同或个性化的行动与思考，总结其改革和创新经验，对他校和他人提供启示和借鉴；同时，由业界专家和学者精心撰写了言简意赅、画龙点睛的点评，力求对学校进一步发展提供指导和启迪。另外，丛书在内容取舍和体例安排方面，既保证了内容的可读性，又力争能够体现观点的广度、分析的深度。

在丛书编写中对几个关系的认识和处理，有必要做些说明。一是绝对与相对的关系。好学校或称名校，好校长或称名校长，是具有一定内涵的相对概念，并非也不可能是绝对的。相对于1.36万职业学校和成千上万的校长来说，国家级重点校或省级重点校、改革创新示范校及其校长，称其为名校和名校长（有些校长确有相关的标志性的荣誉称号）并不为过，当然这种判断要动态地、辩证地看。二是共性与个性的关系。同是职业学校，办学和管理上必然有共性。但千校千面，各有特长，大家不同，大家都好，我们更侧重其个性化的特色。三是继承与发展的关系。任何一所学校都不可能割断历史，任何一位校长也不可能终身任职，过去、现在和未来，本书更立足于现实，基于眼前再看过往和明天。四是校长与学校的关系。本书实际上是两条主线，亦明亦暗，有些是以学校为明线，有些是以校长为明线，但主题都是管理创新。五是主观与客观的关系。本丛书力求事实可靠，素材准确，分析客观，但各卷各篇案例大多由学校自己撰稿，难免带有主观色彩；专家点评也多是基于案例文稿，如有不妥，敬请批评指正。

希望这套丛书能够发挥积极有效的作用。对于人们认识理解职业教育的地位和功能、探求把握职业教育管理和发展规律、深化拓展职业教育各项工作和管理改革创新，对于激发振奋校长群体和职教人的斗志精神、引领提升中职校长领导力和管理水平、展示讴歌职业学校的风貌风采，对于建设具有中国特色的职业教育，促进世界上最大规模的职业教育又好又快发展，如果对读者能够从某个点上有所裨益和帮助，我们就聊以欣慰和知足。

最后，向参与本丛书规划、创作、点评审稿的领导、专家学者，向提供案例材料的学校、校长，以及编写人员一并表示衷心的感谢！

编　者

2012 年 6 月

于国家教育行政学院

目 录

Contents

目　录
Contents

特色专业卷

名校／名校长简介

陈扬兴校长在他近30年的校长生涯里，有20余年是奉献给了上海市振华外经职业技术学校。他是一位带领大家不断进行教育探索的好校长。自上海市振华外经职业技术学校创办以来，陈扬兴校长坚持以竞争求生存，以服务求发展的办学理念；在管理上，坚持机制创新和制度创新，注重学校的内涵建设。引领学校一步步飞跃发展，从一个专业教学班发展到现在拥有3个校区、16个专业、3000余名学生的国家级重点中等职业学校。陈扬兴校长更是以他资深的职教经验，本着相互研究与提高的意愿，为浦东新区、上海乃至全国兄弟学校的不断发展默默地贡献着。

陈扬兴校长于1978年1月毕业于上海华东师范大学英语专业，1984年在上海市光辉中学任副校长，1985年任校长。1991年被正式任命为上海市振华外经职业技术学校校长，自1998年以来，一直任该校校长兼总支书记。任教期间，他两次荣获上海市园丁奖和10次区级先进表彰。上海市振华外经职业技术学校除了连续3次被评为上海市文明单位外，还被评为上海市职教先进单位、上海市百所重点学

创建品牌专业，走可持续发展之路

——上海市振华外经职业技术学校

校、上海市德育工作先进集体、上海市行为规范示范校、上海市心理健康示范校等，连续5年被浦东新区局党委授予"先进基层党组织"等光荣称号。

　　陈扬兴校长以自己的人格力量、务实作风及对党的教育事业的无限忠诚，倾其毕生的精力投身于他所热爱的职教事业，带领学校不断发展壮大。

核心管理思想

上海市振华外经职业技术学校是上海市最早创办的一所以专门培养外经贸人才为主的职业技术学校，经过 20 多年的不断进取与发展，现已发展为一所专业综合、办学多元的国家级重点职校。自 2000 年以来，面对内外环境的变化和日趋激烈的竞争格局，学校从战略的高度，以"十七大"重要思想和科学发展观为指导，及时提出了以多元办学为方向、以改革开放为前提、以内涵建设为核心、以创建品牌为目标，走职业教育可持续发展之路的办学思想。坚持以竞争求生存，以服务求发展的办学理念；秉持德育为先，注重学科发展、专业综合、多元并举的办学模式，正逐步建成一所普职渗透、中高贯通、职前教育与职后培训、学历教育与非学历教育并举的，并与外省市及境外机构合作办学，且具有一定规模和影响的，高质量、高标准的国家级重点职业学校。

在管理方式上，学校坚持机制创新和制度创新，注重质量和效益，注重文化和特色，注重创新和品牌，说到底就是注重学校的内涵建设。学校的内涵建设主要表现为提高办学质量，包括教学质量、环境质量、管理质量，即学校的软实力。因为一所学校要真正落实科学发展观，提高核心竞争力，培养高素质技能型人才，其关键还是在学校的内涵建设创新上。

实践应用

一、不断创新办学模式，积极探索新形势下的多元办学道路，促进职教优质资源的共享和互补

学校要获得发展，必须要有与社会经济相适应的办学模式。在多年的办学实践过程中，学校在办学模式上不断提出新思路，逐步构建起以政府为主导、企业和行业发挥作用、社会力量积极参与、境内外密切合作的多

元化办学模式。

　　学校以上海市浦东新区为基点，向周边区域、中部和西部地区拓展，积极提供优质适用的职教项目。近年来，学校与江西、云南、宁夏等地的合作已具有了相对稳定的局面。2011年，学校又开拓了与长三角区域内的优质职教资源进行互动与合作的项目，现正积极筹建长三角区域职教联盟。在合作办学的方式上，学校不断完善已有的"1+2"模式，并积极探索"0+3"新模式，积极发挥了作为核心城市职业教育的服务与辐射作用。

　　近几年，学校和宁夏、江西等地职业教育单位合作培养的微电子、电子商务等专业的学生已逐步进入上海、昆山等地的高新企业实习和工作，受到了用人单位的一致好评。一位来自宁夏合作班的同学这样说，在上海振华外经职业技术学校的两年学习生活夯实了他的职业生涯的基础，改变了他的人生轨迹，使他对未来的发展充满了信心。

　　作为以外经贸类专业为特色的职业学校，除了积极拓展境内合作外，学校还非常注重与境外教育机构的交流与协作，适时引进国外先进的教育理念、专业课程及国际职业资格证书，使职业人才培养规格与国际接轨。

　　早在1996年，学校就获得了聘请外籍教师的资格，是上海市最早聘请外教的中职学校之一。此后，学校通过美国马歇尔大学的推荐和介绍，聘请多位外籍教师来校承担英语教学，并取得了良好的教学效果。

　　从2004年起，通过英国领事馆文化交流部牵线，学校与英国杉顿中学于2005年签署了合作协议书，自2005年起开展了两校师生间的以课程研究为主题的合作交流互访活动。至今，两校已在旅游地理、历史、体育、食品制作、雕刻、商务、文学与戏剧等学科上进行了学科交流以及师生互访活动，在交流过程中振华师生还受到了英国当地市长的亲切接见，而英国影子内阁大臣也曾经应邀参观访问过学校，一年一度的"英国周"已成为学校的一大特色。

　　现就读于上海商学院国际商务专业的韩诗影同学就是学校中英课程交流活动的受益者，通过参加中英合作课程，极大地提高了她的英语表达能力，开拓了她的视野，她在回国后的课程小结中这样写道："在英国，虽然数学课在学校被称之为基础课的课程相比国内同龄学生来说要简单很多，可这些学生的思维却非常活跃，创新能力很强，动手能力更是出众！他们在课堂上学的更多是将来踏上社会真正能运用到实际中的东西！……英国之行，给我留下了深刻的印象，我至今仍保持着和英国朋友们的联系，这对我英语水平的提高特别有帮助。"

除了与英国的教育合作外，学校还和德国、澳大利亚、新加坡等国家的学校、教育机构也有着紧密的教育交流合作。学校的对外教育交流活动开展得有声有色，不仅在一定范围内起到了良好的示范作用，还为浦东新区部分兄弟学校和英国斯塔福郡学校之间的教育交流活动搭建了桥梁，为促进地区教育国际化作出了贡献。

对外交流合作的开展还为教师的发展带来了机遇。学校自2005年起先后有6位教师赴国外合作学校担任为期1年的汉语和中国文化教学工作，这些教师不仅学习了国外先进的教育教学理念，同时也传播了中华优秀文化。谈起这一段难忘的学习经历，这些教师都有着深刻的感受。如2005—2006年赴英国伯明翰交流的邹晶老师说："作为一名从事语言教学的老师，能够有机会亲临母语国家体验这门语言的魅力是我的荣幸。这不仅提升了我对语言的直接运用能力，更是极大地加深了我对英国文化的理解、对英国教育体制中优秀传统的认知，我觉得这些文化层面的切身感受对我回国后的英语教学有很大的帮助。"2006—2007年，赴英国杉顿中学工作交流的顾海英老师也说："我在英国杉顿中学担任中文语言助教，有机会对英国教育进行深入的了解，我觉得他们的教育有很多值得我们学校借鉴的地方，如注重学生个性发展和创新意识的培养等。"

随着社会对从业人员学历要求的不断提升，如何促进中等职业教育与高等职业教育衔接，构建中等职业教育与高等职业教育课程、培养模式和学制贯通的"立交桥"，是该校一直在思索的问题。

学校和上海第二工业大学一起探索培养适合本地区经济社会发展需要的高素质技能型人才的新途径，了解区域经济发展对未来专业人才的需求状况，并开展了中高职教育贯通培养模式的试点工作。

学校还与上海思博职业技术学院合作培养国际商务专业人才，选择优秀企业及行业专家担任兼职教师，负责专业实训教学及顶岗实习带教等工作。共享国际商务专业实训教学设施设备及软件资源，共同加强实训设备设施的更新及维护建设，适时安排和提供实训场地和实训资源，保障校内实训教学的需要。此外，学校还选择具有代表性的国际商务相关企业作为中高职教育贯通培养模式试点专业的校外实习基地，满足了学生企业顶岗实习需要及教师企业实践需要。而采用这一模式培养的外贸人才主要面向南汇临港新城，面向普洛斯国际物流中心、马士基港口物流、中海集团物流基地、中远集团物流基地、韩进海运地区总部等物流中心和航运中心，在国际贸易、货运代理、报关报检等生产、服务第一线从事操作和管理工作。

电子商务精品课程网站

随着社会经济的快速发展，建立以市场需求为导向的专业开发机制已是当务之急。学校不仅不断开发与更新专业，而且还主动与企业行业加强合作，开展"定单式"教育培训，争取企业在办学中发挥更大作用。如学校2005年设置了电子商务专业，此专业积极依托相关企业，从教学计划到课程标准，均以企业需求为基点，注重对人才培养的技能化、适用性，其发展态势良好，现已成为上海市重点专业。此外，学校和Intel、UPS等知名跨国公司合作的冠名班年年受到学生家长的追捧，学生毕业后适销对路，得到了家长和企业的好评。

学校还依托行业优势成立了专业建设委员会，充分发挥企业和社会研究机构专家的作用，定期分析行业发展趋势和就业市场信息，研究和论证专业教学计划，提高专业和课程内涵建设的科学性和前瞻性。学校每年都要召开一次行业指导委员会年会，共同商讨研究专业培养目标、人才培养规格、学生技能训练及条件创设等事宜，积极探索新型校企合作模式，即让学生在公司进行专业实习和工作实践，让教师到公司接受职业岗位锻炼，以提升技术技能、更新知识，从而形成政府主导、企业和行业发挥作用、社会力量积极参与的多元办学模式。

学校充分发挥现有职业教育资源作用，逐步整合各类职业教育与培训机构，优化培训资源，全面提升人力资源的整体素质，提高师资利用率和办学效益，引导职业教育的资源配置进入合理、高效的良性循环，从而促进整个职业教育的发展，实现办学主体市场化、职业教育产业化、集团化、品牌化。学校利用国际化的契机，摒弃传统封闭式的局部观、地域观，树立现代开放式的整体观、全球观，以便实施对国内外教育资源的综合考虑，为区域经济发展服务。

学校拥有上海市首屈一指的国际商务实训中心，学校从教师队伍中选拔出具有开拓创新精神、较强实训教学及管理能力的优秀人才加入到实训中心的队伍之中，提升实训中心的整体层次，以适应进一步开放和发展的需要。学校进一步拓展实训中心的培训服务功能，开设多种多样适合社会发展的，适应时代需求的培训课程，把实训中心作为课堂教学的延伸，作为学生技能培养的基地，积极为本校学生服务、为相关企事业单位服务、为社区居民服务，从而真正实现实训中心的开放性、实用性、公益性。

学校还充分发挥振华进修学校和振华培训中心这两个社会力量办学机构的作用，逐步形成"多时空入学，多层次办学，多平台成才，多资格就业，多通道发展"的多元化办学模式。如在2010年上海世博会召开期间，振华培训中心与浦东商委合作，对浦东新区商业从业人员进行了世博礼仪和世博英语的培训，为上海举办一届精彩、难忘的世博会作出了贡献。

二、不断创新专业设置，紧紧围绕区域经济发展需求建设特色专业

如果把学校发展比喻成"大鹏展翅"的话，那么学校的软硬件就是"两翼"，师资队伍是"脊梁"，而"头"是专业设置，"心脏"是课程建设。

学校坚持以服务为宗旨、以就业为导向的办学方针，根据国家和上海经济社会发展的总体要求，围绕上海加快发展现代服务业和先进制造业、建设"四个中心"对高素质技能型人才的需求，全面调整和优化学校的专业设置和专业结构，并以此为抓手深化教育教学改革，推进专业课程建设，全面提高学校教学质量。

学校紧紧围绕教育部新颁布的《中等职业学校专业目录》，以相关专业教学标准为基本依据，跟踪市场需求的变化，主动适应区域经济、行业经济和社会发展的需求，规范专业分类，有针对性地调整现有专业设置及其布局结构，已逐步形成以重点专业为龙头、相关专业为纽带、延伸专业为支撑的专业群。学校以专业建设为核心，制订和实施专业结构布局优化调整方案，着力创建专业教学特色；同时推进重点专业建设，保证专业建设的基本质量和规范，开展精品专业、特色专业和精品课程的建设，做到布局合理、结构优化、特色鲜明、品牌突出。

学校还对专业结构做了进一步优化，巩固现有专业优势、开发和拓展新兴专业，梯度推进专业发展，提出"133工程"的目标，即建设成1个国家级示范专业，3个上海市重点（特色）专业，并积极申报1—3个新专业或专业方向，逐步提升学校专业结构层次，发挥骨干专业的引领作用。

在"体现学校特色，体现职业特色，体现学生职业生涯发展需要"这一思想指导下，学校还建立了校本课程与教材开发机制，积极挖掘校内资源，积累校本教学特色。学校整合了德育资源，开发了校本德育微型课程；为满足就业岗位需要，开发了专业实训课程及教材；结合中英课程交流合作，开发了拓展课程的校本教材等。近年来，学校共编撰了55套校

校本教材展示

本教材。同时，学校还积极探索校企合作的多元模式，准确定位校本课程及教材的应用性，并以项目为引领，充分发挥校本课程和教材优势的作用，在教学实践活动中积极进行校本课程及教材推广和教学应用。通过教学实践，注重收集学生及社会的反馈意见，不断完善校本课程与教材的内容，真正体现其课程载体的作用。

为了进一步深化课改理念，推进教学管理模式变革，学校还建立了一套系统规范的教学管理体系，包括进一步完善教学常规管理制度、严格教学质量监控制度、建立多元的教学质量评价制度等。学校把规范教学文件的制订与执行、完善课堂教学开放制度和课堂教学改进制度、加强教学教法研讨、关注每年度的校教学比赛活动等，作为进一步促进课堂教学水平提升的有效途径。

在教学管理上，学校全面实行了学分制制度，最大限度地为学生发展提供可能性，促进学生学习的社会化、终身化和个性化，同时弹性学习制度的实施，实现了双证融通、普职渗透、工学交替和国际交流，进一步加强了学分互认、学籍管理等方面的实践与探索，增强了学生的就业、创业能力。

学校还积极探索具有职业教育特色的"多元智能"评价体系，以就业为导向对学生进行综合评价，从多角度综合评价学生的认知、态度、心智和人格发展，帮助学生认识自我，增强自信，从而促进学生的职业发展。

在全面提高专业课程教学质量的基础上，学校还结合专业特点实施了各种教学策略，鼓励学生取得各类职业资格证书，从而进一步提升学校办学质量与办学水平。在专业教学实践活动中，学校积极探索实训技能考核的方法和途径，并尝试了在校企合作项目实施过程中，适当引入企业的岗位考核和国家职业资格证书考核。

技能大赛

由于学校坚持立足于面向全体学生，注重加强学生专业技能和实践能力的培养，建立健全面向全体学生选拔、评价机制，全面提高学生的专业技能水平。因此，在上海市第三届"星光计划"中等职业学校职业技能大赛中，该校获得了硬笔书法团体二等奖，国际商务、电子商务团体三等奖等诸多奖项。

三、不断创新管理模式，培养了一支既敬业又乐业的专业化、高素质师资队伍

在一切教育资源中，人是最重要、最活跃的教育资源。教育资源的整合和优化，首先要考虑人的因素。大力加强师资队伍内涵建设，就是要提高教师的综合素质和专业发展水平，为教师的全面发展打造平台、提供舞台，最大限度地调动教师的积极性、主动性和创造性，提高人力资源开发建设、高效利用的效能，也是学校从以规模扩大为主阶段发展到以关注质量与内涵建设为主阶段的主导需要。

随着学校办学规模的不断扩大，学校从 1 个校区发展为 3 个校区，如何解决校区间管理协作的问题已是当务之急。学校适时提出了管理上以"条"为主，以"块"为辅的思路，合理安排各校区人员与岗位配置，优化人力资源，完善校区考核机制，逐步扩大分校区管理的自主权，提高了工作效率，建立起了配套协调、统一运行、高效灵活、功能齐全的学校运行机制。同时，在学校人事制度改革方面，早在 1996 年，学校就在浦东新区率先启动了聘用合同制改革，后又率先进行干部竞争上岗、全员聘用合同制、结构工资制、绩效年薪制，积极推进后勤服务社会化，这一走在时代前列的人事改革起到了良好的激励作用，它强化了岗位职责，促进职工合理流动，增强了教师队伍的活力。

一所学校办学水平的高低，不仅取决于科学完善的管理制度，更取决于是否有一支具有特色办学新理念、敬岗乐业的优秀教师队伍。这就要求教师要认清自我、确定发展目标、树立终身学习的理念，在学习中思考、在思考中实践、在实践中总结、在总结中发现，这样才能不断提高。

建校之初，学校就对教师提出了"精一门，懂二门，会三门"的要求，实践证明这是符合时代潮流和社会发展要求的。俗话说："艺多不压身"，职业学校的教师更要掌握多种技能，才能迎合社会发展的需要，符合人才培养的需要。因此，学校出台了一系列的政策来支持和鼓励教师进行多方面的专业发展，如制订了《关于教职工培训有关待遇的规定》《关于"双师型"教

师的培训实施意见》《教师参加企业实践锻炼管理办法》等，鼓励教师跨专业领域学习，定期参与企业实践，争当"双师"，跨学科教学等，现学校高级教师中 50% 以上在 45 岁以下，"双师型"教师占专任专业课教师数的 88% 以上，重点建设专业的专业课教师 100% 为"双师型"教师。

教师讲课

随着教学模式由封闭式转向开放式，教学活动由教师活动为主转向了以学生活动为主，教学手段由传统型转向现代型，教育变革对教师的专业发展要求越来越高。对学校而言，如何创设多种途径提升教师发展是一种考验。学校以被评为国家级重点职校为契机，对教师发展进一步提出了"四个提高"（即提高精神素质、提高观念素质、提高心理素质、提高智能素质）的要求。这个要求后来都一步步地落到了实处，如学校每学期要求每位教师至少阅读一本与教育相关的书籍，完成学习笔记至少 1000 字；每次课堂教学后进行教学反思，撰写教学后记。教师普遍反映自身素质在潜移默化中得到了发展和提升，在连续三届上海市教学法评优活动中，学校共有 7 名教师荣获一等奖。

学校曾有一段时间青年教师比较多，针对这种"青黄不接"的情况，学校提出了"事业留人，感情留人，待遇留人"的口号。通过制订一系列的优惠措施，特别是对能自主发展的优秀教师给予激励，从而真正做到让教师安心。

说起学校"感情留人"还有这样一个生动的故事。2009 年春节前后，学校一位教师有一些思想情绪，提出不愿意继续从事原来的工作。知道这一情况后，学校领导及时找他沟通交流。但是这位教师顾虑重重，反复强调工作中的辛苦和具体困难，还对有些事情产生误解，校领导多次交流，其思想疙瘩仍然解不开。为此，陈校长多次在校务会和总支会上研讨这一问题，要求相关领导同志要深入细致地倾听和沟通，了解问题所在，对症下药。该教师在多次沟通后，时而表态要好好工作，时而又意志消沉闹情绪。在这种情况下，陈校长又多次挤出时间找他谈心，有一次陈校长刚从医院吊完点滴，就抱病回校和该教师谈心，与他交换意见，找出解决问题的突破口，同时希望他能继续拓展所长，为学校作出应有的贡献。经过多次交流，平等协商，该教师终于打消了疑虑，安下心来工作。

此外，学校也十分重视教科研对教师发展的作用，学校始终将教科研工作摆在学校发展的先导位置，纳入学校的发展规划和学校每学年每学期工作计划。学校参与了全国教育科学"十五"规划教育部重点课题——《职业指导和创业教育的研究与实验》课题研究，作为创学校特色的拳头产品。区级课题《中等职业技术学校研究性学习的实践与探索》的研究历经 3 年，已经进入结题阶段；另外，2006 年 9 月市中职课改办确定由学校牵头进行上海市第二批专业教学标准——文秘专业的开发，这使得学校的科研水平无论是在深度上还是在广度上都得到了进一步加强。

学校还把校本培训的内容同"十一五"教科研课题结合起来，把课改实践与科研项目结合起来，从而使大多数教师会选课题、会做方案、会写论文，使教师的教科研能力不断增强。近 5 年，学校共承担了国家级课题 3 个，市级课题 5 个，区级课题 8 个，形成了国家、市、区的三级课题网络。

另外，学校还开展多种形式的集体学习活动。如开设专家讲坛、创造条件选送教师赴境外培训交流、引进企业专业技术人员到学校担任专兼职教师、让专业课教师下企业顶岗实习、鼓励教师参加竞赛、建立教师间的帮学结对等，使得教师在积累中提高、在反思中提升。

实践证明，教科研在学校探讨教育理论与实践、繁荣教育科学、推进教育决策科学化、促进教师专业发展等方面，发挥了独特的不可替代的推动、支撑作用。

四、不断创新德育模式，育人为先，与时俱进，培养符合现代社会素质要求的优秀人才

学校始终认为"育人"是中职学校发展的根本落脚点，职业教育应当是在加强学生思想品德教育、科学文化教育、基本交往能力的培养、独特个性与心理素质的培养的同时，更注重学生专业技能和能力的培养、学生发展潜能的开发以及学生个性特长的成长。

在当前中职学校的生源条件不尽如人意的情况下，对中职学生的良好行为习惯的养成教育已是刻不容缓。"一好三强"（品德修养好、动手操作能力强、语言表达能力强、外向型服务意识强）是学校自建校之初就确立的一个培养目标，引领学校培养了一届又一届为经济社会服务的高素质人才。20 多年过去了，这个培养目标历久弥新。现今中职学生更为开放，思想更为活跃，个性表现意识更强……近几年学校在此培养目标的基础上，从探索实施"德育操行分"发展到制订"综合德育学分制"，充分包容现代学生的个性特

点、柔性实施德育管理，使每一位学生从被动教育发展到自主管理，这也是学校对现代德育工作的一个探索和尝试，希望能够形成学校的一个德育建设的特色。

毕业于商务英语专业的周圆同学，现在已是一家外企人力资源部经理。在离开学校 12 年后，他对校训"以质量求生存，以特色求发展"仍记忆犹新。他的起步源于当初在振华领取的一张违纪单，让他有了积极的态度，更帮助他形成了自己的管理风格——用积极的方式改变别人否定的行为。2000 届市场营销专业毕业生孙佳怡同学，现任中国民族证券渠道拓展部经理兼公司培训部导师，她不断用自我努力实践着振华"一好三强"的培养目标。

学校还积极鼓励学生勇于实践，搭建平台让学生在技能比武与社会实践中施展所长，培养自信，锻炼综合能力。

学校的"排堵保畅"志愿者服务队历来是浦东新区学生先进服务队，学校的学生一直以能加入这支服务队为荣。2010 年，世博会在上海召开，学校有幸承担了世博会票房的现场售票、票务处理、团队售票等工作。近百名师生在 3 个月的时间里，不怕苦，不怕累，圆满完成了这项光荣而艰巨的任务。他们将最真诚的微笑留在了美丽的世博园，而难忘的 3 个月的志愿者工作留给他们更多的是感动、回忆、反思和成长，同时也为学校留下了一笔宝贵的校园文化财富……

培养高素质的学生，离不开一支素质过硬的德育队伍。学校不断加强班主任队伍建设，对班主任进行新时期德育工作业务培训，增强班主任的使命感和责任感，进一步形成每位教师都是德育工作者的德育氛围，把德育渗透到学校教育的全过程和全方位之中。积极探索学分制条件下德育工作的新模式，激励教师不断提高德育工作水平。

从事班主任工作 15 年，曾获上海"浦东新区优秀德育工作者"等光荣称号的钟蓓蕾老师曾带着刚经历了惨痛地震的都江堰班的同学们从迷茫中走出，让其在一系列的活动中感悟着、体会着、成长着。钟老师帮助学生获得了全国、上海市、浦东新区等各项奖项 10 多次，使每位同学也真正做到了"今天，我以振华为荣；明天，振华为我骄傲"。她回顾自己带教都江堰班学生的经历时说了这样一段感人的话："走进学生心灵，铺设心灵绿洲；注重人文关怀，维系情感纽带；活动锻炼能力，感恩提升责任；提高心育水平，放飞青春梦想。"

从事班主任工作 16 年，曾获"浦东新区园丁奖""浦东十佳班主任"，上海世博园区运行保障立功竞赛"月度冠军""文明服务标兵"等荣誉的吕新老师在一篇文章中这样写道："教育有规律，在于坚持与关爱；教育无规律，在于它的变化和不可预测。正因为如此，学校的工作才如此美丽！我会为这份美丽坚持下去！"

这样优秀的育人队伍，保证了学校的学生得以树立正确的职业观，养成良好的职业道德行为习惯，提高了学生的就业、创业能力。

五、不断创设良好的校园文化氛围，树立精品意识，创优质职教品牌

学校文化是一所学校综合素质的体现，是学校综合竞争力的表现，也是学校个性魅力与办学特色的体现，是学校培养适应时代要求的高素质人才的内在需要。如今的振华校园正经历着从依靠校长的观念、人格和能力管理学校的阶段到靠完善的规章制度和机制管理学校的阶段，再到靠学校文化管理学校这样一个过程。

学校一贯坚持正确而先进的办学理念和培养目标。在办学理念指导下，陈校长提出了对"现代、高尚、和谐、创新"的共同追求，辅之以逐步完善的学校人性化管理制度和管理措施，由此形成了鲜明的办学特色。同时，在学校文化环境的影响和制约下，大家形成了一致的价值追求和行为方式，形成了学校的文化精神，即齐心协力、百折不挠、开拓进取、追求一流。

学校校园文化建设的中心是对学生人文素养的培养。一年一度的艺术节、英国周、体育节办得有声有色，并已形成惯例；技能比武、才艺比拼等各项文体活动，学生礼仪服务周、志愿者服务等活动对提高学生的艺术素养、审美情趣，营造学校文化特色起到了极大的促进作用。

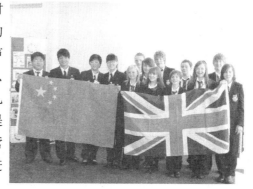

英国周

此外，学校还充分调动学生团委、学生会的积极性，利用 DV、广播、网络等现代化宣传手段，表彰学生中的先进事迹，树正气、立新风，培养学生为校争光的积极性和荣誉感。学校还不断加大校园文化环境投入力度，优化学校的育人空间，广植花草树木，美化校园，成为名副其实的上海市绿色学校。校园文化既确保"高"——即培育积极、健康、高雅的文化氛围，又确保"职"——即营造

开放性、实践性、职场化的氛围。正是在这样的文化氛围中，学校培养出了众多的既具有较高职业技能又能适应社会发展的优秀人才。

先进的办学理念是学校文化的灵魂，它在上海市振华外经职业技术学校中，已逐渐内化为师生共同的价值追求。学校内涵建设既是一种追求质量的发展，即强调提升学校的办学质量，让规模与质量效益达到有机的协调统一；也是一种特色发展，即在形成特色和培育品牌中使学校上升到更高的水平。

陈扬兴校长通过 20 多年在职业教育方面的探索、实践和思考，形成了自己的核心管理思想，即不断创新办学模式，积极探索新形势下的多元办学道路，促进职教优质资源的共享和互补；不断创新专业设置，紧紧围绕区域经济发展需求建设特色专业；不断创新管理模式，培养了一支既敬业又乐业的专业化、高素质师资队伍；不断创新德育模式，育人为先，与时俱进，培养符合现代社会素质要求的优秀人才；不断创设良好的校园文化氛围，树立精品意识，创优质职教品牌。

社会经济的飞速发展给我国职业教育带来了"春天"，这是机遇，更是挑战。在职业教育的实践过程中，结合实际，陈扬兴校长也一直在反思。

第一，陈扬兴校长认为，在实践中管理要"精细化"。如何做好师资队伍建设？这是一个"人"的管理问题，首先且不论人有差异，更何况还有地域带来的影响。因而在团队与个体、专业知识结构等具体细项方面就需要注重"细节"管理。细到什么程度呢？例如，分析教师的专业发展方向，从教师个人"自我申报"，到专业科进行个人分析（性格分析、特长分析、以往教学经历及教学情况分析等），再结合学校整体专业发展构想，由专业科对该教师提出"发展方向建议"，然后由学校教学处进行"综合统筹"。之后，经过一学年的"试行"后，教师本人如果觉得需要转专业方向或发展第二专业方向等，可以个别提出，由学校教学处综合考虑。其实，在这样实际的教育管理中，细节是关键，细节之处如果处理不当，可能满盘皆输。这样的管理实例还有很多，尽管这是个管理方法问题，但决不能认为它是学校执行层的事情，在学校发展到一定的阶段，"精细化"管理方法应该上升为一种管理理念，甚至是一种管理文化。因为它以以人为本思想为基础，以提高教育质量为目的，坚持实事求是，追求完美，体现最大价值。教育是一份最复杂的工作，所以教育最需要精细化管理。

第二，陈扬兴校长认为，在实践中管理还要"人本化"。在注重学生实践能力、基本理论知识的同时，陈扬兴特别强调"人本化管理"，以人文教育贯彻教学始终。他认为，学生的人品影响他们的一生，人文教育与职业技能教育在统一的人才培养中不是相互矛盾和对立的关系，而是相辅相成的。职业技能是各类人才必须具备的劳动创造的基本条件，而人文素养则是他们将劳动创造本领转化为社会财富，为他人和社会带来福利的关键和保证。科学技术属于生产力范畴，它本身的性质无所谓好坏善恶，但它的运用会产生好坏善恶的不同结果。科学技术若为社会良知和进步势力所拥有与运用，就会是发展社会经济和造福人类的利器；若被邪念和社会反动力量所左右，则会给人类、社会带来伤害与劫难。历史与现实一再提醒人们，在科学与技能之上一定要有道德良知的驾驭；缺失人文精神与起码人性觉悟的人，绝不是社会所需要的人才。陈扬兴认为，职业技术学校的学生不仅是录取分数不高，而且也存在信心不足、文明守纪等方面不尽如人意的情况。可见，职业技能与人文素养教育对专业技能人才的培养，如同鸟之双翼、车之两轮，是缺一不可的。为此，学校每年举办一次特色鲜明的主题教育活动、专业技能大赛，每年开展一次英国周活动等。这些主题实践活动在培养职校学生的综合素质，尤其是在培养职校生人文素养的过程中发挥了其他教育环节所不可替代的作用。此外，学校还建立了一系列体现人文精神与人文关怀的各项规章制度。实行人性化的制度管理，发挥规章制度的导向作用，并把"教育、管理、服务、维权"集于一体，作为学生工作的基本原则和制度规范的根本宗旨，努力做到"一切为了学生，为了学生一切，为了一切学生。"这种人本化的管理理念深入人心，人本化的教育思想让学校受益匪浅。

第三，一个管理者要懂得"激励"的意义。陈扬兴校长指出运用适当的激励方法，充分调动教师的主动性和积极性，使其进行创造性的工作，是当今教育管理的一剂"良方"。为此，他悉心研究过激励方法在教育中的运用。美国有学者将这一规律概括为一个公式：工作绩效＝能力×动机激发。而早在西方激励理论提出的 2000 多年前，中国古代的政治家、军事家、思想家就总结治国统兵实践经验，提出了一系列激励的方法。如激励下属"士为知己者死"，儒家孔子主张"施仁政"，必须"惟民之承"（《盘庚》中篇），顺应民心，从而形成凝聚力。他还认为激励的同时还要赏罚严明、知人善任、严于律己、身先士卒，以自己榜样的作用和力量感染、激励下属，引导上下心往一处想，劲往一处使，为实现特定的目标而不懈努力。当然"激励"也要使用恰当，有时也因人而异。因此，每当有兄弟学校来参观学习时，陈扬兴都慷慨地把学校的"绩效年薪制方案"拿给他们参考，并语重心长地说："各校情况不同，但我们可以一起研讨。"

以上三点是陈扬兴在具体工作管理实践中的一点反思，也可以说是一种"管理感悟"。职业教育可谓"路漫漫其修远兮"，他愿意和许许多多艰苦奋战的职校校长们一起"上下而求索"！

 专家点评

职业学校的可持续发展与学校的办学思想、办学模式、管理方式、品牌策略、内外环境等诸多因素紧密相连。上海市振华外经职业技术学校抓住重点、适应发展、创建品牌专业，使学校在可持续发展的道路上迈出了坚实的一步。

上海市振华外经职业技术学校属经济发达地区的职业学校，竞争压力相对较大。学校要获得发展，必须提高与社会经济发展的吻合度，必须提高核心竞争力。在办学思路和办学模式上，学校要不断创新。该校长期坚持"以竞争求生存，以服务求发展"的办学理念，逐步构建起以政府为主导、企业和行业发挥作用、社会力量积极参与，境内外密切合作的多元化办学模式，为学校可持续发展奠定了基础。

此外，学校注重对专业进行优化，巩固原有精品专业优势，不断开发和拓展新兴专业，形成了以重点精品专业为龙头、相关专业为纽带、延伸专业为支撑的专业群，创建出学校的品牌专业，为学校的可持续发展提供了保障。

学校秉持德育为先，注重职技教育、学科发展、专业综合、多元并举的办学手段，在普职渗透、中高贯通、职前教育与职后培训、学历教育与非学历教育并举、多方合作办学等方面开创新局面，使学校的影响力不断扩大，核心竞争力不断加强。学校以"合"为本的办学模式，以"师"为本的管理模式，以"生"为要的德育模式和以"需"为本的专业模式，成为学校可持续发展的源泉与动力。

上海市振华外经职业技术学校的实践给我们的启示是：经济发达地区的职业学校在办学中要注重提高核心竞争力，要有创新的思路，要创品牌专业，要在可持续发展道路上不断探索，以适应经济发展规律来推动学校的可持续发展。

（胡嘉牧）

走实『对接』之路，创出学校专业特色

——湖南省长沙卫生职业学院

名校／名校长简介

　　长沙卫生职业学院的前身是长沙市卫生学校，学校创建于 1958 年，后来被更名为"长沙医学专科学校"。2011 年 3 月，湖南省人民政府批准同意将其升格为长沙卫生职业学院，目前学校设有护理、助产、药剂、眼视光与配镜、口腔修复工艺 5 个专业，护理专业为湖南省"精品专业"，共有在校学生 5000 余人。学校先后于 1999 年、2003 年被认定为省级重点中专、国家级重点中等职业学校。2002 年被确定为国家 21 世纪护理专业紧缺人才培训基地，2004 年被确定为部队护理士官选送基地。学校先后获得市级"文明单位""湖南省中等职业学校教育工作优秀学校""省级文明卫生单位""全国德育管理先进单位"等光荣称号。

　　在硬件方面，学校占地面积 16.35 万平方米，校舍建筑面积约 7.62 万平方米，教学仪器设备总值 1900 余万元，馆藏纸质图书 19 万余册。在师资力量方面，学校专任教师中副高及以上职称者占 44.47%、"双师型"教师占 63.82%、有硕士研究生学历的教师占 25.66%。现有省级精品专业 1 个、精品课程 1 门、学科带头人 2 人，市级精品专业 2 个、精品课程 1

门、学科带头人6人。

在教育理念上，学校始终坚持以教学为中心，以教学质量为主线，大力推进素质教育，不断提高教育教学质量。2010年学校护理、助产专业应届毕业生在国家护士执业资格考试中通过率98%以上。5年来，学校获得中国职教协会科技成果二等奖1项、中国武警科技进步三等奖1项、湖南医学科技进步三等奖1项、湖南省科学技术进步三等奖1项，获得市级科技进步二等奖1项、三等奖3项，获专利6项。近年来，学校招生形势异常火爆，毕业生就业率达97%，连续5年该校被评为"长沙市中等职业学校招生就业工作先进单位"。

校园一角

特色专业是一所职业学校的生命，也是学校核心竞争力之所在。长沙卫生职业学院的护理专业享誉省内外，学校在建设特色专业的过程中，坚持以建设"双师型"教师队伍为主体，以深化教育教学改革创新为主线，以学生的职业能力形成为目标，以提高教学质量为核心，逐步探索出培养高素质实用型护理人才的培养模式，形成了学校护理专业的特色。

一、以建设"双师型"教师队伍为主体，不断提升教学水平

教育大计，教师为本。高水平教师团队是教学质量提高的根本保证。曾任哈佛大学校长达20年之久的美国教育家科南特说："一个学校要想站住脚，教师一定要有特色。""双师型"是职业院校教师队伍的特色所在。卫生职业院校的教师光有丰富的理论知识是不够的，还要有丰富的实践经验，要

导师制

懂技术、会操作、能应用，要拥有教师和医务人员的双重身份。教育部关于《中等职业教育改革创新行动计划（2010—2012）》（教职成[2010]13号）中指出："以创新'双师型'教师队伍建设政策机制为突破口，以校企合作职教师资培养培训体系建设为保障，以教师队伍数量补充和能力提高为重点，全面提高中等职业学校教师队伍整体素质。"长沙卫生职业学院"双师型"教师队伍建设，着重建立"双师型"教师培养和补充机制，在校内制订专业课教师定期临床实践的制度，实施青年教师导师制度，发挥高年资教师"传、帮、带"作用，开展学术讲座、听课、评课、教学竞赛等教学活动，以促进教师教学水平的提高。建立健全师德建设考核评估制度，制订教师职业道德

行为规范，提高教师思想道德素质，使其真正做到"学为人师，行为示范"。同时，学校还加大人才引进的力度，从三级医院和高校引进"双师型"骨干教师，从重点院校接收硕士、博士毕业生，加强人才梯队建设。同时，学校还选聘富有实践经验和技术水平并且有一定教学能力的医疗行业专业技术人员作为学校兼职教师，从而构建一支结构合理、相对稳定、专兼职结合的"双师型"教师队伍，促进教师教学水平不断提高。

二、以深化教育教学改革为主线，创新人才培养模式

2010 年在上海召开的全国中等职业教育教学改革创新工作会议上袁贵仁部长指出："提高职业教育质量的根本动力是全面深化教学改革。"长沙卫生职业学院努力建立（医）院（学）校合作的办学机制，创新人才培养模式，重点落实"五个对接"，即专业与医疗行业对接、专业课程内容与卫生职业标准对接、教学过程与实践过程对接、学历证书与职业资格证书对接、职业教育与学生的终身学习对接，成立由校内专家、学会、三级医院一线临床专家和医疗卫生行政管理部门专家组成的专业建设指导委员会，共同研究、制订专业和课程设置、教学计划、人才培养、质量评价的方案，把加强专业、课程改革和教材建设作为推进教育教学改革创新的主要工作来抓，努力增强人才培养的适应性，全面提高职业教育人才培养的质量，不断增强职业教育的吸引力。

三、以职业能力形成为目标，提高学生的综合素质

重视学生职业能力的培养已成为世界性职业教育发展的重要趋势。职业能力是人们在职业活动中表现出来的实践能力，即从业者在职业活动中表现出来的能动地改造自然和社会的能力。职业能力由专业能力、方法能力、社会能力构成。专业能力指职业活动中运用专业知识、技能的能力，强调应用性、针对性；方法能力指从事职业活动所需要的工作方法、学习方法等方面的能力，强调合理性、逻辑性、创新性；社会能力指从业者在从事职业活动时适应社会、融入社会的能力，即所需要的社会行为能力，强调对社会的适应性和积极的人生态度。因此，长沙卫生职业学院树立素质教育的理念，坚持德育为先，大力培养学生的职业道德。在注重专业知识学习的基础上，重视校内实训教学和校外实习的环节管理，大量开展仿真模拟教学，营造校内实训场地的职业氛围，让学生在"做中学，学中做"，从而提高学生的动手

能力，努力将学生所学的知识、技能和态度类化迁移与整合成能完成一定职业任务的能力，增强学生的综合应用能力，提高就业质量。

一、"双师型"教师队伍建设

长沙卫生职业学院主要采用加强在职培训和人才引进的办法加强师资队伍建设。学校制订了5年人才培养方案，每年有人才培养计划。为了提高教师的职业道德素养，弘扬"德艺双馨，诲人不倦"的教风，学校制订了教师职业道德行为规范，建立健全师德考核制度，使师德建设形成一种竞争和激励机制，从而保证师德建设取得实效。学校每年按计划选送10名左右骨干教师到高校及三甲医院进修学习，派2—3名教师出国深造，并在寒暑假期间组织全校教师进行集中培训。学校每学期都有教学活动的整体安排，通过听公开课、示范课及教师说课、专家评课，促进教师教学方法的改进。学校通过开展片段教学、多媒体教学、两字一画、教学技能大比武等教学活动，形成教师"比、学、赶、超"的良好学习氛围。建立专业课教师定期临床实践的制度，规定专业课教师与附属医院医护专家在教学、临床岗位上轮换，专业课教师每年利用寒暑假到医院实践1个月，对在职获得硕士、博士学位的教师给予重奖。学校尤其注重人才引进，每年会公开招聘硕士、博士毕业生10人左右，鼓励教师取得医药卫生行业专业技术资格证书，从三甲医院和兄弟院校引进副高以上的"双师型"骨干教师，对于新毕业及新调入人员实施青年教师导师制培养，通过高年资教师的"传、帮、带"，较好地促进了青年教师的快速成长。同时，充分发挥附属医院一线临床专家的作用，选择理论知识扎实、临床经验丰富的中级以上职称医护人员讲授临床课程，选聘具有一定教学能力、在医院工作的专业技术人员作为学校兼职教师，充实"双师型"教师队伍。目前，学校师资队伍结构不断优化，人才梯队日趋完善，从而较好地促进了学校教科研水平的提升。近5年，学校护理专业共立省市级科研课题26项，在省级及以上刊物发表论文213篇。2008年学校教师在长沙市中等职业学校英语教师现场课堂设计比赛中荣获一等奖；2008—2010年学校教师连续3年获得全国涉外护理专业英语教师教学比武大赛一等奖；2009年学校教师在长沙市大中专院校就业指导课赛课、长沙市中等职业学校英语教学比赛中均获第一名；2010年学校教师参加长沙市"星城杯"教师技能比武荣获一等奖。

二、创新人才培养模式

长沙卫生职业学院在推进教育教学改革的过程中，把深化校企合作作为改革的重点，实行（医）院（学）校合作、产学结合，落实"五个对接"，创新人才培养模式，提高人才培养质量。

1. 对接行业，设置专业方向

长沙卫生职业学院原来的护理专业非常单一，没有专业方向，不能满足国内外医疗市场的需求。学校通过对人才市场的需求进行调查，适时对专业结构进行了调整。如湖南省已于1996年进入人口老龄化阶段，是我国第6个进入人口老龄化的省份，2010年长沙市60岁以上老龄人口达104万人，占全市人口的15.7％，预计到2030年将进入峰值期达到200多万人，其中空巢老人将达80％以上。随着老龄化进程加快，传统的家庭养老模式必然会向社会机构或社区养老模式转变，长沙市社区护理、老年护理日益增长的需求矛盾将越来越突出。因此，社区护理人才需求量较大。

长期以来，医院住院病人的日常生活护理90％以上是由患者家属或未经培训的护工来承担。多数医院护理人员配备不足，尤其ICU（重症监护）病房，是各类危重患者集中治疗、监护的特殊场所，工作量很大，治疗手段繁多，操作技术复杂，其组织结构和管理有其特殊性，要求护理人员整体知识水平

护理专业建设指导委员会会议

要高，对护理人员的配置数量和素质要求明显高于其他科室。然而，各二级以上医院ICU护理人员配备的数量和质量均不能满足临床需要，因此，设置ICU护理方向很有必要。

根据学校调查，早在2004年，护理专业的技术人员在全球范围内已是极度缺乏。据世界卫生组织统计，英国护理人员需求量达20万人，加拿大需求量达9万人以上，澳大利亚也急需3.1万人，在新加坡、美国、英国和加拿大等国在职护士平均年龄已达到43—45岁，面临着严重的护理人才断

层。由于许多发达国家医疗机构单位病床配备的护理人员数量不断提高，对护理人员的需求量大幅度增加，因此急需大量吸纳海外护士。而由于中国护士吃苦耐劳、勤奋敬业、工作细致、富有亲和力，所以倍受英国、新加坡、澳大利亚、美国、马来西亚、加拿大、斯里兰卡等国医疗机构的青睐。因此，设置涉外护理方向符合国外人才市场的需求。根据以上人才市场需求的具体情况，学校组织召开护理专业建设指导委员会议，决定将护理专业设置为社区方向、ICU 方向、涉外护理方向，以满足市场对人才的多元化需求。

2. 对接职业标准，设置专业课程

学校建立以社会需求为导向的课程生成机制，在护理专业建设指导委员会的指导下，坚持以市场为导向，贴近岗位实际工作要求，对接职业标准，更新课程内容，调整课程结构，形成适应医疗市场发展要求的课程建设机制，构建了由公共基础课程、专业基础课程、专业课程、选修课程、毕业实习五个模块组成的课程体系，以达到教学与临床实际需要密切结合的目的。针对开设社区护理、ICU 护理、涉外护理方向的专业结构变化，学校调整了教学计划，增设了相关教学课程。社区护理方向增设了社区健康评估、社区护理导论、社区护理技术、社区常见健康问题、社区特殊人群保健、社区预防保健、健康教育学、营养学等课程；ICU 护理方向增设了 ICU 技术、ICU 仪器的使用与维护、ICU 护理、急诊护理等课程；涉外护理方向增设了医学英语、护理英语、英美国家概况、西方文化礼仪、雅思备考强化训练等课程。

医疗行业以救死扶伤作为医务人员的神圣职责，随着人们生活水平的不断提高，人们对健康的需求不断增加，医学模式从"生物—医学"模式逐步向"生物—心理—社会"医学模式转变，疾病、健康不仅与生物因素有关，而且也与社会、心理、环境、行为等因素密切相关，因而人们对健康的需求不再局限于生理，而是希望得到人文关怀与爱，建立人与人、人与社会、人与自然的和谐关系，这就促使医学教育模式必须与之相适应，应建立以学科为中心的传统医学教育模式转变为医学科学知识与人文社会科学知识相渗透的综合医学教育模式，加强人文素质教育，培养人文精神，促进人文精神与科学精神的互相融合，推进人与人、人与社会、人与自然的和谐发展。斯坦福大学创始人利兰·斯坦福先生早在 100 多年前就说过："受过技术教育的青年未必是成功的实业家。为了人生的成功必须发展和培养创造力，一个人如果不会创造，他也就不会建设。我认为，人文科学对提高人的心智和实业

能力特别重要。"人文的力量不能低估，它可以支撑人的价值追求、涵养人的精神、塑造完整的人格。为了加强人文素质教育，学校开设了护理心理学、礼仪、人际沟通、演讲与口才、护理伦理学、护理美学、护理管理学、音乐、书法、形体训练、性健康知识等课程。

学校护理专业在注重课程建设的同时，尤其重视教材建设，5 年来共有115 人次主编或参编国家、省部级教材共 87 本，16 人次主编或参编校本教材 8 本。校本教材与国家、省规定课程教材有机统一，体现了学校的办学特色，让学生学习更贴近职业、贴近实际，为学校课程建设积累了经验。

学校通过对接职业标准的课程体系建设，使学生在设置的专业方向上基础理论和专业知识更加丰富、专业技能更加扎实、人文素养得到提升，从而增强了学生的就业竞争力。尤其是护理专业（涉外方向）的学生，其英语水平普遍得到提高，相继有 10 多位学生出国深造、带薪实习，此举深受学生及其家长的赞誉。

护理专业（涉外方向）课程设置的成功经验

2004 年开始，学校开设护理专业（涉外方向）实验班，开始尝试在完成护理专业课程学习的同时，增加英语教学课时及有关医护英语内容。其教学目标是力求经过 2—3 年的培养后，使学生英语水平达到国内英语专业大学水平，使学生能够顺利通过雅思、托福等考试，为其出国深造创造条件。当时，学校英语教师持否定态度，因为这些学生大多初中毕业，有的中考英语不及格，有的学生连基本的 26 个字母都读不准，英语基础普遍较差，经过学校的思想教育后，教师们同意试试看，从调整英语课程开始。

该班的英语课程设置分为必修和选修两个部分。必修课涵盖精读、泛读、听力、口语、写作、医护专业英语；选修科目有西方礼仪文化、英语国家概况等。在日常的英语课堂教学之外，由英语教师督促学生进行晨练与晚练，这是英语语言技能训练必不可少的环节。晨练内容为听写训练，由课文原文逐渐过渡到 VOA、BBC 英语新闻的听写，较好地提高了学生的听力及英语书

涉外护理专业学生出国前与教师合影

写的准确性;晚练内容为双人口语操练,教师规定每周训练话题,同桌互问互答,突破说英语的心理恐惧,逐步实现顺畅的日常口语交流。同时,学校还注重专业教育与素质教育并举。为了提高班级整体英语水平,教师将学生分为6个学习小组,小组成员互学互帮,让学生在生活纪律、学习成绩和文体活动等方面展开良性竞争,实现了班级英语整体水平的提高。

毕业时该班学生不仅英语水平普遍提高,而且听力、口语、笔试也基本达到 PETS 三级水平,护士执业资格考试一次过关率为 100%,其中有 8 名学生通过雅思考试,有两名学生赴英国带薪实习,目前已获工作签证。另有两名学生赴澳大利亚攻读护理专业学士学位,其他同学则在就业过程中显示了强劲的竞争力,三级医院就业率达 50%,对口就业率达 100%。

3. 教学过程与实践过程对接

职业教育的教学过程就是教师根据教学目的、教学任务和学生身心发展的特点,通过指导学生有目的、有计划地掌握系统的知识和技能,发展学生的智力、体力和个性,让学生形成职业能力及培养学生良好职业道德的过程。由于卫生职业教育是面向基层医疗卫生机构培养高素质技能型人才,强调以就业为导向,提高其实践应用能力,使其在就业市场上更具竞争力。因此,教学过程应贯穿以工作过程为导向的理念,教学内容应以工作过程知识为核心,教学方式应以情境教学为典型的行动导向,强调"做中学,学中做",实现教学过程与实践过程的对接、教学过程与岗位职业能力之间的零距离。正如温家宝总理在考察职业教育过程中所要求的:"职业教育只有在做中学才是真正的学,只有在做中教才是真正的教,教、学、做是一件事。职业教育的最大特征就是教学、求知、做事与技能结合在一起。"

学校护理专业的教学分为理论和实践两个部分,理论教学在学校完成,实践教学分见习、实训与实习,实训在学校进行,见习与实习均在医院完成。为了实现教学过程与实践过程的"零距离",学校主要从三个方面着手。一是建立一大批理实一体化的实验实训室,为"教、学、做合一"创造条件。如医学基础部的解剖多媒体实验室、生理互动实验室、病理显微互动实验室、药理互动实验室等。在护理专业实训基础设施建设方面,学校新建了一栋近 2 万平方米的实训楼,设有整体护理模拟病房、模拟隔离病房、各种护理技能操作实训室、内科实训室、外科实训室、妇科实训室、产科实训室、儿科实训室、五官科实训室、眼科实训室、口腔科实训室、中医实训室等,所有实验实训场地设备设施齐全,为"教、学、做合一"创造了良好的条件。二是创新教学方式，强化实践教学方式的工作过程导向。如采用模拟仿真教学法、项目教学法、案例教学法、发现教学法、目标教学法等，利用各种情景模拟手段再现临床工作场景，为学习者提供一个无风险的学习临床知识和技能的条件与环境，对于解决课堂与临床分隔、学与用脱节、理论与实践分离等问题具有重要的作用，形成了具有现代职业教育特色的教学方式。此外，学校教室全部建成多媒体教室，实验实训室建设成模拟仿真室，如文化基础部的英语、计算机教学就在多媒体语音室、多媒体计算机实验室进行；礼仪、心理健康课教学在礼仪训练室和形体训练室、心理实验室进行；专业基础课如解剖学、生理、病理、药理课教学在解剖多媒体实验室、生理互动实验室、病理显微互动实验室、药理互动实验室进行，克服了基础课教学过程中存在的乏味、单一的弊端，提高了教学效果。专业实训室采用模拟仿真设备设施，较好地营造了工作过程的职业氛围，教学过程按职业岗位要求组织教学，实现了学生由被动接受到主动实践、手脑并用转变，如仿真急救人抢救实训室、内科电子仿真病人实训室、仿真产妇机转分娩模型、口腔仿真人实训室、各种护理仿真教学模型等，这种仿真教学可以让师生边做边学，融理论教学与实践操作于一体，使学生不必冒任何医疗事故的风险就可以反复练习临床上的各种实际操作，并可尝试选择不同的技术处理方案以检验自己的判断是否正确和进行某种技能的训练，对于护理专业学生养成临床思维、适应临床工作、激发学生主动学习的意愿和兴趣具有重要意义。护理实训室设有整体护理模拟病房、传染病模拟隔离病房、急诊抢救模拟病房等，类似于医院病区的布局和设备设施。通过模拟病房情景，采用角色扮演，开展以问题为中心的教学活动，让学生体会到每一次练习的过程就如同为病人服务的过程，这样把学生的动手和动脑有机地结合在一起，提高了学生的实际操作能力，缩短了课堂与临床之间的距离，使学生对医院及临床护理工作有了进一步的认识和了解。学生通过角色扮演练习所取得的经验和技巧，迁移到类似的临床情景中，因此，有利于学生的角色适应，能够提高学生的操作能力及"以病人为中心"的整体护理意识，使学生们在临床见习和生产实践中能较快地适应医院的病区环境，较好地为病人服务，为将来成为一名优秀的护理人员打下了坚实的基础。三是加强实习基地建设，实现实践教学与职业岗位能力要求的"无缝对接"。学校注重实习基地的建设，学校的附属医院为三级综合医院，49家实习医院均为二级以上综合医院，另有5家企业工场，所有见习、实习基地均能满足教学需要，确保实习岗位与所学专业面向的岗位群完全一致，实现学生生产实践与职业岗位能力要求的"无缝对接"。根据教育部《中等职业学校学生实习管理办法》的精神，学校加强管理，规范行为，确保学生实习工作安全有序开展。在临床前，学校集中对学生进行实习前指导，开展礼仪、人际沟通、医疗安全防患、医院规章制度的培训；实习中，在各教学实习医院的严格要求下，学生按照实习计划认真完成每一科目的实践任务。学校要求每名带教老师指导学生 1—2 人，指导教师中 100％具有中级以上技术职务，医院护理专家参与指导毕业实习全过程，学生在指导老师的指导下能完成各个专业岗位的相关工作，严格管理学生实习期间的入、出科考试；返校后，学校对所有实习生进行实践能力考核，然后进行理论复习和考试，只有通过学校的严格考试考核的学生，才能发放毕业证书。做到教学内容与临床实际需要、城乡基层社区医疗卫生服务相结合，形成了毕业即就业的良好教育模式，使毕业生受到用人单位的广泛欢迎。

4. 学历证书与职业资格证书对接

根据国家发布的《护士管理条例》规定："护士执业，应当经执业注册取得护士执业证书。"而申请护士执业注册必须通过国务院卫生行政主管部门组织的护士执业资格考试，获得护士执业资格证书。这说明国家对护理专业实行的是执业准入制，意味着护理专业毕业生要获得学历证和执业资格证双证书，才具备就业的基本条件。从 2009 年开始，护理专业毕业生不再需要临床工作一年后才能参加护士执业资格考试，在校学生持有所在学校出具的应届毕业生毕业证明就可以报名参加考试。如何将护士执业资格证书的要求标准和学校的日常教学、实践、考试评价相结合，使学生在不延长学制的情况下，同时获得学历证书和执业资格证书，实现"双证"的有效对接，是现代卫生职业教育面临的新挑战。学校主要采取了以下措施。

一是教学的对接。以执业资格标准为导向，以职业能力为核心，对职业教育教学目标、教学计划、教学内容进行重新整合，使"双证"教学之间建立双向对接的关系。"双证"之间的最佳结合点是考试所涉及的知识模块和内容。护士执业资格考试有专业实务、专业实践两个科目，考试涉及的知识模块有：①护理工作需要的医学基础知识。现代医学的基础知识包括人体生命过程、解剖、生理、病理与病理生理、药理、心理、免疫、医学微生物和寄生虫、营养、预防医学等知识；②护理专业知识和技能。护理工作中所需要的临床知识和技能，是考试的主要部分。包括基础护理技能，疾病的临床表现、治疗原则，健康评估，护理程序及护理专业技术，健康教育以及适量的中医护理基础知识和技能；③与护理相关的社会人文知识，包括法律法规与护理管理、护理伦理、人际沟通知识。因此，在教学计划中可以将与护理工作紧密相关的医学基础知识、护理专业知识和技能以及与护理工作有关的社会医学、人文知识与执业资格证书所要求的应知应会的内容一一对应起来。考试大纲中还增加了肝炎、艾滋病、羊水栓塞、子宫破裂、多胎妊娠、心包疾病、肥厚性心肌炎等疾病的护理，学校把这些疾病分别加入传染病护理、妇产科护理和内科护理学的教学范围。同时，学校在教学课时安排上，压缩8周理论教学时间，让学生提前进入临床实习，然后在护士执业资格考试8周前返校集中辅导复习，将涉及考试的知识模块采用三结合的办法进行辅导，理论知识与临床实践相结合、学科知识与考试大纲相结合、自学与教师辅导相结合。并根据近年来考前辅导的经验，率先组织学校有关教师编写《护士执业资格考试复习指南》，提高了学生的学习效率。

二是实践的对接。学校的实习基地全部为二级以上综合医院，所有护理专业学生均安排至实习医院护理岗位实习，对口实习率为100％。凡护士执业资格考试内容涉及临床科室，学校均采用学生轮科制，让每一位学生均能轮换到相应科室实习，除内科、外科、妇产科、儿科外，新增加的传染科、精神科、肿瘤科、中医科等都安排了一定的实习时间，使学生在实习中增加了对相关疾病发病原因、临床表现、治疗原则、护理措施、健康教育等内容的理解。由于实习医院规范带教，较好地提高了学生的临床护理能力，包括临床观察能力、临床技术操作能力、护士决策能力、健康教育能力、团队合作能力、沟通交流能力、护理管理能力、护理研究能力等。临床护理能力的具备是学生顺利进入临床，完成由学生角色向护士角色转变的桥梁，是其开展临床活动、健康教育、沟通交流、临床护理等护理活动所必需的基本能力。尤其是锻炼了学生的护理思维能力，使学生获得了临床护理的理性认识。

三是考试的对接。根据卫生部《护士执业资格考试办法》规定，卫生部负责组织实施护士执业资格考试，以评价申请护士执业资格者是否具备执业所必需的护理专业知识与工作能力。学校在平时的学科考试中，也采用护士执业资格考试的题型、出题类型、计分办法，毕业考试完全按照护士执业资格考试办法进行。如考试大纲中增加了精神障碍病人的护理、中医基础知识、护理管理、护理伦理与发展、人际沟通五门学科的内容，这五门原来是学校的考查科目，现改为考试科目。值得庆幸的是，当学校对学生的学业成绩考查与资格考试对接后，2009届护理、助产专业毕业生参加全国护士执业资格考试，合格率达95.8%，其中有8个班的合格率为100%。2010届护理、助产专业毕业生参加护士执业资格考试合格率达98.15%，其中有20个班的合格率为100%。

5. 职业教育与终身学习对接

终身学习是指社会每个成员为适应社会发展和实现个体发展的需要，贯穿于人的一生的、持续的学习过程，也就是所谓的"活到老学到老"。现代社会已进入信息化的时代，为了适应知识更新不断加快的趋势，终身学习成为全社会每个从业人员自身发展的必然要求。职业教育与终身学习对接，关键在于构建职业学校人才成长发展的"立交桥"。一是注重学习能力培养，为学生职业生涯持续发展提供机会。学校特别注重学生入学时专业思想的教育，通过对学校优秀在校生、毕业生典型成功事例的宣讲，提高学生对专业学习的兴趣和成功的欲望，通过采取讨论式、启发式、参与式、案例式教学，增强学生学习的信心。突出职业能力和职业素养的培养，探索学生综合素质的多种评价方式，突出就业创业能力培养，注重学生学习能力的提高，拓宽学生继续学习的途径，为学生职业生涯持续发展提供多种机会和选择。二是坚持学历教育与职业培训并重，实行灵活的办学模式和学习机制。学校既有学历教育，也有非学历教育；既有岗前培训，也有转岗培训；既有岗位培训，也有职业资格培训；既有长期培训，也有短期培训，鼓励毕业生在职继续学习，为学生终身学习提供了条件和保障。三是完善教育体系，实现各类教育相互沟通与衔接。人才成长"立交桥"应当是一个各级各类教育有机协调、相互沟通、合理衔接、自由转换、均衡发展、运转灵活的优质高效整体，打破人才成长"独木桥"的瓶颈，建立职业教育与普通教育、中等职业教育与高等职业教育之间的"立交桥"，鼓励在成人高等教育、自学高等教育、电视大学等远程教育与中等职业教育之间建立"立交桥"。新的《中等职业学校专业目录》增加了专业对应职业（岗位）、职业资格证书举例、继续学习专业举例等3项内容，明确了专业与职业岗位、职业标准和继续学习方向的关系，建立以职业资格技能鉴定为辅道的"立交桥"。

三、职业能力的形成

1. 创新德育工作模式，提高学生综合素质

学校护理专业贯彻"育人为本，德育为先"的教育理念，紧紧围绕学校中心工作和人才培养大局，以思想政治教育为核心，学风建设为主线，素质教育为根本，重点培养学生的综合素质和动手能力，不断探索德育工作的新模式，营造健康、文明、和谐的校园文化氛围，创建良好的育人环境。一是树立全员育人理念。学校倡导"教书育人，管理育人，服务育人"，学校全体教职工要利用一切与学生接触的机会，对学生进行人生观、世界观、价值观教育，从而提高学生的思想政治素质、职业道德素质。二是创新德育工作模式。认真贯彻教育部《中等职业学校德育大纲》精神，推行"三自三成两奠基"德育工作模式，即一年级开展自信与成功教育，二年级开展自强与成才教育，三年级开展自立与成人教育，坚持为学生的终身发展奠定良好的基础，为学生的职业生涯和创新创业能力奠定良好基础，把学生培养成具有社会责任感和创业精神的高素质技能型人才。此外，还要加强心理咨询工作，开展心理咨询活动，促进学生身心健康的发展。三是加强学生管理队伍建设。在现有班主任队伍管理责任制的基础上，配合按年级、按专业划分的辅导员制度。认真做好班主任、辅导员的选用工作，加强对班主任、辅导员的培养，健全和完善考核方案，落实责任制。四是开展寓教于乐的活动。认真组织班级活动与校级活动，形成一般活动与重点活动、专题活动与系列活动的交错推进，开展各种社团活动，组织艺术节、专业知识竞赛、读书节及各种文娱体育活动。每月至少有一次主题教育，每学期至少有一次专题讲座，每学年有一次校园文化艺术节、全校性的运动会，每逢重大节日都有一次高水平的文艺演出，构筑相对稳定、有序的校园文化活动格局，创建有特色的校园文化品牌，努力形成"大型活动届次化，小型活动阶段化，社团活动经常化，班级活动日常化"的校园文化活动模式。五是建立激励机制。在认真落实国家助学金制度的同时，实施好学校的奖学金、助学金制度，激发学生的学习热情。关于加强对后进生的转化教育，学校把转化后进生作为挑战教师教育能力的一项重要工作来抓，并把后进生的转化作为教书育人的一项长期不变的工作。六是加强校园文化建设。校园文化建设是全面实施素质教育的有效载体，标语、校园通讯、校广播站、校园网、宣传栏等方式，加大对校训、校风、教风、学风的宣传力度，从而做到环境育人、文化育人。校园

文化建设拓展了学生的视野，激发了学生的学习热情，培养了学生自信、自强、自立的良好心理素质，促使学生成人、成才、成功。

2009 年 12 月，学校有 8 名学生参加了长沙市教科院组织的"长沙市中等职业学校学生说话能力竞赛"，并荣获团体第一名，其中 5 名学生荣获一等奖，2 名学生荣获二等奖，1 名学生荣获三等奖，3 名教师获优秀指导教师奖。学校参加全国卫生职业院校护理专业学生"我的护士生活"征文比赛，获一、二等奖各 1 名。2010 年学校选送 14 件学生作品参加长沙市德育小论文比赛获一等奖 2 名，二等奖 5 名，三等奖 7 名。2010 年暑假，学校有 6 位学生在第三届全国涉外护理专业竞赛中荣获 2 个一等奖，1 个二等奖和 3 个三等奖。学校团委荣获长沙市"红旗团委"的光荣称号。

2. 强化技能培养，提高动手能力

学校护理专业围绕职业能力形成目标，高度重视实验实训教学环节，突出教、学、做相结合的教育教学特色。学校在课程设置方面，通过加大专业课程的比重，使理论与实验实训的教学比例达到 1∶1，从而完善了对学生的技能操作培训与评价制度。学校对学生技能实行随机抽查考核制度，按比例随机抽取各班学生进行技能考核，评委以院外护理专家为主，按优秀率、合格率分班排名，奖优罚劣。2009 年 8 月，全国卫生职业院校首届护理操作竞赛在北京首都铁路卫校举行，共有 64 所卫生职业院校、256 名学生参赛，学校学生不负众望，沉着应战，发挥出了较高水平，显示出了过硬的护理操作技能

技能抽查

和良好的心理素质，在大赛中获得了全能操作竞赛一等奖、心肺复苏操作竞赛一等奖、鼻饲法操作竞赛二等奖、静脉输液操作竞赛三等奖的好成绩。

技能竞赛由精英制改为随机抽查制的收获

学校护理专业一直以来都非常重视学生的技能培养，每年举行一次护理"技能节"，每班派出最优秀的学生参加学校组织的护理技能操作竞赛，根据学生得奖情况进行班级排名，以此来衡量各班的操作水平和教师的带教水平。但在毕业生回访调查中发现，有部分医院反映一些学生的动手能力不

强。后来学校专门组织护理专业教师反复研究分析，认为原来竞赛采用的是精英竞赛方式，促使各班把精力过多集中在培训优秀选手上，操作技能没有整体提高。于是，从2007年开始学校"技能节"由精英竞赛制改为随机抽查制，即采用随机抽查学生和项目的竞赛办法，竞赛前一天在电脑上随机抽取每班学生人数的20%作为参赛选手，比赛前随机抽取比赛项目，评委也在省会三级医院的护理部主任或护士长中抽取。当时带教老师和班主任都感到压力很大，只有实行普训制使班上所有学生的所有操作项目人人过关，才有可能取得较好成绩。同时，学校规定竞赛结果作为带教老师教学质量评定的重要指标，纳入年终绩效考核范围。

由于竞赛方式的改革，各班每位同学都有可能被抽为参赛选手，因而出现了师生积极地进行良性互动的局面。每个班的学生、带教老师和班主任都不甘落后，学生实训自觉性和积极性明显增强，且对每项操作都十分重视。与此同时，学校也为学生创造条件，通过添置教学监控系统、多媒体教学观摩及示教系统、开放式护理辅助教学系统等设施，从而方便学生训练。此外，还在节假日及课余增加实训室开放时间，安排专业课教师指导学生练习。通过以上努力，护理专业学生的操作水平普遍提高，学校在2009年全国卫生职业院校首届护理操作竞赛中获团体一等奖，在2010年年底全市职业学校技能抽查中，市教育局组织湘雅二医院专家随机抽查该校护理专业10%的学生进行护理技能操作考核，优秀率达100%在全市属最高水平，实习医院及用人单位对学校学生操作技能的满意度也大大提高。

3. 开展就业创业教育，提高就业适应能力

职业能力简单讲就是适应职业要求的工作能力，职业学校开展创业教育，使学生在增强专业技能、培养岗位能力的同时，进一步培养创业意识和创业精神，通过创业实践激发学生的创业热情，提高学生的组织协调能力、经营管理能力以及专业技能的综合运用能力，同时培养学生的团队合作意识，进一步为学生就业、创业奠定坚实的基础。为此，学校加强了两项工作。一是加强创业就业教育。学校护理专业注重将创业教育融合在文化课、专业课的教学中，尤其是在思想政治课中更是强化创业意识教育。学校开设职业生涯规划、就业指导课程，指导学生制订职业生涯计划。改进教学方式，积极针对就业需要，模拟相应情景，组织贴近岗位、贴近社会的相关培训。通过课堂教学，结合专业教学有意识地渗透和传授创业就业知识。如在思想政治课中渗透诚信教育、艰苦奋斗思想教育；心理课渗透创业心理品质

教育、创业成功与失败案例分析。积极发挥社团作用，营造创业就业的文化氛围，通过学生自行组织职业规划、模拟招聘、创业、基层就业等主题的校园活动，从而锻炼学生人际交往能力、口头表达能力、组织管理能力、领导决策能力。二是完善毕业生就业信息服务。学校通过拓宽信息收集渠道，完善就业信息网络，深入各单位为毕业生挖信息、找岗位，举办现场招聘会等方式，积极为社会输送人才，提高学生的就业率。为了进一步提高毕业生的就业率和就业质量，2010年12月，由长沙市卫生局组织召开了市卫院实习就业工作会议，市直属医院党政一把手提出了很多宝贵意见和建议，市卫生局党政一把手和相关领导就学校加强实习管理、促进就业工作进行了强调，要求各医院每年在招聘毕业生时，长沙卫生职业学院学生必须占一定比例，这为学校毕业生就业开辟了美好的前景。2006—2010年，学校毕业学生就业率达96.67％。

反思拓展

一、对卫生职业学校"双师型"教师的思考

卫生职业教育质量的提高，建设一支"双师型"教师队伍是关键。近年来，该校"双师型"教师队伍建设成绩显著。在形式上注重教师有双资格证或双职称证，在内涵上强调既具有理论教学又具有指导技能操作的"双能力"、既具有专业知识又具有教育学知识的"双知识"，使"双师型"教师比例达到60％以上，较好地促进了教育教学质量的提升。但在实践应用过程中，有些问题需要学校予以关注，甚至需要引起全社会的重视并予以解决。首先，什么是"双师型"教师，国家应该有一个标准，究竟是以职业资格、职称为准，还是以职业能力为准，要明确"双师"资质由什么机构来确认。其次，要建立"双师型"教师的补充机制、准入制、淘汰制，确保教师的素质。现在医院的医药护理技术人员待遇普遍比学校好，学校引进专业技术人员比较困难，学校在财务管理上实行的是国库集中支付制度，没有财务自主权，对于引进人才不能给予一定奖励，从而造成人才吸引力不够。部分教师直接来源于高等学校应届毕业的研究生，再送出进修，培养的时间较长，工作过程中要与临床岗位互换，"双师型"教师补充的速度比较缓慢。此外，绝大多数中职学校"双师型"教师比例不够，入口把关不严，更没有淘汰机

制，教师的整体素质达不到要求。再次，要建立"双师型"教师职称平转的制度。从临床一线引进的专业技术人才，由于没有教学经历自然就无法完成一定的课时量，更没有教学成果、教研教改课题、教学论文，三五年不能解决教师职称问题，职称解决不了，工资兑现不了，就严重挫伤了人才引进的积极性。最后，要建立健全激发教师知识拓展、获取"双师"资格的奖励机制。学校要大力鼓励教师在取得本专业中级以上资格证书的前提下，再获取人事部门、劳动部门等部门承认的相同或相近的其他系列专业资格证书，对获取"双师型"教师资格的教师，应给予报销考试资料费、差旅费和一次性奖励，在晋职评优中优先考虑。

二、对规模与效益统一问题的思考

近年来，长沙卫生职业学院着重加强内涵建设，提高教学质量，走质量立校、特色强校之路。由于学校整体搬迁之初，基础建设投入比较大、欠账多，经济较困难，为此，大家提出生源就是财源的观点，对来校报名就读的学生来者不拒，后来学校通过对毕业生调查反馈意见发现，部分学生无法适应临床服务岗位，部分学生因身高等原因找不到理想工作，用人单位及学生家长均有意见。学校经过认真研究，认为卫生职业教育是特殊的职业教育，救死扶伤、人命关天，操作技能不是职业能力的决定因素，专业知识、综合素养占有更加重要的比例，要更加重视人文关怀。因此，适当地把控生源质量，控制招生规模非常必要，科学制订招生人数的方法是根据教学资源确定每年的招生计划，虽然每年报考人数是招生计划的 3 倍以上，但学校经过严格的笔试、面试进行筛选，认真执行招生计划，较好地保证了生源质量，为教学质量的提高打好了基础。近年来，实习医院、用人单位对长沙卫生职业学院的学生反映良好，使学校的社会信誉大大提高。然而，现在大多数职业学校强调扩大规模，与之相反，全国每年中考、高考报名人数逐年下降，导致有的学校买卖生源，对学生人数做假，在社会上造成了极其恶劣的影响。同时，盲目扩招，教学资源不足，必然影响人才培养质量，影响学生的就业和职业生涯的持续发展。因此，鼓励扩大规模的提法不妥，职业教育的关键是提高质量，增强吸引力。尤其是卫生职业学校，由于政府投入不足，卫生学校通过大量扩招来改善学校的经营状态，加之各医学院校、卫生高职院均设有护理专业，估计每年各省招收护理专业的学生在 2 万人以上，5 年以后护理专业学生将会面临严重的就业问题，尤其是中职护理学生。因此，适当控制全国护理专业办学规模势在必行。

三、对卫生类职业学校生存与发展问题的思考

由于卫生行业的性质是救死扶伤，这就注定卫生行业是一个特殊的服务行业。目前，全国 500 多家卫校有 200 多家已经升格、合并，剩下 200 多家仍然在举办中等职业教育。目前恰逢医改之机，城市社区及乡村需要大量医务人员，出现卫校招生、就业两旺局面，但已经隐藏着巨大的危机。一是办学层次太低，必须制定特殊升格政策。医疗卫生专业服务都是脑力劳动，专业技能只占医学教育的 1/3，基本理论、基本知识和人文社会知识占更大比重。在国外，部分国家的医学教育是精英教育，没有专科及中专层次，国内的趋势是中专学生在城市就业已经困难。因此，教育卫生行政部门要制定专门的政策，将全国的中等卫校纳入升格范畴，尽量保持较小比例的中等卫校。二是不能享受教育公平政策。全国卫校大多属于行业管理，教育部门只管业务，结果是卫校按照医院管理，教育的优惠政策卫校享受不到，如示范校、实训基地、精品项目、先进学校及教师评选等基本与卫校无缘，卫校有被边缘化的倾向，享受教育公平政策是卫校校长们的奢望。三是投入不足。全国卫校普遍存在投入不足的问题，生均经费不如当地普通高中，而办学成本远远高于普通高中，各级政府对卫校的重视程度更加不如普通高中，卫校的发展后劲不足。

四、对职业教育"立交桥"建设的思考

目前，部分护理中专毕业生有强烈的升学愿望，家长也希望孩子提高学历层次，找到一份更好的工作。学校的主要做法是鼓励学生在校期间读自考、成教，虽然既经济又节约时间，但难度较大，学生很难坚持，因为不是全日制的文凭，就业时难以达到用人单位的要求。解决这一问题的办法是构建中职学生成长的"立交桥"，打通"出口"。在知识经济的背景下，职业技能的提高是一个持续的过程，终身教育是技能型人才实现可持续发展的途径。目前职业学校毕业生继续学习深造的机会少，尤其是卫生职业教育中职与高职、本科的沟通有限，对口升学比例较低，考试方式有待改革，文化课比重较大，极易造成拼文化课、走应试教育的老路，中职学生根本无法适应。要创新职业教育对口升学考试制度和招生制度，突出职业教育学生职业技能、职业道德、职业素养的多种评价方式，对品学兼优的在校中职学生实

行保送制度。学习欧美国家的经验，建立职业教育课程衔接体系，探索中职、高职学分互认，实行中职毕业生直接升学制度，拓宽职校学生继续学习的渠道，为学生成长、技能型人才继续学习创造条件。

专家点评

与行业企业及市场的对接是所有职业学校都非常重视的问题，是职业学校办学中的关键问题，也是职业学校生存和发展的核心问题。怎样才能有效地做好对接，或多或少地成为许多职业学校的困惑。长沙卫生职业学院提出的创办"对接"型专业，通过既要"对上"又要"接上"的办学实践，对于丰富"工学结合"职业教育理论、深化校企合作模式，创新职教课程模式，建设职教"双师型"教师队伍，培养用人市场需求的专业人员都具有重要的现实指导意义。

长沙卫生职业学院在专业建设过程中，坚持以建设"双师型"教师队伍为主体，以提高教学质量为核心，以深化教育教学改革创新为主线，以职业能力形成为目标，逐步探索出培养高素质实用型护理人才的培养模式。

职业学校与行业企业和市场的对接如何落实在人才培养过程中是非常重要的。长沙卫生职业学院创新人才培养模式，从专业设置的对接开始，逐步推进专业课程与职业标准对接，教学过程与实践过程对接，强化以工作过程为导向的教学方式转变，为实现实践教学与职业岗位能力要求的"无缝对接"提供了平台，并在教学、实践、考核等教学环节中具体实施并评价监测，达到人才培养的学历证书与职业资格证书双达标的"对接"目标。这种人才培养模式的起点是源于市场需求，进而转化为专业设置，教学实施过程以实际市场需求为导向，内容整合以实际医疗工作为依据，培养人才以符合市场需求为目标，并以职业教育与终身学习"对接"的理念拓宽学校的教育渠道，为学生的后续发展奠定了思想基础，为学生的职业生涯持续发展提供了平台。

人才培养的市场需求性与适应性是职业学校生存和发展的核心问题之一，而解决这个问题的关键在于学校是否能与行业企业及市场有效对接，长沙卫生职业学院的对接实践为此做了较好的诠释。

（胡嘉牧）

打造特色专业，建设品牌学校
——福建省福鼎职业中专学校

名校／名校长简介

　　曾呈崧，福建省福鼎职业中专学校党支部书记、校长。自 2004 年任校长以来，与时俱进，开拓创新，学校办学思想正确，培养目标定位准确，办学质量不断提高，学校先后被评为全国校园文化先进单位，福建省绿色学校，宁德市文明学校、宁德市先进教工之家、宁德市五四红旗团委、福鼎市平安校园、福鼎市先进基层工会，中国烹饪协会会员单位。

　　曾呈崧校长于 2007 年被中国教育学会等单位评为全国校园文化先进个人，2010 年荣获"福建省优秀教育工作者"称号。他一直致力于自身素质建设，2005 年 9 月撰写的论文《中职生党建工作的思考与实践》在福建省中职学校中共党建学会第六届年会论文选上发表；2007 年 8 月撰写的论文《师之惑——解读农村中学职校教师的职业幸福感》在《现代教育科研》总第 54 期上发表；2007 年 11 月撰写的论文《用校长寄语引领学校文化》在《中国教育报》上发表；2008 年 8 月撰写的论文《校长寄语：校园文化建设的重要阵地》在《校长参考》上发表；2009 年 1 月撰写的论文《农村中职校长如何引领教师成就名校》在《福建职业与成人教育》上发表；2010 年 7 月撰写的论文《品牌带动：中等职业学校提升竞争力之战略》在《福建职业与成人教育》2010 年第 14 期上发表。

学校始终坚持以"就业为导向"的办学方针，根据市场需求，合理调整学校的专业结构，同时又注重专业品牌建设，创新办学模式。这不仅保证了学校的生源，也保证了学生的就业。

 核心管理思想

学校坚持"以服务为宗旨，以就业为导向"的办学方针，以"立身方立业，立业当立能"为校训，以"先成人后成才"为育人理念，以"教人求真，学做真人"为育人目标，以"讲诚信、明礼义的知识型人才，懂技术、会操作的技能型

学校全景图

人才，勇创业、善发展的开拓型人才"为培养目标，坚持举职教大旗不动摇，坚持走职教道路不动摇，坚持建特色学校不动摇。

一、注重品牌建设

学校中餐烹饪专业为省级重点专业、国家示范专业，中餐烹饪实训基地为省级技能型紧缺人才培养基地、中央财政支持的中等职业教育实训基地。学校根据自身专业优势和地处闽浙沿海交界的经济优势，积极牵头组建成立了宁德烹饪职业教育集团。

二、调整专业结构

为适应社会经济发展对人才提出的新要求，学校对原有各专业进行结构调整。学校针对当地和周边劳务市场需求，确立了以品牌专业带动并适应当地发展的专业群，先后开设列车乘务、中餐烹饪、导游等专业，为社会培养配套的专业人才；为适应本地茶产业和福鼎地方经济发展而开设茶叶品质检验与营销专业；根据福鼎化油器企业的发展，开设了模具制造技术专业。积极对接地方经济，服务社会发展。

三、创新办学模式

学校引进企业合作办学，把工厂建在学校，采取"前校后厂"的模式，提高学生动手和实践能力，真正做到"车间与教室合一，学生与学徒合一，教师与师傅合一"。与此同时，学校让学生走出校园，服务办学，利用节假日组织学生进企业开展勤工俭学活动。

四、实行"替代学分"制

针对中职生源的实际情况，学校在闽东率先实行"替代学分"制，鼓励学生参加校内外各种活动、竞赛以替代学科学分。

五、开发校本教材

学校深化教育教学改革，立足本校，开发了5个专业10门学科等校本教材，并取得了一定成效。目前已完成多本专业课校本教材，如《闽东亲水游》《太姥山山岳背景资料》《烹饪实习菜谱》《烹饪雕刻》等。

六、重视技能竞赛

学校开展一年一度的"技能文化节"，以赛促教，以赛促学，通过组织学生参加各类专业竞赛项目的模式，形成竞赛选手选拔、训练的长效机制，在校园内营造浓厚的学技能、比技术的良好氛围，切实扩大了学生的参与面并有效提高了学生的专业技能水平，促进了专业的发展。中餐烹饪专业学生经过层层选拔，连续两年参加"国赛"获一金一铜二优的佳绩。

七、提升培训能力

学校先后为福建大吉刀剪有限公司、福鼎友力集团、福鼎市库区移民、宁德市残联、福鼎市各大酒店、旅行社等的农民工、企业职工、下岗工人进行培训，学校还承担福鼎市中小学音乐、体育教师的转岗培训工作。此外，每年不同形式的培训人员达千余人次。

八、坚持"两手抓"

一手抓就业，为此学校多方位开辟就业渠道，构筑就业平台，使学生就业率达97％；同时，学校发挥职业技能鉴定所的效能，积极组织学生考取技能证书，为毕业生参加升学、就业多开了一张通行证。一手抓升学，为做好高职单招工作，学校积极开展单招教研活动，努力提高教学质量。特别是2010年高职单招上线率达95％，其中有的专业上线率达100％。

九、坚持德育为首

学校始终把德育工作放在首位，紧扣职业教育的特色，牢固树立育人为本的理念，深刻认识本校生源的特殊性，发现、挖掘学生的优点、长处，从守法、诚信、感恩等方面激发学生的自尊和自信；从劳动、爱岗、敬业等方面教育学生自强和自立。学校以"绿眼睛"环保团为载体，进行"感恩自然，珍爱生命"教育；以"校长寄语"为阵地，进行"人生观、价值观"教育；以勤工俭学为内容，进行"劳动、爱岗、敬业"教育；以多彩校园文化活动为形式，努力营造良好的德育育人环境，进行"热爱生活，诚信友爱"教育。

十、改革人事制度

学校为加强专业建设，除核定编制外，还聘请企业管理人员和技术骨干到学校担任专兼职教师。学校实行教师竞聘上岗制度，强化绩效考核，充分体现多劳多得的原则，进一步完善学校内部管理体制。人事制度的改革，充分调动了教职工的积极性、主动性和创造性，增强了教职工的事业心和责任意识，提高了教职工的工作效率，为学校的发展提供了有利的保障。

十一、加强班子建设

学校重视中层干部的培养和教育，不断提高中层干部的能力和水平。领导班子每一个成员都有明确的分工和职责，都能在各自岗位做好管理育人、教书育人和服务育人的工作。学校领导班子热爱职业教育事业、管理理念新、创新意识强、团结协作、群众基础好、威信高，是一支敬业、团结、精干、管理有效的队伍。

 实践应用

一、专业建设背景

1. 建设机遇

近年来，党中央国务院实施了一系列重大举措，不断改善政策环境、制度环境和社会环境，中等职业教育发展迎来了前所未有的重大机遇。在新的形势下，学校认为紧紧抓住这一大有可为的重要机遇，开设和优化中职专业设置、加强专业建设、打造品牌专业，使学校适应产业结构调整和区域性经济的发展，增强专业的适应性。

2. 存在的问题

由于学校财力不足，政府投资力度不够，在专业设置上学校还存在着"重开设投资少专业，轻开设投资多专业"的现象，如开设投资少的文科类专业，结果造成区域专业的重复开设，导致资源的极大浪费。有些原来热门的专业，出现了市场饱和态势，旧专业呈现与市场经济不协调的状况。因此，以市场为导向，及时调整专业结构，开发新专业，淘汰改造旧专业，成为学校改革的一项重要工作。

3. 市场需求

作为"民生产业"，中国餐饮业在经济社会发展中的作用举足轻重。据不完全统计，2009 年餐饮就业人数逾 2000 万，每年新增就业岗位 200 多万个，但厨师还是非常紧缺，"厨师人才荒"已经成为阻碍餐饮业发展的最大问题。据国家餐饮行业调查显示，未来 10 年，中国厨师需求总量达 600 多万。餐饮业已经成为我国的紧俏行业。烹饪职业将成为全国十大高薪职业之一，厨师将成为前景最为广阔的高收入阶层。

据世界旅游组织预测，今后 20 年中国将成为世界上最大的旅游目的地。同时，随着国内人民生活水平的提高和人们消费观念的变化，也将促进旅游业的发展。"旅游兴市"是福鼎市政府的发展目标，把福鼎建设成为海峡西岸经济区东北翼滨海旅游工业城市是福鼎市的"十一五"发展规划。福鼎是福建"海西"建设东北翼的重要城门，更是宁德"环三都澳"建设起骨干作用的重要经济体。随着"海西"与"环三都澳"建设进程的深入，特别是沈海高速公路和温福铁路的开通，以及福鼎太姥山世界地质公园的成功申报，

福鼎的旅游事业得到飞速发展。2009年福鼎市共接待游客200万多人次，实现旅游收入8亿多元。

福鼎地处闽浙边界，与浙江东南部毗邻。由于福鼎与浙江东南部的地缘、血缘、方言等相通关系，历史上浙东南经济就与福鼎经济密不可分。其中温州是"海西"建设的经济体之一，温州的雁荡山为我国最著名的风景区之一。

随着社会经济的发展，人们生活水平的不断提高，旅游业将成为福鼎市的朝阳产业。旅游业的发展，同时也带动了餐饮业的发展。福建现有星级饭店400多家，浙东南现有星级酒店600多家。以一家酒店需求烹饪岗位人员100人计算，每年福建和浙江东南一带烹饪岗位需求量就达到10万人。而两省的中小酒店、县市级的各类美食小吃、大排档等餐饮店更是数不胜数，仅福鼎本地对烹饪专业人才的需求量每年就达1000人以上。

餐饮业的发展，必将扩大对高素质专业人才的需求，目前烹饪专业人才已出现供不应求的局面。因此，学校认定烹饪专业的学生就业前景广阔，这也促使学校在更高水平上谋求新的发展。

二、专业建设概述

福鼎职业中专学校是集中等职业学历教育、职业技术培训和职业技能鉴定为一体的多功能综合性学校，是福鼎市唯一一所起示范性、骨干性作用的全日制职业学校。

学校创办之初开设幼教、电工专业，后来规模逐渐扩大，增设了音乐、美术等专业。

在20世纪90年代以前，与各地的职业学校相同，学校的发展比较平稳，开设的都是设备资金投入比较低的专业。当时录取的生源素质高，毕业生就业有保障，尤其是幼教、音乐专业，每年有40%的毕业生被分配到本地区的各县市担任幼儿园教师或中小学音乐教师，学校迎来了难得的发展时机。

到了21世纪初，全国职业教育进入短时的低谷期，在"普高热"的冲击下，生源质量大幅度下降，招生规模面临危机。

自2003年以来，学校根据中等职业教育发展形势和区域经济发展趋势，以福建省产业结构和区域经济发展对人才的需求为导向，对学校发展进行了战略转变。经过深入调查、反复论证，学校对新形势下的办学模式进行了再思考、再定位、再建构，决定改造老专业、开发新专业，并于2003年秋季开设了中餐烹饪专业。

建设中餐烹饪专业之初，虽然进行了考察论证，认为开设该专业有发展前景，但毕竟毫无经验，而且全省开设该专业的学校也是寥寥无几。学校没有专业课教师，没有实训设备，甚至连实训场地都没有。为了解决这一问题，学校主动联系了本市一家社会培训机构，与之协议合作办学，将该培训机构的短期职业培训改为全日制学历教育。公共基础课利用本校师资在本校上，专业技能课借用培训机构的师资在校外上，实训设备就只有锅、碗、瓢、盆等简单的用品，实训设备较简陋；此外，学校通过联系当地的一些酒楼、宾馆让学生实习、实训。经过3年的艰苦摸索，第一届中餐烹饪专业毕业生顺利就业，使家长放心、用人单位满意，得到了社会的认可。

2006年，学校全面实施办学改革，从原来的以重视知识教育能力为主向重视就业发展能力为主转变，提出和完善了"以服务为宗旨，以就业为导向，以能力为本位"的办学理念，主动融入海峡西岸经济区的建设，使办学真正服务于区域经济、服务于就业市场、服务于社会发展。学校与培训机构达成协议，合并培训机构为该校的一部分；2008年，在福鼎市委、市政府的支持下，该校与福鼎市职业技术学校合并，实现了教育资源的整合。

如今，中餐烹饪专业已成为学校的重点骨干专业。学校的中餐烹饪专业已有5届毕业生，累计毕业生人数达900多人，主要为高级酒店培养高素质、技能型烹饪专业人才。目前该专业全日制学历教育在校生有756人，不仅就业率达100%，而且专业对口率也达100%。

三、专业建设思路

经过认真学习和反思，学校总结了办学过程存在的问题：一是培养模式封闭化，人才培养与社会需求之间存在差距；二是理论与实践脱节，课程体系与就业岗位有较大的差距，专业教学不能紧密结合岗位的工作过程；三是课程设置学科化，课程知识过于关注理论的系统性，重学科体系轻知识的整合，重理论轻实践；四是教学模式上多运用学科体系的模式，忽视了职业岗位的工作任务，不能很好地调动学生的学习积极性，不利于培养学生的职业能力。2006年起，学校逐步在中餐烹饪专业建设上作了全面的改革。在专业建设的过程中，学校按照教育部《关于进一步深化中等职业教育教学改革的若干意见》精神，遵循"贴近企业实际，毕业即可上岗"的原则，以企业人才需求为出发点，以培养学生的创新精神和职业胜任力为重点，坚持专业建设的先进性、前瞻性和可持续性，培养合格的中等职业技术实用型人才。具体做法如下：

1. 制订合理的教学计划

在专业课程体系上，学校充分依托企业资源，围绕企业需求制订了合理的教学计划。教学课程分为公共基础课程与专业课程两部分。学制采用"2＋1"教学模式。个体教学内容如下：

文化课：德育、语文、数学、英语、计算机、体育与健康。

专业课：烹饪概论、烹饪原料知识、烹饪原料与卫生、餐饮成本核算、中餐烹调技术、中餐烹饪生产实习、烹饪刀工述要、中式烹饪、中式面点、中式烹饪刀工、冷盘制作技术。

针对专业特点，学校留出15％左右的机动课时，用于开设讲座、就业指导、心理健康、文体娱乐等课程。在教学实施过程中，学校根据学生实习和就业的反馈情况，坚持动态的教学计划。每年根据市场需求，针对人才的培养规格，按照企业需求制订、调整教学计划，更加注重学生专业实操课程和能力的培养，并适时开设烹饪营养与卫生、烹饪工艺美术、西餐烹调技术及西式面点等选修课程。

福鼎职业中专学校专业教学计划

类别：旅游   专业：2009 级烹饪

序号	课程名称	学分	总学时	各学期周学时（平均 18 周/学期）					
				第一学年		第二学年		第三学年	
				1	2	3	4	5	6
1	职业道德与法律	2		2					
2	职业生涯规划	2			2				
3	经济政治与社会	2				2			
4	哲学与人生	2					2		
5	心理健康	2		1	1				
6	语文	12		4	4	2	2		
7	数学	12		4	4	2	2		
8	英语	12		4	4	2	2		
9	计算机应用基础	6		3	3				
10	体育与健康	10		2	2	2	2	2	
	模块学分、课时小计	62		20	20	10	10	2	

序号	课程名称	学分	总学时	各学期周学时（平均18周/学期）					
				第一学年		第二学年		第三学年	
				1	2	3	4	5	6
11	烹饪原料知识	4		4					
12	烹饪营养与卫生	4				4			
13	烹饪概论	4			4				
14	烹饪刀工	6		2	2	2			
15	食品雕刻	6		2	2	2			
16	中餐烹饪技术	10				6	4		
17	锅工	4		2	2				
18	面点制作技术	8				4	4		
19	现代餐饮经营管理基础	4						4 *	
20	菜例示范	12						12	
21	实践操作	9						9	
	模块学分、课时小计	71		10	10	18	8	25	
22	成本核算	2					2		
23	饮食文化	4					4		
24	烹饪美术	4					4		
	模块学分、课时小计	10					10		
25	军事训练、入学教育	2		1周					
26	教学实习	16			2周		6周		
27	生产实习	18						一学期	
	模块学分、课时小计	36							
28	计算机等级考试（必考）				考试				
29	等级证书（中级）（选考）					考试			
30	等级证书（中级）（选考）						考试		
31	等级证书（中级）（选考）						考试		
32	资格证书（必考）							考试	
	总修习学分、周课时合计：	179		30	30	28	28	27	

2. 创新教学方法

目前从事烹饪这个行业的人不少，但理论、实践相结合的人才不多，而这类人才的待遇通常也不低。可以说，专业虽小，但市场潜力大。为适应社会经济发展对人才的需求，更好地服务地方经济，按照职业教育的办学特点，我们在教学过程中改革传统烹饪实践课程的教学方式，减少实践课课堂讲授时间和内容，加强学生基本操作技能和专业技能的强化训练，让实习技能性课程直接在操作室或演示室进行。学校积极探索和推行"项目教学法""任务驱动法"等，重视过程教学，让学生"在做中学，在学中做"，改善教学、实训与学习效果，缩短与岗位实际需求的距离，使学生成为就业有优势、创业有能力、继续深造有基础，持续发展有空间的实用型、技能型人才。

学生在中餐面点室

为适应饮食业的发展，学校中餐烹饪专业要求学生掌握热菜、拼盘、食雕、西式烹饪、中式面点和西式面点（含烘焙、裱挤、捏塑）等方面的专业技术知识和技能。在教学中，我们根据"教学—经营一体化"实践教学开展的需要，为烹饪专业学生设计了炒锅、砧板、蒸笼、操作台等不同技术岗位，通过岗位转换使学生的操作技术更加熟练，使学生在动手中积累各种实践知识与经验，做到"活学活用，与时俱进"，实现零距离上岗的目标。

3. 加强师资队伍建设

学校加强师资队伍建设，认真制订师资培训计划，积极选送教师参加各级骨干教师培训，鼓励教师参加各种业务进修，确保教师的思想素质和业务素质的提高。目前学校共有中餐烹饪专业专兼任教师17人，其中省级专业骨干教师有4人，"双师型"教师所占比例为82%。叶进教、邓国华、李伟士、万海光4位教师获得国家一级评委资格。

为突破传统的教师队伍建设模式，学校实行专兼职教师相结合、产学合作教育的新模式。学校利用每学年假期时间，选派教师到一些信誉好、技术含量高的宾馆、酒店进行定点培训，使专业课教师的实践技能和专业知识更加有机地结合起来，真正造就和培养了一支懂教育、通技能、会管理、师德师风良好、乐于敬业奉献的"德艺双馨"型师资队伍，同时建设了一支"不求名册所有，只求育人所用"的校外兼职老师队伍，聘请专业技能突出的技师和温州技校的教师来该校兼职上课、开讲座，达到与名校共享教学资源的效果。

为提高教师教育、教学、科研的能力，优化教师的整体结构，满足职业教育发展的需要，更好地适应教学改革和社会发展的要求，学校坚持走"教研训一体化"道路，努力探索教师校本培训模式，建立教师终身教育和可持续发展的有效机制。学校定期把校外有较高理论水平和实践经验的教师、专家、学者请来为教师作讲座，以拓宽教师们的视野，提高教师们的教学水平；鼓励教师参加上级教育主管部门组织的各种培训，同时积极创造条件，组织各种形式的校内培训，为教师的学习搭建平台；以课题研究为载体，拉动教师教育教学能力和科研能力的提高，强化学科组的教研活动。另外组织开展各类教育教学业务技能竞赛活动，立足岗位，以赛促研，以赛练人，以赛促训。通过各种形式的基本功比赛活动，促进教师业务技能的提高。

4. 开展技能竞赛

近年来，学校积极组织学生参加各种技能大赛，以赛促教、以赛促学。在班级内、校际间开展烹饪竞赛，并指导学生参加各级各类烹饪比赛，通过比赛激发学生的学习兴趣，提高训练效果，鉴别实训质量。至今，学校已举办了4届"技能文化节"，通过参加专业竞赛项目的形式，在校园内营造浓厚的"人人学技能，人人比技术"的良好氛围，切实扩大了学生的参与面和有效提高了学生的专业技能水平，促进了专业的发展。通过比赛优秀教师脱颖而出。2008年，叶进教老师获得福建省职业院校烹饪大赛（中职组）优秀指导教师奖；2009年，叶进教老师获得福建省职业院校技能大赛（中职组）优秀指导教师奖和全国职业院校技能大赛（中职组）优秀指导教师奖；2010年，叶进教老师获得福建省职业院校大赛（中职组）优秀指导教师奖。如今，专业带头人叶进教老师是国家一级评委、高级考评员、中国烹饪大师、中国烹饪协会会员，多次获得上级各种奖励。

一年一度的学校技能文化节

5. 加大实训基地建设

实训基地建设是专业建设的
突破口，也是专业建设的物质基
础。没有现代的、先进的设备设
施，生产出的"产品"就是次
品，甚至是废品。办职业教育要
舍得投资，不断添置和更新实

中西餐热菜实训室

验、实训设备。为此，学校不断加大中餐烹饪专业实训中心建设，添置设
备。2007 年建设烹饪实训中心，增加西餐、面点课程，2010 年建成新的烹
饪实训中心，增设多媒体实训教室。目前学校有烹饪专业实训场地 1500 平
方米，投入设备价值 300 多万元，努力为学生营造现代厨房环境。目前本专
业拥有中餐烹调实训室、西餐烹调实训室、果蔬雕刻实训室、中餐面点实训
室、刀工室、鉴定室、多媒体示范教室、现代烹饪场所智能控制室等多个实
训室，在同类学校中处于领先地位。

此外，学校充分利用校内外实训实习基地，与企业合作开展职业技能培
训，利用国家职业技能鉴定所的优势进行技能鉴定。学校先后与福建的西湖
宾馆、梅峰宾馆、福鼎国际大酒店、福鼎京生大酒店、福鼎金九龙大酒店和
浙江的温州龟湖饭店、瑞安国际大酒店、平阳国际大酒店等以及当地企业签
订合作协议，积极开展产教合作，建立了资讯与技术共享的关系。

2011 年，学校还凭借自身特色和多年来面向农村开展职业教育的优势，
牵头组建成立烹饪职业教育集团，进一步整合教育资源，增强总体实力，实
现了校企共赢。

6. 开发校本教材

公共课、专业基础课和选修课教材除个别课程外，均选用现有规划教
材，专业技能课选用支撑专业的教材。在教学实施过程中，学校发现目前的
烹饪专业教材存在教材偏难、偏深、重理论、少个案的现象，难以满足日新
月异的现代高素质餐饮业人才培养的需求，为此学校积极鼓励教师开展校本
研究，组织骨干教师编写了实用性较强的校本教材。目前，烹饪专业教师已
完成《烹饪实习菜谱》和《烹饪雕刻》两本校本教材的编写。此外，烹饪专
业教师参与研究的全国教育科学教育部"十一五"专项课题已通过结题，并
获得了全国教育科研一等奖。

四、专业建设成效

7年来，学校主动融入区域经济建设和社会发展的大潮，培养烹饪专业毕业生900多人，该专业就业率达100%，专业对口率达100%。这些毕业生广泛分布在福建省及浙江东南沿海地区的各级餐饮企业，有的月薪高达8000元。这些毕业生大多数具有一定的专业理论知识和专业技能、有创新精神和创业能力、有较强的综合职业能力的高素质劳动者，并能在烹饪行业中发挥骨干作用。

2008年5月，学校烹饪专业学生代表宁德市参加福建省职业技能大赛获一银二铜；2009年4月，学校烹饪专业学生代表宁德市参加福建省职业技能大赛获一金二银三铜，2009年6月，学校烹饪专业学生陈和清等代表福建省参加全国职业技能大赛获一金一铜；2010年4月，学校烹饪专业学生代表宁德市参加福建省职业技能大赛获一金六铜，2010年6月，学校烹饪专

烹饪专业学生陈和清
荣获全国职业院校技能大赛一等奖

业学生代表福建省参加全国职业技能大赛获两项优秀奖。

经过这些年的努力，学校的烹饪专业得到了快速发展：中餐烹饪专业于2008年被确认为省级重点专业，2009年被福建省教育厅推荐为国家级地方特色专业，2010年被福建省教育厅推荐为国家级示范专业。中餐烹饪实训基地于2009年被确认为省级技能型紧缺人才培养基地，2010年被确认为中央财政支持的中等职业教育实训基地。

反思拓展

通过该校中餐烹饪专业建设的成功经验，我们体会颇多。

第一，坚持改革创新。要想在短期内成功地建设好一个专业，一定要找到切入点，选好专业，使专业建设与地方经济发展有机结合。职业教育开设的专业只有适应市场经济的需求，才能赢得市场，才能在激烈竞争中求得生存，并促进学校的发展，使学校办学更有活力。对于一个新增的专业，要大胆探索，勇于创新，不等不靠；对师资、设备等制约办学的因素，要想尽办

法克服一切困难。有条件上，没有条件创造条件也要上。

第二，注重教学改革。中职烹饪专业要走出困境，课程改革势在必行，必须从上到下从思想上找突破口，围绕以"能力为本"的教学课程体系不断加强专业技能实训，突显优势。努力调动企业参与职业教育的积极性，共同完成学生培养的目的，不仅企业取得了长远利益，同时还满足了用工需求。通过改革，真正做到学校以技术立校，学生以技术立身。

第三，强化技能训练。为了适应学生的个性差异，学校要采取灵活、开放的教学方法，要加强校企合作、工学结合和订单式培养模式，使校企紧密合作，增强学生的实践能力。同时还要不断鼓励学生参加各类技能大赛，以提高学生的专业技能和综合职业能力。这样，烹饪专业的学生一定能在就业竞争中立于不败之地，学校的社会声誉也会日益提高，进而提高学校的知名度和美誉度。

第四，做强骨干专业。在激烈的就业竞争中，只要坚持"以改革求发展，以质量求生存，以特色求提高"的办学思想，本着"人无我有，人有我优，人优我特，人特我专"的办学理念，突显重点专业、示范专业、特色专业的市场性、就业性、特色性。培育与地方（区域）支柱产业、优势产业、新兴产业密切相关的特色骨干专业，充分发挥骨干专业的示范和龙头作用，努力做优、做强骨干专业，发挥其带动其他专业的调整、建设和共同发展的作用，以特色骨干专业的发展带动学校办学特色的形成，从而提升学校的竞争力。

第五，突出专业特色。由于找准起点、果断取舍、创新模式，该校专业特色鲜明，培养目标定位准确，适应企业的人才需求趋势受到企业的认同。毕业生不仅能够顺利就业、对口就业率高，而且具有良好的职业发展前景，提升了学生的职业价值和人生价值，得到学生、家长及社会的广泛认同，促进了学校招生规模的快速扩大，突破了职校生存"瓶颈"和困境。

第六，建立名师队伍。学校要把培养名师作为品牌经营的重中之重来抓，千方百计地建立有利于名师成长的机制，创设有利于名师成长的环境，使学校拥有一支与自己品牌相适应的名师队伍。首先，学校把师德建设作为名师队伍建设的切入点，大力倡导"以人为本"的教育理念，把"教人求真""学做真人"和"为人师表"作为择师的首要条件。其次，学校加大对专业技能课教师、"双师型"教师的引进和培养力度，鼓励教师参加职业技能培训并取得相关职业技能证书，开展校内名师评选，努力为青年教师的发展搭建平台。最后，关注教师生活，关心教师健康，虽然现有政策规定和学校财力无法提高教师的经济收入，但学校把对教师的业务培训作为教师的最大福利。

 专家点评

福鼎职业中专学校是建校时间较长的职业学校，以前设置的专业也很适应用人市场的需求，这与很多职业学校的办学历程相仿。当生源大幅减少的新形势出现时，学校采取的应对措施不仅反映了学校领导理性的办学思考、大胆的决策调整，也为很多同类学校提供了可参考的范例。

在生源减少的情况下职业学校要发展，必须要进行专业优化设置。优化的依据应当是区域经济及产业结构的发展格局。优化专业要有魄力、要善于分析思考、要敢下决心，并且要有针对性地加强专业建设，将龙头专业打造成品牌专业，以便更好地促进学校的整体发展。福鼎职业中专学校的办学实践正说明了这一点。

福鼎职业中专学校根据福鼎市政府"旅游兴市"的发展目标，对福建和浙江东南一带烹饪岗位需求供不应求的局面进行了充分调研，果断进行专业优化和调整，确立了以中餐烹饪专业为龙头的专业群。学校以"先成人，后成才"为育人理念，以"教人求真，学做真人"为育人目标，开展厚德教育。学校坚持"立身方立业，立业当立能"，围绕"能力为本"改革课程体系，注重校企合作，强化专业技能实训，打造名师队伍，培养学生的实践能力，使学校以技术立校、学生以技术立身，并通过各种技能大赛开展强技教育。学校还采取"前校后厂"的办学模式，推行"车间与教室、学生与学徒、教师与师傅"的三合一教学形式以加强学生动手和实践能力。学校牵头组建成立了宁德烹饪职业教育集团，为学校进一步发展开拓了更大的空间。

职业教育作为教育的一个类型，是培养职业人才的重要阵地。面对不断变化的外部条件，主动优化专业设置，抓住龙头专业创品牌，厚德强技重育人，走出特色办学之路，是福鼎职业中专学校给我们的重要启示。

（胡嘉牧）

打造特色专业，服务地方经济

——河南省镇平县工艺美术中等职业学校

名校／名校长简介

镇平县工艺美术中等职业学校是一所国家级重点中等职业学校，其前身是创建于1934年的省立镇平高级工艺职业学校。学校有专任教师209人，中高级教师78人，河南省高级工艺师7人，国家、省、市级优秀教师40人。校园自然环境优美，艺术氛围浓郁。学校先后开设了玉雕艺术、工艺美术、珠宝首饰镶嵌、营销与导购、服装设计与制作、幼师、音乐艺术等专业，玉雕艺术专业和工艺美术专业分别是河南省职业学校省级职教品牌专业、省级重点专业。由于教学成果突出，学校先后获得"科教兴宛先进单位""南阳市农村劳动力转移培训基地""河南省职业学校职业指导与就业服务示范学校""河南省职业教育先进集体""河南省示范性职业学校""河南省科技教育推广十佳学校""国家级重点中等职业学校"等多项荣誉称号，并被河南省珠宝首饰行业协会确定为常务理事单位，被中国职教协会命名为"中国西部教育顾问单位"。

在硬件设施上，学校新建成高标准实验实习楼一栋，新装配3个玉雕实习车间、3个多功能会议厅，15个教室安装了多媒体教学系统，22个教室安装了自动监控系统，使学校的现代化教学设施及实验实习设备达到较高水平。此外，改扩建的运动场地已经投入使用，学校基础设施建设能力显著增强。2010年，该校被河南省政府列入"2010—2012年职教攻坚计划项目库建设项目"和"百所重点建设的示范性县级中等职业学校"，先后获得2009—2010年度"南阳市教育教学质量先进单位""南阳市职教攻坚先进单位"等荣誉称号。

实验实习楼

近年来，党中央国务院十分重视职业教育工作，通过采取扩大招生规模，实施学生资助政策和加强基础能力建设等一系列重大措施，推动我国中等职业教育改革发展达到了一个新的高度。但从总体上看，中等职业教育，尤其是农村职业教育还面临着诸多困难，如办学条件差、办学质量不高、生源不足等，部分农村职业学校已到了山穷水尽的地步，但该校适时调整专业设置思路：随着县域经济增长方式转变"动"，跟着产业结构调整升级"走"，围绕企业人才需要"转"，适应社会和市场需求"变"，着力推进教育与产业、学校与企业、专业设置与职业岗位、课程设置与职业标准、教学过程与生产过程的深度对接，从而使该校得以柳暗花明，并逐步建立了该校的特色专业——玉雕艺术专业。在专业发展的过程中，该校既遵循教育教学的一般规律，同时又不断探索职业教育的特殊规律。该校在加强硬件建设的同时，还着力打造了一批德才兼备的专业课教师队伍，尤其是"双师型"教师队伍；在教学方面，该校不仅注重理论联系实际的原则，同时还注重了实践课的教学，坚持了"三个零距离"及"五合一"的教学思路，创立了"三边教学法"；在人才培养模式上，学校先后进行了"长短结合""送教下乡""订单培养""校企合作"等多种形式的实践和探索；在学生的管理上，学校推行学分制和弹性学制；在教材的使用上，学校实行统编教材和自编校本教材相结合；在教育科研方面学校与玉雕行业、玉雕企业紧密合作，成立了玉雕教育集团和玉文化研究中心，发挥集体的优势，从而实现资源共享。这些有益的尝试得到了省、市领导的肯定和赞赏，从而使该校的专业越办越活，特色越来越鲜明，规模也越来越大，如今已成为全国最大的玉雕培训学校。

一、玉雕专业创设背景

20世纪80年代，职业教育出现了前所未有的发展机遇，人力资源开发对地方经济发展和社会进步的巨大作用日渐凸显，在这样的背景下，镇平县工艺美术中等职业学校应运而生。

镇平古称"涅阳"，是"中国玉雕之乡"和全国19个"中国珠宝玉石首饰特色产业基地"之一。镇平玉雕加工历史悠久，玉文化积淀丰厚，其玉雕产业加工的历史始于新石器时期，兴于汉唐，精于明清，盛于当今。在元明清时期，镇平玉雕不仅精雕细琢，而且还形成了相当的产业规模。尤其是在现代，镇平玉雕产业得到了迅猛发展，镇平玉文化产业在历史上环环相扣，前后一脉相承，是中原文化的主脉和源头活水。

镇平县玉雕产业目前已具有相当规模，镇平玉雕享誉中外，从事玉雕产业的人已超过10万，这其中从事直接生产的人员至少在9万人以上，其专业技术60％靠传统的师傅带徒弟式的教育方法完成，真正能完成整体创作的人不超过10％，而能独立制作精品的更是微乎其微。传统的师傅带徒弟的授业方法已不能满足人才市场的需求，具有一定的理论基础，而且具有实践能力的初中级人才被用人单位普遍看好，客观上为玉雕专业的发展提供了良机。

镇平县历届县委县政府从发展地方经济的大局出发，非常重视职业教育，并把办好职业学校作为"富民兴县"的大事来抓，多次指示学校要办好玉雕艺术专业，服务镇平玉雕产业，并从政策上予以倾斜和资金扶持，专门成立了行业领导机构——玉雕管理局，统筹玉调产业的发展。先后举办玉雕节、玉文化研讨会、玉雕精品展评会以及人才培养研讨会，把玉雕人才的培养和玉文化研究、玉产业建设结合起来，形成镇平玉雕发展的良好氛围。

镇平县教体局负责职业教育的李哲局长说："正是凭借着这样的天时地利，根植于镇平玉雕产业这片丰厚的沃土，镇平县工艺美术中等职业学校玉雕专业才能应运而生，也才能茁壮成长，我们更应该也必须把玉雕专业做大、做强！"学校从创办初期，就牢记"围绕市场办专业，办好专业兴市场"的方针，奔着为振兴镇平的特色支柱产业——玉雕而设置专业，全力服务地方经济建设，并且把"科研兴校"作为发展战略，走"创名牌专业，办特色学校"的发展之路，玉雕专业经历了由小变大、由弱变强的过程。2006年学校的玉雕专业被河南省教育厅确定为河南省职教品牌专业和特色专业。随着玉雕教育规模的扩大，高端技术人才的日益增多，玉雕专业市场规模也不断拓展，产业档次不断提升，从业人员逐步增多，加工水平已步入全国一流行列。目前，该县已经成为中国宝玉石行业最大的以玉雕为主体的工艺品加工销售集散地和中国最大的玉文化研发基地。2008年12月，镇平县被河南省人民政府确定为"玉文化改革发展试验区"后，镇平玉文化产业面临又一个新的发展机遇，正在兴建的国际玉城、玉料市场、"玉雕大师创业园"和占地66.7万平方米的玉雕职业技术学院，必将把镇平玉雕产业提升到一个新的高度，镇平玉雕教育作为教育品牌正逐步推向全国，镇平玉雕教育任重而道远。

二、创设条件及完备过程

（一）创新教育教学理念

为了全面贯彻党的教育方针，牢固树立科学发展观，学校坚持"特色产业推动特色教育，特色教育主导特色产业"和"立足南阳，惠及全国"的办学方向，以校本部专业教学为重点，采用校企结合、顶岗实习、工学交替、送教下乡、校站联动等模式协调发展。强调课堂教学与经济实践结合、顶岗实习与商企操作交融、科学教育与人文教育渗透三原则。按照"理念先进、目标明确、改革领先、师资优化、设备精良、教学优秀"的要求，培养既有独立操作能力又有高品位设计思维的应用型高级人才。坚持"三个零距离"及"五合一"的指导思想，使"专业设置与社会经济零距离对接，教学内容与职业需求零距离贴近，实践教学与职业岗位零距离接轨"，做到"在育人地点上，实行教室与车间合一；在教师角色上，实行教师与师傅合一；在学生身份上，实行学生与学徒合一；在作业要求上，实行作品与产品合一；在培养效能上，实行育人与创收合一"。结合南阳经济及社会发展现状和趋势、玉雕产业及玉雕教育发展态势，学校通过改革和完善办学机制，加强本专业内涵建设，重点建设玉雕产业链条上所需要的人才市场需求旺、与行业联系紧密、办学条件较好的系列专业，使之成为具有较高水平的特色专业，逐步实现专业结构的优化与专业内涵的整体提升。

（二）加强师资培训及"双师型"队伍建设

"一个品牌专业的建设，离不开一支优秀的教师队伍。"在谈到师资队伍成长对玉雕专业建设的重要性时，秦英翔校长深有体会。

玉雕专业是一个实践性很强的专业，对专业课教师的要求极高，教师既要有一定的绘画、理论水平，还必须具备良好的动手实践能力，为打造一支技术过硬的教师队伍，作为校长的秦英翔为此没少操心。

校长秦英翔

首先，学校要加强教师的职业道德教育，让教师树立热爱职教、热爱教育事业的责任意识。通过师德教育活动，提高教师依法贯彻教育方针的自觉性，让教师将忠心献给教育事业，将爱心献给学生，将责任献给社会。几年来，学校为加强师德培养在教师中深入开展"崇教厚德，为人师表"和以"八荣八耻"荣辱观为主题的教育活动，制订了科学的评价办法和标准，确立了师德考核评价体系。此外，学校还定期开展"十佳师德标兵"和"师德建设积极分子评选"活动，大力表彰和奖励优秀教师，树立先进典型，广泛宣传他们的先进事迹。发扬高尚的师德风范，提高师德建设水平。

其次，提高教师的业务素质。凡是与学校教育教学有关的内容，包括教育观念、教育理论、现代教育技术、教育教学内容等，均可成为培训重点。学校对师资队伍的发展潜心研究、精心策划，制订了切实可行的整体规划和分年实施计划。通过"结对子""搭台子""压担子""要果子"等方式激励教师练好内功，从而造就名师。此外，学校还用好政策，在每年的聘任过程中"因事设岗，实行动态竞争"，实行"优者上，庸者下"的聘任方式。建立起教师进修和考核制度，对教师起到激励和鞭策作用，从而加深了教师对教育价值的认可。几年来，学校先后派出 26 位教师到清华美院、中国美院、西安美院等院校进修，并邀请中国美院著名雕塑家杨成寅教授、天津美院张德彦教授、中国画院柳青院长等名师到校讲学并指导专业建设。每年定期举办"优质课竞赛""优秀教案展评""说课活动""专业课教师基本功大比武""专业作业展评"等活动，使教师在竞争、交流中丰富自己的教学经验，从而形成自己的教学特色、教学风格。

第三，建设"双师型"教师队伍。学校要求教师积极获取行业资格证书，使他们首先专业达标，这样才能有能力指导学生。同时，有计划地组织专业课教师到企业进行顶岗工作或实习锻炼，聘请行业骨干到学校任兼职教师，参与学校专业建设。学校先后派出 6 名专业课教师到县内两个最好的规模最大的玉雕公司拜师学艺，并外聘 7 位国家级玉雕大师到校担任兼职教师。目前，学校玉雕专业教师中已有 3 人被南阳市政府命名为首届工艺美术大师，7 人拥有河南省高级工艺师职称，这对玉雕专业师资队伍的建设起到了促进和带动的作用。由于教师实践能力的提高，因而带动了学生动手能力的提高，学校出现了企业抢学生，学生、社会青年争相来学校学习的火爆局面。

（三）加大设备投入，加强实习基地建设

"玉雕专业的关键是实习，没有好的实习设备和环境等软硬件保证，玉雕专业的壮大就不能实现！"这是主抓玉雕专业教学的教务主任商万峰常常挂在嘴边的一句话。

近几年来，学校筹集资金近 400 万元，主要用于改善办学条件，围绕着技术升级，集中力量加大对实习教学先进设施的投入力度。目前，学校拥有 1 栋实训楼（建筑面积1260平方米），6 个泥塑室、300 台泥塑转台、1 台挤泥机，8 个玉雕教学实习车间、4 个生产实习车间，螺机 200 台、普通电动玉雕车 160 台、高速可调玉雕车 120 台、石膏像 450 件、静物 300 件、传统雕塑教具1200件，图书资料 9.1 万册，其中专业书籍占 21.75％。学校利用省发改委专项建设资金和地方政府投资，耗资 430 万元建成实验实习楼，其建筑面积达5100平方米，可提供1000个实习工位。

此外，学校根据玉雕专业的特点，按照"学校＋公司＋农户＋市场"的办学体制，在校内创办了玉雕车间，把学校办成既是人才培训基地又是经济实体，形成"校内搞示范，校外搞辐射，产教结合，校企合一"的办学新体制。在教学模式上，学校推行"边教学，边生产，边致富"的"三边"教学模式，实行灵活的学制和学习方式，

玉雕实习车间

采取学生一边在校学习专业知识，一边在教师的指导下利用实习车间进行加工生产。学校还与企业挂钩，加强校内外实验实习基地建设。在开好校内实践课的同时，坚持以县玉器厂和玉神公司为校外实习基地，定期组织学生深入工厂，通过实践操作让学生进一步掌握各种职业技能，以及实际操作能力，从而全面提高学生的素质，为毕业生顺利就业奠定了坚实的基础。

（四）专业教材建设与教学改革

高金富，学校前任教务主任，本次玉雕专业教材编撰委员会总编审，他在谈到玉雕专业教材建设的重要意义时说了自己的想法。

高老师说，学校的玉雕专业在全国中等职业学校中是唯一的一所，到目前为止没有现成的教学体系可以参照，没有统一的教学计划和教材。在专业开设初期，虽然有校内统一的教学计划，但是由于没有统一的教材，教师上课完全凭自己的经验和喜好选择教学内容和实践素材，对教学规范化管理和教学成绩的大面积提高起到了极大的制约作用。

有一年，一位年轻女教师教授一个班的白描动物课程，中间因为休产假，在期中考试后离开工作岗位，课程由另一位教师接任，因为没有教材，两名教师授课的内容没有承接，中间有许多重复和说法不一的地方，给学生造成了很大的困惑，到底该听哪一位老师的呢？更富有戏剧性的是，在期末考试命题的时候，后任教师命的试题竟然和前任女教师期中考试的试题一模一样。这样的事情虽然只是极个别的现象，但是，教师在教学中有极大的随意性和主观性，这是不争的事实。玉雕专业教材的演变也是经历了以下几个过程。

玉雕专业创办初期，玉雕专业课程的开设基本参考工艺美术专业的课程——素描、色彩、图案和共修课。唯一增加的玉雕白描绘画课程在具体内容设置时，由于当时的玉雕专业书籍极其匮乏，任课教师能找到的大部分参考资料也只是一些工笔白描画稿，这和真正玉雕生产设计稿之间有很大差别。学校鼓励教师到玉雕生产一线收集玉雕产品画稿，但收集到的也极其有限，虽然有设计人员保守的原因，但更多的是，在那个年代成长起来的玉雕设计师大多没有受过专业的培训，靠的是师徒之间的传承来传授技艺，有太多的局限性，本身掌握的也有限，能够拿起画笔在石头上设计画活儿的已经极少，更不用说在纸上绘制画稿了。课程开设没有现成经验可以借鉴，教学资源极其匮乏，这成为玉雕专业办学初期所遭遇的重大难题。

随着改革开放不断深入，国民生活水平普遍提高，全民收藏热开始升温，玉雕专业的发展迎来了一次机遇。各地玉器厂纷纷转型，很多国营玉器厂的大师开始自立门户，开办自己的工作室，为了技艺的传承，也为了部分经济和社会效益，大家纷纷出版发行自己的专辑，这给玉雕专业的教学提供了很多教学资源。

学校玉雕专业的课程开设经过前一阶段的摸索，如今基本理清了课程设置思路，该专业相继开设了泥塑、玉雕绘画（白描）、素描和玉雕图案等几门专业课程。在教材的选用上，专业课教师选购回大量的玉雕大师专著，作为教材发给学生，从一定程度上缓解了教学资源的不足。

但是时间不长，教学上又暴露出新的问题，那就是教材的专业性太强，而针对性不强，不符合中等职业学校学生的认知水平。很多书籍发到学生手里，教师讲授的只是其中很少的一部分，而其他的很多章节都没有讲解。学期结束，学生将书本带回家，家长很不理解，资源也造成了极大的浪费。

重新编写一套适合本地玉雕生产实践，也符合中等职业学校学生实际的玉雕教材，成为玉雕专业生存和发展迫在眉睫的工作。为了切实改变这种现状，在前期摸索实践的基础上，这次的玉雕教材编撰，学校上上下下在思想上达成了高度的一致，那就是教材的系统性、深度、广度和实用性要达到相应的高度。

为此，学校专门成立了包括知名玉雕大师在内的教材编撰委员会，校长亲自挂帅，听取社会多方面的意见和建议，以玉雕行业的工种为依据，大胆地进行课程改革，开设了绘画基础造型、泥塑雕刻、玉石雕刻、创意设计和艺术素养五大类的课程，涵盖了玉雕生产中的各个工种，从培养学生的造型和动手实践能力入手，指定专业课教师中一直担任相应学科的教师分别组成教材编写小组，将多年的教学经验进行梳理，将教学资源重新整理汇编，使其承担起各学科的教材编写工作。

目前部分教材已经完稿，征求社会意见后将投入试用阶段，在教学实践中检验修订，完善后正式印刷。

根据"职业教育就是就业教育"这个办学宗旨，学校加大改革力度，以"就业为导向，能力为本位"，加大学生实习、实践操作力度，强化专业技能训练，采取"半工半读""工学结合""校企结合""订单培养"等方式，为各行各业培养更多更优秀的中等专业人才。针对学生顶岗就业能力不足的状况，学校进行了一系列改革，调整了教学计划，增加了实习课分量，集中力量加大对实习教学先进设施的投入，聘请社会知名高级工艺美术大师为学校实习指导老师，加强校内外实习基地建设，成立了"玉雕研究所"，与县玉雕局和宝玉石协会联合举办了"镇平县玉雕高层论坛"，使教学、科研、生产一体化。

(五) 推行学分制及弹性学制

学校采用"以能力为本位"的职教模式，以"学分制"为保障措施，制订了《镇平县工艺美术中等职业学校工艺雕塑专业学分制与弹性学制实施方案》，通过推行分层次教学和改革考核评价制度的方法，针对职业学校学生个体差异明显的现状，在某些学科采取分层次教学措施，分层要求，分层授课，分层考核，并对参加文化课低层次学习的学生安排技能性较强的选修课，使这些学生能够获得规定的学分，并专门编制了"学分制"管理方法；实行弹性学制，学生修满规定学分，经学校批准可提前毕业，3 年学习期满未取得规定学分，学生可在规定年限（2 年）内继续学习，学生取得规定毕业学分的 2/3 后，可申请停学就业，一次在籍停学时间不超过两年；建立导师和班主任合作制，构建选修课的选课指导机制，使选课指导更具针对性；建立学分互认奖励制，逐步构建校际之间、相近专业之间、学历教育与职业资格培训和各种形式短训之间学分互认机制，对取得国家职业资格证书、岗位合格证书和在国家、省、市技能比赛、文体竞赛中获奖的学生给予一定的学分奖励。另外，学校在开发制订教学计划和课程体系方面进行积极探索，制订出适应学生个体发展和社会需求的"弹性专业"和"弹性教学计划"，改革课程体系，逐步加大选修课比重，通过增加人文类课程和专业拓展课程，从而推进素质教育的实施。

(六) 坚持校企结合的方针

学校以"中国镇平玉雕艺术研究中心"为平台，利用学校专业课教师多、师资力量强的条件，弥补企业研究能力的不足，与企业共建研发中心，促进企业技术创新能力的提高。同时，通过发挥学校的学科优势，组织力量联合攻关，从而取得生产、教学、科研的紧密结合，最终实现产、学、研共赢的效应。充分发挥了学校作为镇平玉雕集团龙头学校的优势，促进了学校玉雕艺术专业的发展。为发展玉雕艺术专业，2006 年学校与中华玉文化博物馆、镇平县玉神公司强强联手，成立了"中国镇平玉雕艺术研究中心"，为广揽玉雕界精英、实现联合办学提供了广阔的平台。研究中心由中华玉文化博物馆馆长、首批国家工艺美术大师仵海洲任主任，县玉神公司总经理刘晓强与全国白玉协会常务理事、白玉雕刻家李克耀任副主任。此举扩大了学校办学的灵活性，提高了学校的知名度。为了满足玉雕行业对专业类人才的需求，实现学校与学校、学校与企业、学校与科研机构之间的优势互补，资源共享，全面提升镇平县玉雕产业和玉文化的艺术品位目标，学校成立了以镇平县工艺美术中等职业学校为依托，由七家单位共同参与的镇平县玉雕职业

泥塑教室

教育集团。学校在此专业实行半工半读、工学交替等模式，最大限度地满足学生学习与就业需要，最大可能地为学生提供优质服务。学校还通过定期组织和参与各种规格的玉雕高层论坛、玉文化研讨会、博览会，组织专业人员加强对玉文化的挖掘整理和开发研究工作，科学地分析、预测、把握市场周期性以

及供求关系，为当地政府和主管部门对产业进行宏观调控和微观指导提供了可靠参数，充分发挥了"智囊团"的作用，最终形成了镇平玉雕"人才库"。这一思路的落实，开创了该县玉雕艺术专业发展的新局面，促进了该专业的持续繁荣。2008年，中国玉雕界权威人士李博生、王振组成28人考察团，对学校玉雕艺术专业的教育教学及实验实习情况给予了高度评价："课程设置科学，教学方法得当，教学效果显著。'中国镇平玉雕艺术研究中心'的成立是校企合作的新的里程碑。"

（七）严格执行就业准入制度

学校认真贯彻国家关于大力推行劳动预备制度，严格执行就业准入制度的精神，向学生宣传国家规范人才市场的规定：凡技术要求高、操作规程严格、直接关系到产品质量和消费者健康以及生产安全的行业和工种，必须对从业人员进行严格培训，实行先培训后就业。用人单位招收、录用职工，属于国家规定实行就业准入控制的职业（工种），必须从取得相应学历证书或职业培训合格证书并获得相应职业资格证书的人员中录用；属于一般职业（工种）的，必须从取得相应的职业学校学历证书、职业培训合格证书的人员中优先录用。从事个体工商经营的，也必须接受职业教育和职业培训。劳动保障、人事等部门要加强对就业准入制度执行情况的监察力度，加强监督管理，并加强对实施这一制度的服务与指导。

（八）切实加强职业指导和就业服务

学校把职业指导课程纳入各专业教学计划之中，做到有教师、有教材，开足课时，确保质量。加强职业指导工作，大力开展创业教育，引导学生转变就业观念，树立正确的择业观，鼓励毕业生到中小企业、小城镇、农村就业或自主创业。建立健全职业学校毕业生就业服务机构，并利用社会就业服务体系为职业学校毕业生在本地或异地就业提供信息咨询服务。

三、专业建设成果及其对县域经济的巨大影响

镇平玉雕业蓬勃发展，全县形成了以玉雕大世界、玉雕湾、玉雕长廊为主的玉雕专业市场。雕塑艺术专业作为学校的龙头专业，其设置就是为了直接服务当地的玉雕产业，十几年来，学校已培养出孟庆东、喻朝光两名国家级玉石雕刻大师，培养出赵显志、侯晓峰、范同生等省级工艺美术大师，向社会输送专业技术人才 8256 人，毕业生就业率达 100%。目前这个专业毕业生中的优秀人才已在北京、深圳、广州、苏州、扬州、上海等地成功创业，很多学生创办的公司已分别拥有几十万元、上百万元甚至上千万元资产。其中，规模最大、影响最大的县玉器厂、玉神公司的 60% 造型设计人员是本校雕塑专业毕业。镇平县作为全国著名的"玉雕之乡"，玉雕产业从业人数从 20 世纪 80 年代末的 3 万人增加到现在的 10 万人，年产值超过 150 亿。

1992 届玉雕专业毕业生孟庆东在北京创办了紫气东来有限公司，拥有车间 6 个，加工设备 120 余套，安置就业人员达 260 余人，每年产值在 1000 万元以上，拥有固定资产近亿元，其作品《踏雪寻梅》《秋山行旅》《罗汉》《天长地久》等在河南省玉雕作品展评中获得金奖、银奖，《悟道》获国家玉雕行业最高奖励——天工奖金奖。

2002 届毕业生喻朝光创作的翠玉作品《出类拔萃》曾荣获河南省"陆子冈"杯玉雕精品大赛金奖。翠玉作品《乐在其中》《冰山来客》分别荣获"中国玉雕、石雕天工奖"银奖和铜奖。2002 届毕业生王稷设计的《东坡品茶》玉雕作品得到同行好评，于 2004 年被评为"镇平县玉雕设计新星"，现任本校玉雕实习车间主任。2002 届毕业生刘照钢的雕塑

孟庆东的《踏雪寻梅》

作品《激浪》在南阳市大中专院校科技成果展评中获"创新类"银奖,现在青岛就业,任青岛正利雕塑艺术有限公司设计室主任。毕业生赵显志在苏州创办了大赵玉雕工作室,现任中国工艺美术学会会员、苏州市工艺美术行业协会玉雕专委会副会长、河南镇平总商会驻苏州分会会长。

学校进行了教学作品商品化的尝试,组织教学作品参加南阳市玉雕节商品展卖会、河南省工艺美术品博览会,并获得了显著的经济效益,扩大了学校的社会影响,吸引了全国各地的客商亲自到学校参观并订购作品,其中不少作品被镇平伏牛书画院、中华玉文化中心收藏并展出。此外,学校玉雕生产实习车间在 2008 年还承担了奥运会奖牌"和谐玉璧"的制作任务,并受到了各级领导的一致好评。

 反思拓展

经过多方努力,学校玉雕专业的办学规模越来越大,在社会各方面反映良好,在全国中等职业学校中逐渐展示出自己的特色,影响力逐渐扩大。借助于网络、电视等新闻媒体的宣传报道,在近年的招生中外地学生报考成为一大特色,在这个不大的校园里,我们往往能听到操着山东、安徽、河北、青海、浙江等地口音的莘莘学子。

镇平县工艺美术中等职业学校在原校长王献和现任校长秦英翔的带领下,坚持"内涵发展,特色发展"的办学理念,以"质量立校,育人为本,就业为先"为办学宗旨,以"办品牌专业,创中原名校"为办学目标,稳扎稳打,不断向前发展,创造了一个又一个辉煌。学校领导班子始终保持清醒的头脑,为了促进学校可持续发展,他们又开始了新的探索。

随着镇平县玉雕市场规模的日益壮大,从原材料到生产加工、包装销售都形成了专业市场,形成了一条巨大的产业链。这一产业链上的每一环节都需要一定量的专业人员。通过调研和市场分析,学校拟开设珠宝首饰鉴定、宝玉石营销和导购、礼品包装等专业。通过这些专业的开设,必将给该校的发展带来新的机遇,同时也必将推动该县玉文化产业的进一步繁荣。学校坚信乘着"十二五"教育规划纲要和中等职业教育行动计划实施的东风,学校将取得职教攻坚战的一个又一个胜利,职业教育的明天一定会更加美好。

 专家点评

镇平县工艺美术职业学校在镇平玉雕产业迅猛发展中应运而生，为地方经济腾飞提供与储备高素质技能型、复合型人才。结合地方特色支柱产业，学校的专业建设、结构和教育教学取得了骄人成绩，逐步形成了专业随着县域经济增长方式转变"动"，跟着产业结构调整升级"走"，围绕企业人才需要"转"，适应社会和市场需求"变"的特色。

1. 围绕主导产业建设品牌专业

专业是连接产业与教学的纽带。镇平是"中国玉雕之乡"，玉雕产业是该县的特色支柱产业，县委县政府专门成立玉雕管理局，统筹玉雕产业发展。为服务镇平玉雕产业，学校在创办初期就以服务地方经济发展为宗旨，走"创名牌专业，办特色学校"的发展之路，玉雕专业经历了由小变大、由弱变强的过程。2006年，学校的玉雕专业被河南省教育厅确定为河南省职教品牌专业和特色专业。

2. 围绕地区产业链调整专业群

职业教育提升服务产业发展的能力还体现在围绕产业链建设和调整专业群方面。围绕玉雕产业的生产加工、包装销售这一产业链，学校开设了玉雕艺术、工艺美术、珠宝首饰镶嵌、营销与导购、服装设计与制作、幼师、音乐艺术等专业，今后学校还将开设珠宝首饰鉴定、宝玉石营销和导购、礼品包装等专业。这些专业围绕品牌专业，涵盖玉雕生产与销售的各个环节，为玉雕市场提供高素质技能型人才和复合型人才。

3. 围绕专业发展改革教育教学

教育教学是专业发展的落脚点。在专业的发展过程中，学校在加强硬件建设的同时，着力打造一批德才兼备的专业课教师队伍，尤其是"双师型"教师队伍；在教学方面，学校坚持了"三个零距离"及"五合一"的教学思路，创立了"三边教学法"；在人才培养模式上，学校先后进行了"长短结合""送教下乡""订单培养""校企合作"等多种方式的实践和探索；在学生的管理上推行学分制和弹性学制；在教材的使用上实行统编教材和自编校本教材相结合；在教科研方面，学校与玉雕行业、玉雕企业紧密合作，成立了玉雕教育集团和玉文化研究中心，发挥集体优势，从而实现资源共享。

（佛朝晖）

结合实际善抓机遇，以人为本创建特色

——河南省长垣县职业中等专业学校

名校／名校长简介

校长李立，男，1957 年 10 月生，研究生学历，中学特级教师，中共党员。1976 年参加教育工作，历任长垣县第八中学团委书记，第十中学副校长、党支部书记，现任长垣县职业中等专业学校校长、党支部书记。

1997 年 9 月，因工作需要李立奉调到长垣县职业中等专业学校主持全面工作。一分耕耘，一分收获，经过 13 年的艰苦奋斗和开拓进取，长垣县职业中等专业学校建设规模壮大了、教师队伍增强了、教学质量提高了、学生管理有序了、发展速度加快了、声誉品味提升了，如今成为豫北一所辉煌的职教名校。

学校相继被评为"全国职业教育先进单位""河南省骨干示范学校""省级文明学校""河南省职业教育先进单位""河南省教育教学研究工作先进单位""河南省职业教育先进集体""新乡市文明学校""新乡市职业学校管理先进单位""新乡市教学评估先进单位""新乡市招生工作先进单位""新乡市教育教学先进单位"等 90 余项先进荣誉称号。特别是 2000 年被省教育厅认定为省级重点学校，2005 年 1 月又被教育部正式审批为国家级重点职业学校。校长李立也先后被评为"全国职教先进个人""中华杰出教育家""新乡市职业教育教学管理先进工作者""新乡市五一劳动奖章""优秀共产党员""长垣县先进教育工作者""长垣县教育管理先进工作者"等荣誉称号。学校对口高考成绩连续13年获新乡市同类学校第一名，学校连续8年受到长垣县委、县政府的通令嘉奖。

长垣职专校长、党支部书记李立

核心管理思想

"在其位，谋其政"，在长垣县职业中等专业学校 10 多年的工作实践中，李立校长通过学习、探索，初步形成了管理学校的基本思想，即"以人为本，制度治校"，做到严格要求与人文关怀并举，制度管理与以人为本共存。切实突出"人"字，经营"心"字，融入"情"字，达到制度约束人、感情

学校大门

激励人、目标发展人的管理目的，让师生成为制度的受益者，从约束人向激励人转化，从规范化向科学化转变，以便有利于师生把遵规守纪内化为自我约束、外化为自觉行为。

"以人为本"不是一句空话，教育最该落到实处。以人为中心，着眼于人的发展，运用科学的管理千方百计地挖掘人的潜能，调动人的积极性是事业成功的关键。所以，学校在落实中努力为教师创造一个宽松、宽容的工作环境以及开明、开化的生活环境，让教师始终感受到学校的人性化，使其各司其职、各负其责、各尽其能、各出其力，让教师很好地储存教育实践中的丰富知识和挖掘出蓬勃的创造性，激起教师对教育事业的热爱，让教师发挥出更大的能量。

我们这个时代也许不缺教育理念，缺少的是敢于把理念付诸实践的行动。一个高层管理者说："任何组织的成功都是 5％正确的决策加上 95％的高效执行。没有执行，一切等于零。"因此，在"以人为本"的基础上，学校必须"依法治校，制度治校"，这也是学校管理现代化的基本特征。在管理过程中，学校还注意体现一个"活"字，以尊重客观规律为前提，做到"法"而"管"，准确掌握方向性原则、民主性原则、教育性原则、整体性原则，并服从统一于学校工作的总体目标和要求，体现统一的教育管理思想。

"学校无小事，事事见匠心"，把要求内化为习惯，把习惯升华为素质，把素质积淀为文化是学校管理的全部要义。长垣职专从细节着手，围绕教学、科研、后勤、学生工作等制订了一系列规章制度，形成有序的管理体系。以科学、合理、严谨、公平对待每一位师生员工，形成了事事有法可依、人人照章办事的有效机制。

十几年来，学校始终坚持以上两个基本思想开展学校工作，结合职业教育的特点和发展形势，用求真务实的态度、严格管理的精神，慎重而又大胆地进行了改革创新。

在办学指导思想上，学校坚持以毕业生的"出口"拉动新生的"入口"，提出了"考大学榜上有名，找工作脚下有路"的办学方向，以及"围绕产业办专业，办好专业促产业"的专业发展目标。为了加强专业建设，在明确了该校职教发展必须走"东西联办、校企结合"的订单式办学路子后，该校又提出了"建名专业，创名学校，出名教师，育名学生"的"四名"工程。实行产、学、研相结合，建立实验实训基地，实现"校企合作，校企共赢"的成熟目标，从而构建了长垣职专的核心发展思想。

在教学上，学校建立了以提高学生能力为本位的"宽、实、严、活"的教学模式；在全县职业类学校率先实行封闭式管理；在人事制度上，实行竞争上岗、末位淘汰制；在收入分配上，遵循"多劳多得，优绩优酬"原则，建立按劳付薪的激励机制；在思想教育上，学校大力实施"师德工程"，用科学的理论教育人、用高尚的精神塑造人、用良好的风范引导人；在教师队伍建设上，学校实施了"一、三、五、十"工程，建立起"双师型"教师队伍。严格强化教导处的管理职能，做到"三到位三准确"（记载到位，采集数据信息准确；管理到位，检查结果准确；责任到位，预测分析准确）；积极推行"校长负责制""岗位目标责任制"和"教师聘任制"。学校还坚持以人为本，想方设法调动全体教职工的工作积极性，稳妥地处理各方面的关系，使教职工能够心情舒畅地工作。

一、特色专业管理思想的初步形成

1. 面临的挑战与机遇

1997年国庆节前夕,一纸调令把李立从工作10多年的长垣县第十中学调到长垣职专任校长兼党委书记。李立校长在普通高中工作多年,主持全面工作也有几年,管理上得心应手,轻车熟路。但现在调到从未接触过的职业学校,一切要从零开始。坚决服从组织安排,雷厉风行,这是李立校长的一贯作风。于是,在接到调令的第二天,李立校长就去长垣职专工作了。

初到长垣职专,李立校长看到的是这样的长垣职专:没有设施,只有框架;缺少办公室,只有简单空间;到处是泥土一片,到处是野草丛生,荒冢遍布,坑壑交错,全校学生不足400人。但新建的一座教学楼、一座办公楼、一个餐厅,白墙红瓦,巍然屹立,在空旷的蓝天下显得格外孤单而鲜明。李立校长深感自己肩上的担子不轻,尽管如此他也敏锐地洞察到这所学校暗藏的机遇和希望。

2. 探索新路,确定独到的管理思想

李立校长上任后恰逢全国职教普遍滑坡,学校招生困难,形势严峻。职专全校学生不足400人,师生人心浮动,学生无心学,教师无心教,社会声誉很差。面对诸多困难,李立校长冷静思索,分析原因,深入调研,打算走出去寻求创业办学的出路。他带领学校领导班子成员、教研组长、各科室主要负责人、全体班主任和学科骨干教师到豫南几所知名职业学校学习先进的办学经验,第一站是南阳市第一职业中专,它是由几所普通中专、技工学校、职业高中合并而成的学校,占地面积近66万平方米,建设规模宏大,设备先进,堪称职业教育的"领跑者"。学校采取校长对校长、主任对主任、部门对部门、教研组对教研组、班主任对班主任的形式虚心向他们学习,询问办学经验,并细心作好记录。接下来又参观访问了信阳、驻马店等地的几所职业学校。

回校后,通过充分的酝酿讨论,结合学校实际,学校领导班子统一了认识,理清了学校发展的新思路,确立了"以人为本,制度治校"的管理思想,制定出强化管理、狠抓教学、重塑形象的治校强校方略。从此,学校走

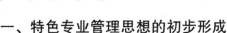

上了一条职教发展的艰苦奋斗之路。

3. 看清市场，瞄准产业，设置特色专业

职业学校要发展，要吸引学生，就必须要有过硬的专业、有特色的专业、有直接服务于当地经济发展的专业。要想在激烈的竞争中站稳脚跟并处于有利地位，就要明确目标，找准定位，办出特色，满足地方经济和行业（企业）对人才的需求，真心实意地为社会和人民群众提供人才服务。

为此，通过对长垣县乃至新乡市进行充分的调查研究，学校认识到建筑业是新乡市的传统产业，改革开放 20 多年来，随着房地产行业的火爆发展，这一产业已成为当地的主要经济支柱，其中有 60％的农民从事建筑业。此外，长垣县是防腐之乡，全国从事防腐业的人 70％以上都是长垣人。另外，起重业在长垣也迅速发展起来，其势头迅猛得出人意料。市场是职业学校前进的指挥棒。职业教育要想快速发展，就必须瞄准市场创办专业，突出以人为本的专业管理思想，走特色办学之路。学校在拓展现有专业——防腐建筑专业的同时，还创建了机电和起重两个专业，把培养目标定位在长垣支柱产业的需求上。

专业设置的是否科学合理由多元化办学主体来决定。对专业设置的评价，更多的是看多元办学主体的满意程度，这充分体现专业管理的人性化理念。学校提出在办学和专业设置中，要做到社会、企业和学生家长"三满意"，做到专业的发展面向市场，"围绕产业办专业，办好专业促产业"。由于地域性差异，行业或产业的需求具有不对称性，所以在专业设置上学校不搞"大一统"，而是坚持"市场性原则"，强调"优胜劣汰，适者生存"，严格遵循专业发展受市场支配的客观规律。因此，学校一方面科学地改造老专业，赋予老专业新活力，使之成为优势专业；另一方面积极进行市场调研，把握市场需求走向，适时调整专业设置，走创建品牌专业之路。

二、特色专业管理思想的发展

1. 把宣传做到人民群众心里

找到学校发展的支点是一件令人欣慰的事，可是，学校又面临着新的困难，即设置了好专业，却没有学生来学。经过深入了解得知，当地学生和家长对职业教育了解甚少，对长垣职专存有偏见。各初级中学升学奖励机制规定，考入职业中专的学生不计入奖励之列。因此，各初中班主任、任课教师在教育学生时多有对职业学校不利的宣传，他们费尽口舌，想尽办法说服学

生不要上职业学校，所以，考不上重点高中的学生宁愿复读也不愿意上职业学校。针对这种情况，学校当即决定加强宣传力度，从源头上做工作，让人民群众能切实看到职业教育的美好前景。

于是，学校在当地电视台连年播出学校专题节目，让人民群众从媒体上真实地了解职业教育，了解职业学校。学校派教师分几路深入到各乡各村张贴招生简章，挨家挨户分发宣传单，给农民讲职业学校的办学宗旨，分析孩子上职业学校的美好前景。主抓教学的领导亲自到全县各个初中，与初中的领导、教师座谈，在共同为各类学生谋发展，对职业教育负责任上达成共识。

当然，这个过程是十分艰辛的，有时甚至是非常尴尬和难堪的。当教师们千辛万苦、千方百计地找到学生或学生家长，将录取通知书交给他们的时候，换来的往往是一句"我不上"，顺手将通知书丢到路边。那种心情难以形容，但学校教师并没有放弃。

皇天不负有心人，在全体教职工的共同努力下，1998年学校招生工作有了极大好转，全年招生700多人，使在校生人数翻了一番，实现了历史性的突破。

2. 升学就业双推进，办老百姓最需要的学校

1998年，"职专学生可以考大学"的消息传来，学校立刻意识到发展的机遇来了。一个大胆构想产生了：打破目前只学技术搞就业的办学模式，提出"考大学榜上有名，找工作脚下有路"双规推进的办学模式。

在校领导的带领下，从领导班子成员到任课教师，以"严"为核心，努力工作，兢兢业业，一丝不苟，在"备""讲""辅""批""考""研"细节上下足工夫，教学质量迅速提高，当年就送走了第一批大学生，叫响了长垣职专的名字。紧接着，西安交大的耿春霞，西北农林的乔明邦、付春彪，中国矿业大学的佘登磊、葛飞涛、王坤、魏海强、宋绍、李廷超等10名学生及天津大学的李欣等人的名字都已深深地印在当地老百姓的脑海中。就这样，自1998年高考以来，学校连续13年对口高招成绩稳居新乡市同类学校第一名，为高等院校输送了大量的优秀学生。骄人的高考成绩证明了长垣职专较强的办学实力，也征服了这个黄河岸边的古老县城，淳朴善良的农民含着笑把他们的儿女送到学校。1999年，学校招生人数超过了1000人，此后，学校招生人数连年增加，到目前为止全日制在校生已超过5000人。

3. 以人为本，把职教办活

学校用事实证明了当初的决定是正确的，就连最初持反对意见的教职工也彻底改变了观念，认为升学、就业两条腿走路好。其实，这不是"一条腿""两条腿"的问题，这是灵活办学的问题。办职业教育，既要严格遵循国家的教育方针，又不能拘泥于政策的条条框框，要善于结合当地实际，开动脑筋，灵活办学，办人民最需要的教育。之所以提出升学、就业双轨推进，是因为它符合该县实际，符合老百姓的愿望，符合市场需求。老百姓"望子成龙，望女成凤"的思想还不可能一下子改变过来，先让他们带着"大学梦"把孩子送进来，让他们慢慢了解职业学校，接受职业学校，也让学生多一种选择。只有招得来学生，学校才能做大做强职业教育，图谋职业教育的长远发展，没有学生，再好的专业、再先进的设备也派不上用场。

4. 加强硬件建设，夯实特色专业之基

学生越招越多，规模越来越大，仅凭一座教学楼、一座宿舍楼、一个餐厅已经无法满足学校正常发展的需要，于是一场艰难的加快学校硬件建设的战役打响了。

这最难的就是资金问题。学校正处于起步阶段，百废待兴，什么都需要花钱，而政府拨给的办学经费又少得可怜，可谓杯水车薪。没有办法，学校只好另谋新路，找政府扣领导拨款建校，找企业家垫资建校，向全体教职工借款建校……10 年来通过上级财政部门拨款、社会垫付资金、教职工集资等多种渠

车床加工实训室

道，共筹集资金 6000 余万元用于硬件建设，不仅新建了办公大楼、宿舍楼、餐厅、综合教学楼等，还新修了校园主干道、学生操场等，增添了 300 余台电脑，建设了一系列专业实验室，极大地提升了学校的办学实力，为学校日后的迅速发展奠定了坚实的基础。

5. "严"字当头，制度治校

凭着多年的教育教学工作经验，学校明白要发展硬件建设必不可少，但要谋求长远发展，就必须狠抓内部管理，向管理要质量，向质量要效益。

为此，学校确立了以"德育为首、素质为重、育人为本"的办学理念，

"让家长放心、让社会满意、让孩子成才"的办学宗旨。确立了清晰的长远的发展思路，提出在省级示范性职业学校的基础上创建省级重点职业学校，接着创建国家级重点职业学校的战略目标，制定了"就业为主线，升学不放松"的起步指导思想和"围绕产业办专业，办好专业促产业"的发展指导思想。

在"找工作脚下有路，考大学榜上有名"的激励下，以"严"字当头，学校制订并完善了教学管理、学生管理、财务管理、综合治理、安全保卫等一系列规章制度。在教学管理中，严格实行狠抓教学基本环节的过程教学；在学生管理中，实行纵、横、点、面相结合的管理模式。纵，即日常各项管理包年级；横，即教学督导管理包专业；点，即任课教师包班级；面，即党支部、校委会总负责全校学生的各项管理工作。完善的管理制度，严格的管理机制，使学校各项工作井井有条，各项事业有序开展。另外，学校在教学上还不断深化改革，建立了以提高学生能力为本位的"宽、实、严、活"的教学模式，并强化教导处的管理职能，做到"三到位三准确"。

在人事制度上，学校实行竞争上岗、末位淘汰制，对不负责任、不能胜任本职工作的教师坚决淘汰，对优秀教师则给予及时肯定和奖励，并对其教学方法进行推广；在收入分配上，学校按照"多劳多得、优绩优酬"原则，把基本工资以外的津贴与教师个人承担的责任、质量、数量等密切结合，以绩计酬，按劳付薪，拉开了分配差距，从而理顺了内部关系，建立了竞争有序的激励机制。

在教师队伍建设上，学校始终把建设一支专业精良、训练有素、结构合理、相对稳定的师资队伍作为根本任务来抓，通过实施"一、三、五、十"计划，对教师进行教学基本功达标训练，要求教师1年合格，3年成才，5年骨干，10年名师。同时通过建立"双师型"教师队伍和实行学科带头人制度，要求教师入"三格"（1年入格、2年合格、3年以上形成自己的教学风格）、过"六关"（教学基本功关、动手操作能力关、班主任关、微机关、外语关、电教关）、练好10项基本功（三笔字、普通话、简笔画、教具制作、组织教育活动、板书设计、电教实验操作、即兴演讲、弹唱跳画、电脑操作），并切实组织落实。

此外，学校在财务上实行"三公开一监督"，积极推行校长负责制、岗位目标责任制和教师聘任制，充分调动广大教职工的工作积极性。

三、特色专业管理思想的成熟与弘扬

随着学校的逐渐壮大，学校及时提出了建设特色专业、办品牌学校的宏伟目标。大力建设实验实训基地，并与企业紧密联系，实行产、学、研结合，培养"厚基础，强能力"的实用技术型人才。

建材实训室

1. 建设特色专业目标的提出

在激烈的办学竞争中，学校深刻地认识到专业建设是中等职业学校发展的核心所在。人们了解一所中等职业学校往往是从其所具有的专业开始的，当一个初中毕业生在选择上中等职业学校的时候，他所注重的就是学校的专业，即学校专业的特色和优势。因此，专业建设是中职学校的一项根本性建设，同样也是中职学校发展的核心所在。特色品牌专业对中职学校更具有特别的意义。如果说普通高级中学尚可凭借一定的办学条件以及良好的生源获得社会的认可，那么在这几大要项上处于劣势的中职学校，若没有自己的特色品牌专业，那中职学校将毫无生命力可言。特色专业可谓中职学校的命脉，也是中职办学实力、办学水平和层次的集中体现。学校要建立既适合自身发展要求，又适合社会发展要求的特色品牌专业体系，如同企业要建立自己的品牌一样，这是中职学校赖以生存的前提和基础。中职学校的规模、结构、质量和效益等都决定于具有特色专业的结构和专业建设水平。

所以说，创建品牌学校，打造中职特色专业是中等职业学校的生存之道。中职学校要想在激烈的市场竞争中拥有适合自己的位置，就必须创特色，打造自己的品牌，否则将会处于被淘汰的地位。不仅如此，特色与品牌也是中职学校核心竞争力、综合竞争力的重要标志和体现。

2. 建设特色专业的内涵

建设特色专业，概括地说就是构建"学校—企业—社会"三位一体的人才培养模式，并将其贯穿于学校专业建设的全过程。

所谓"学校—企业—社会"是学校从县情和本校实际出发提出的一种人才培养模式。主要指学校充分运用社会资源，围绕具有特色的产业设置专业，通过与企业及社会其他部门相结合等途径，采用联合办学的形式，让学

生在学中做、在做中学，从而实现教育与就业的零距离结合，以提高学生就业的竞争力。这一模式的核心内容是围绕具有特色的产业办专业，办好专业促产业。目的是办出品牌专业，创建特色学校。

3. 特色专业管理思想的具体实施

学校采取这种培养模式并进行艰苦的探索，取得了初步的成效，走出了自己的特色品牌之路。2002年学校防腐建筑专业被评为省级骨干专业，2006年机电专业被新乡市教育局审批为市级骨干专业。学校围绕以下几个方面大胆创新，全面实施独特的专业管理思想，取得了突出成就。

（1）专业发展方向围绕市场而定

作为职业学校，要想在激烈的竞争中站稳脚跟并处于有利地位，就要明确目标，找准定位，办出特色，满足地方经济和行业（企业）对人才的需求，真心实意地为社会和人民群众提供人才服务。"职业学校的活力根植于专业建设之中"，这是长垣职专人的共识。因此，多年来，学校始终坚持"围绕产业办专业，办好专业促产业"的办学思想，一只眼睛看着市场，一只眼睛盯着自己的专业，始终把专业建设作为立校之本。如学校依托长垣"防腐建筑之乡"、起重产业快速发展的实际情况，全力打造防腐建筑、机电、幼师、计算机、文秘等专业品牌，为学校的发展找到了动力源泉。

为加强专业建设，学校提出的"四名"工程不但瞄准了市场需求，又顺应了学生家长的心愿和学生的求学需要。所以，专业越办越红火，同时也为长垣县支柱产业提供了充足的技术人才，不仅促进了产业的发展，增加了人才需求，而且还形成了良性的发展机制。因此，学校每开发一个新专业，就能够引起学生和家长的共鸣，引起社会的共鸣，每年学校招生人数都远远超过计划。学校的办学经验证明，地方产业优势、劳动力市场的人才需求决定着职业教育的专业设置，而劳动力市场是变化的、动态的，职业学校必须主动适应这种变化。根据市场需求，在保证专业建设相对稳定的基础上，职业学校必须不断推陈出新，把适学对路的专业进行重点建设，办特色、创名牌，打造骨干特色和现代化标志专业。

（2）特色专业建设标准围绕行业、企业能力标准定

学校的特色专业以行业、企业的技术等级和技术能力标准为标准，立足地方区域特色经济而建设。每个行业、每个企业都有自己建设发展的技术等级、技术能力标准。学校要建设品牌专业必须立足地方，校企结合，以行业、企业的技术能力为标准来培养人才。假如没有行业、企业的技术能力需

求标准，学校培养的人才就没有针对性，也就不可能创建出品牌专业。学校防腐建筑、机电两个专业在这方面做得很好，学校对县内防腐建筑、起重民营和三资企业进行了广泛的调查。在调查的基础上经过深入分析，最后确定以行业标准作为专业建设的标准，以中级防腐蚀工、维修电工的技能标准作为专业人才标准。在这一标准的引导下，有不少同学未毕业就考取了防腐蚀、维修电工技能等级证，这不仅提高了学生的就业率和就业竞争力，而且也为学生高质量就业奠定了基础。

（3）专业师资依据行业发展进行培养

良好的师资队伍是品牌专业建设的关键。要搞好师资队伍建设，必须彻底打破过去常规的老一套教师管理办法和运行机制。学校的做法是与企业紧密合作。一方面，从企业聘请富有实践经验的技术人才来学校当老师；另一方面，与企业共同培训现有的教师。不仅如此，学校还对教师严格要求，使教师不仅具有一定的理论知识，而且动手能力要强，并且配有严格的量化制度。积极的措施，严格的要求，使学校组建了一支较为过硬的"双师型"教师队伍。学校全力推进师资队伍尤其是"双师型"教师队伍建设，仅2009年就选送骨干教师姚庆峰等3人参加国家级骨干教师培训，牛培刚等4人参加省级骨干教师培训；选派有发展潜力的扣伟、韩新峰等3位专业课教师到企业、工厂、车间挂职培训，从而使学校"双师型"教师人数达到32人，"双师型"教师数量占专业课教师的32%，比2008年的22人增加了45%。学校基础设施建设和教师队伍建设力度的加强，切实改善了学校办学条件，为提高学校办学实力奠定了坚实的基础。

（4）产学研结合，建立实验实训基地

校内外紧密结合，建立校内、校外实习实训基地，这是中职教育工作者必须下苦功去研究、去探索的重点、难点问题，也是创建特色学校，打造品牌专业的基础条件。2009年在县政府的大力扶持下，学校争取到河南省示范性职业学校建设项目省扶持资金250万元、县政府匹配资金250万元，县财政下拨教育附加费630万元，学校当年学

校外实训基地

费收入中的 38.7％即 158.5 万元，总计 1288.5 万元用于学校实验实训室建设。新建及升级改造学校防建、机电、计算机、幼师、艺术等 39 个专业实验实训室和学校大门建设，新建一个 400 米跑道标准田径场、一座面积 300 多平方米配套设施齐全的锅炉房、一座面积 500 平方米的教师车棚，藏书 10 余万册的图书阅览中心已装修到位，学校硬件建设明显加强。学校在这方面做了大量工作，如机电专业一边抓校内实验室建设，一边抓校企合作，既在校内兴建了机电试验实训室，又在校外与卫华集团、长垣县强力起重机有限公司兴办了机电技术应用两个实训基地。这一切，为学生在学中做、在做中学、边做边学提供了良好的条件和环境。这些校外实训基地都采用了市场化股份制的运行机制，这是校企结合、校社结合、产学研结合的成功典范。

（5）建立专业建设委员会

为了使专业教学上水平，突出专业教学以人为本，人性化管理的理念，学校建立了防腐建筑、机电、计算机应用、市场营销、微机文秘、音乐美术专业建设委员会，由行业管理部门的人员、企业领导和专业技术人员与学校专业负责人、专业课教师、专业教研组长参加组建。专业建设委员会根据市场调研结果，讨论并制订了理论与实践两大教学运行体系，所有的教学大纲、教学计划都由专业建设委员会决定。这样，学校的教学大纲、教学计划既贴近实际，又满足了学生的专业发展需要，受到了社会各界的好评。实践证明，专业建设委员会参与专业教学管理是建设特色专业的重要保证。

（6）从开发学生潜能出发，搞好校本课程开发

特色专业建设的重点是课程开发，课程开发的重点是精品课程。学校所要求的"精品课程"是"高水平且有特色的课程"，它应该是精粹而不繁杂，精当而不失体；精辟而不流俗，精湛而不虚夸；精深而不肤浅，精进而不囿旧。"精"在前瞻的创新，"精"在科学的远见，它是集体智慧的结晶，团队精神的体现，建特色创品牌的追求。这样的"精品课程"在国家规划教材当中是不可能存在的，必须由一线教师根据实际教学需要，结合自己的教学经验精心设计校本教材。学校的防腐专业国家没有规划教材，一直是使用自编的校本教材，另外学校还领导各专业骨干教师、学科带头人先后为防腐蚀专业编写了《防腐蚀基础知识》《防腐蚀保温工程》《防腐蚀衬里工程》《防腐蚀涂料工程》《防腐蚀工程造价》等校本教材；为建筑专业编写了施工技术补充教材等；为机电专业编写了《组装技术》《起重线路安装手册》。"精品课程"的核心都是围绕校企结合、校社结合、产学研结合，开发学生的创造

能力、创新能力及各种潜能而定的。

（7）严把考核关，保证毕业生质量

质量就是竞争力，中职毕业生要想受企业欢迎就必须有过硬的技能本领。为了这一目标，学校坚持严把考核关，对那些不认真学习理论知识和掌握实践技能，不学无术混日子的学生，绝不网开一面，一律从严要求，考核不过关的绝不发证，直到合格才准其持证上岗就业。由于学校具有中等技术等级认证资格，有些学生想托人情办证，学校对他们进行耐心地教育，讲明道理，要求他们放弃幻想，认真学习技术，通过考试拿证。正是因为学校始终坚持严把考核关，才保证了学校毕业生质量高、技术好，所以多年来学校学生一直受到用人单位的亲睐，就业率始终保持在98％以上。

4. 核心管理思想铸就辉煌

从1997年至2010年，长垣县职业中等专业学校在全体领导班子的正确领导下，坚定不移地走特色发展之路，学校建设取得了一系列喜人的成绩，实现了一次又一次飞跃。2000年学校被省教育厅审批为省级重点职业学校，2004年被认定为长垣县农村劳动力转移培训基地，2005年1月又被教育部审批为国家级重点职业学校，2005年10月被认定为河南省县级骨干职教中心。学校出现了招生火爆、就业畅通的喜人局面，连续5年招收新生超过1500人，学生就业率超过98％，防腐建筑、机电两个专业毕业生受到了社会的广泛欢迎，很多学生已经成为企业的技术骨干，同时也为学校赢得了声誉。许多企业从每年的11月份开始就主动到学校招聘毕业生，《教育时报》对此曾作专题报道。良好的就业形势也有效带动了学校短训班的招生，几年来学校累计为社会培训防腐建筑、机电中等技术人才3000余人，学校办学的示范性已初步显现。由于在中等技术人才培养方面有较好的经验和方法，新乡市教育局多次组织全市职业学校教师到该校参观学习，省内濮阳、西平、内黄和山东东明等地的职业学校由副县长亲自带队到该校参观交流，河南职业技术师范学院附属职专、滑县职专等兄弟学校也多次到该校观摩学习。

反思拓展

发展代表该校迈出了步伐，成功证明该校付出了劳动，但过程总会让人思考。思考是总结、总结是鞭策、鞭策是提高、提高才有拓展。学校的创业是一座山，学校的创业是一条河，供你读、供你思、供你鉴，但更大的是自我发现并在发现中前进。

一、"以人为本"管理思想的反思与拓展

作为学校，没有先进的管理理念和科学创新的管理方法和手段，是不可能实现突飞猛进的。长垣职专十几年的发展历程证明：必须转变思路、开拓进取、敢于创新，形成一个适合职业学校发展的管理思想，学校才能壮大，才能强盛。

于是，学校全面贯彻党的教育方针，紧密结合职业教育的特点，实施"以人为本"管理思想，促进人才的全面发展，全心全意依靠教职工办人民满意的教育，培养德、智、体、美、劳等全面发展的新时代综合型人才。学校结合各专业的特点和发展前景，特别是围绕特色专业，做到在实践中反思，在反思中改进，在改进中拓展提高，使学校快速发展了起来。

"以人为本"是管理中的纲，在这个纲下，我们要注意一些问题，这样才能更加完善。

1. 用爱心对待学生

"训育身心以爱育人"，用爱去唤起学生的生命活力才能稳定人心，做强专业，创造奇迹。那么，在管理实践中，怎样构建以人为本、以爱育人的环境呢？

首先，要关心学生的成长。作为管理者，要充分认识到自己的职责——兴校育人。所以，在日常工作中，学校把塑造学生健康心灵，形成良好的情感态度，帮助学生树立正确的人生观和价值观，处理好师生关系作为第一要素。

其次，尊重学生人格。瑞士教育家斐斯塔洛奇说过："要想成为孩子的真正教育者，就要把自己的心奉献给他们。"教师在教育学生时应多尊重学生，把学生看成独特而有价值的人，真诚地对待他们、平等交流。只有平等的、有爱心的、能体现尊重学生人格的教育，才是真正的教育、成功的教育。

第三，以宽容的心接纳学生。孔子说："宽则得众，惠则足以使人。"宽容是一种爱、一种美、一种智慧。只有宽容才能有包容，才能营造出比较宽松的教学环境，才能有民主的管理氛围。对学生不求全责备就是"宽"，对学生不偏爱计嫌就是"容"，有了包容才能最大限度地接近学生、调动学生，

学生才会有"安全感"，才能充分地张扬个性，教育才会有生气和活力。

第四，尽一切力量帮助学生。学校学生大都来自农村，一部分家庭贫困，学校每年都要根据学生的实际情况，对贫困生实施减免学费、补助医疗费或生活费；还要为少数学生创造条件，让他们勤工俭学，以使他们顺利完成学业。

2. 教师队伍建设

教师是学校的脊梁，是学校发展的巨大动力，更是传道、授业、解惑的人才。教师的精神面貌、觉悟水准、业务能力、团队精神是至关重要的。因此，"以人为本"就必须促进教师队伍的全面发展。

在相信教师、尊重教师、依靠教师、发展教师的基础上，为教师成才、成功创造良好的工作环境，使教师心情愉快地、充满憧憬地、高效率地、创造性地工作，并在工作中取得更大的进步。学校实施人才强校战略，就必须充分认识教师这个特殊的人才群体对学校发展的决定性作用，这就需要学校真正把教师工作摆在突出位置，在全校形成尊才、重才、爱才、惜才的浓厚氛围，并建立育才、引才、聚才、用才的良好机制。

"金无足赤，人无完人"，教师也有瑕疵，一般来说，教师具有严于律己、求知进取、善于思考的事业心和责任感，但教师喜欢说服、讨厌压服、有着"为人师表"的社会期待和强烈的自尊心，特别是那些争强好胜、事业上较成功的教师，内心渴望正视的期待会强烈而持久。假如管理者无视教师这些具体的特征，在具体工作中采取不得当的管理方式，势必会使教师产生逆反心理或抵触情绪，从而导致教师工作的消极甚至人才的流失。所以，学校在管理的过程中要注意不能一味地尊崇，也要看到不足，正视不足，修正不足。加强人文性的引导和培养，通过师德建设等措施使教师具备高尚的职业道德和人格魅力。

3. 在课程设置上做到为学生的全面发展着想

学校的转型和教师教育的创新要求全体教职工要更新教育观念，创新人才培养模式。学校在坚持"厚基础强技能"工学结合的前提下，从学生实际情况出发，实事求是，在课程设置上突出应用性、实践性、先进性和综合性的特点，不断加大探索、分析、研究，注重四个结合，使人文科学教育与技术教育相结合；教学内容改革与教学方法手段改革相结合；理论教学与实践教学相结合；统一要求与个性发展相结合。不断求实、创新，突出实践性教学，强化技能训练，使学生毕业时不仅能通过理论考试，获得毕业证书，还能通过职业技能鉴定考核，获得相应的技术等级证书，即获得"双证"，使学生毕业就能上岗操作，适应社会需要。

二、在"制度治校"方面的反思与拓展

管理靠什么来实现呢？最有效的办法就是靠制度。制度在很大程度上体现了一种学校文化、一种管理理念、一种管理模式。我们常说"没有规矩，不能成方圆"，无论什么样的集体，都要有完善的制度保障才可能成功。长垣职专是一所职业学校，它不同于普高，它有自己的特点，这就要量性而定制度，但无论哪种，制度都是严肃的，神圣不可侵犯的。所以，制度又是学校的"高压线"，它是刚性条件，不允许有任何的通融或放宽，它是无情的。因而，在具体实施过程中可能会导致"矫枉过正"，致使一些副作用的产生，以至于伤害了不应伤害的人，而使教师的工作积极性受挫，导致人与制度（管理者）的对立和冲突。这些问题都是与"人本管理"的要求不符的。所以，学校应遵循相关的规定，避免盲目性、随意性的出现。在制度化管理中，要注意做到以下几点，以使工作完美无误。

1. 注意规章制度的建立、修改与完善

（1）制订制度要充分发扬民主，虚心听取各方面的意见和建议，确保制度的民主性、科学性、合理性和代表性。

（2）注意制订和完善学校章程。学校章程相当于学校规章制度的"母法"，没有章程就谈不上自主化、制度化、规范化、民主化和权益化管理，"制度治校"就是空话。

（3）对不符合现行法律法规或政府规章的学校规章制度进行及时清理和修改，确保学校规章制度的合法性。

（4）针对职业教育改革发展中的种种新情况、新问题适时制订、修改或完善规章制度，以确保制度的针对性。

2. 重视制度的程序性

任何一种制度，从制订到实施都要经过一定的程序。程序的不同，必然会带来制度导向的不同。没有民众的参与，其制度势必难以体现民众利益。程序正当与否、公平与否、完善与否，直接关系到施行的每个环节，尤其会关系到每个施行环节的效果。所以，只有高度重视制度的程序性建设，才能以程序的公平、完善，确保制度的公正与完善，从而有效发挥制度的正效应，促使制度化管理收到实效。

3. 突出制度的可操作性

规章制度的语言表述要尽量采用定量式表述。不能采用定量式表述的，定性表述一定要尽可能准确具体，避免含糊笼统或过于原则化的规定，以便于操作，突出可操作性。

4. 要规范化管理

对教育教学提出标准化，对管理的技术也提出一系列规范化。如果"制度治校"的"制度"健全了，学校真正实现了规范化管理。那么，管理就会轻松化，进而达到应有的效果。

5. 民主化管理

学校坚决摒弃"人治武断"的发生，积极采用"民主化管理"，建立健全民主决策机制，高度重视和充分发挥学校教职工代表大会的作用。

6. 正确推进依法治校

（1）要有正确的法制观念。通过多途径多形式加强法制宣传教育，通过宣传引导，增强全体教职工法制观念，提高法律意识，促进依法办学。

（2）高度重视并切实维护好师生合法权益。学校高度重视和强调师生合法权益的维护，切实保障师生的教育权和受教育权及其他方面的合法权益，使"教"与"学"的积极性、主动性和创造性得到淋漓尽致的发挥，使职业教育生生不息、持续发展。

7. 处理好两个关系

（1）依法治校与制度建设的关系。依法治校与制度建设两者之间是相互促进、互为前提的。依法治校越深入，制度建设越需要完备；反之，制度建设越完备，越有利于依法治校的深入开展。两者对推进"制度治校"都具有保障作用。随着依法治校的深入，两个层面的制度都需要逐步建立和完善。

（2）制度治校与法制宣传教育的关系。学校法制宣传教育在于增强法制观念、提高法律素质，是制度治校的前提、基础，是法制宣传教育内化为法律素养后的应用与实践。法制宣传教育首先要解决的是意识形态领域的问题；制度治校强调的是实践层面的问题，是法制宣传教育效果在行动上的体现。

制度好比是催化剂，激励人、培养人、发展人，可以规范言行，使人摒弃恶习，养成良好习惯。以制度建设为载体形成学校制度文化是一种必要，可以为每一个师生提供发展的制度空间，使学校目标定位在现实与理想之间，并保持必要的张力，是提升学校核心发展力的保障系统，关系到学校的可持续发展。在多年的办学历程中，学校先后制订和完善了各种规章制度，这些规章制度的建设都体现了职业学校的教育管理特点。以"全""细""严"为核心，涉及学校管理的各个方面，做到事事处处有章可循，从而使学校形成了自我激励、自我约束、自我管理的制度文化。

 专家点评

　　不同地区的职业学校所面临的内外部环境各不相同，结合实际情况作出适宜的发展规划和策略是职业学校应该特别重视的问题。长垣县职业中等专业学校秉承"以人为本"的办学理念，根据当地经济情况和人文环境，制订了"考大学榜上有名，找工作脚下有路"的双轨发展策略，不仅在升学方向上成绩显著，创出了品牌，同时也满足了当地人民群众盼望孩子升学的实际需求，扩大了学校的影响力，也对该地区的教育发展和经济发展起到了促进作用。其实践过程证明，正确科学的办学决策是职业学校发展的坚固基石。

　　长垣县职业中等专业学校结合地区实际情况，抓住机遇提出"以出口带入口"的思路，确立了"建名专业，创名学校，出名教师，育名学生"的"四名"工程。学校努力构建"学校—企业—社会"三位一体的职业从业人才培养模式，为当地的经济发展培养急需从业人才。在专业建设的过程中，学校围绕产业市场明确专业发展方向，围绕地区经济特点开展调研论证，围绕企业标准制订专业建设标准，围绕行业发展建设专业师资队伍，围绕人才培养开发专业教材，形成了"围绕产业办专业，办好专业促产业"的专业建设特色，为当地经济发展提供了有需求的人力资源，在实现校企双赢的同时，也为促进地方经济发展作出了积极贡献。

　　当今职业教育已由供求驱动转向需求驱动，学生和家长的需求，企业和社会的需求都在发生着不同程度的变化，职业学校必须结合当地实际情况，综合考量学生、家长及社会的不同需要，要善于抓机遇，要善于采用科学合理、适宜的规划与策略办学、办专业，以适应不同需求发展的变化，不断促进学校的发展。

（胡嘉牧）

 **特色专业卷**

名校／名校长简介

　　梁泽洪，男，1968年9月生，现任陈登职业技术学校校长、党支部书记，乐从镇文联副主席，佛山市职业技术教育学会常务副会长。

　　2002年梁泽洪被评为顺德区优秀校长、顺德区关心下一代工作先进个人；2003年被评为佛山市教育系统优秀教育工作者；2005年被评为顺德区中小教师继续教育优秀管理者和优秀教师；2007年被评为顺德区归侨侨眷工作先进个人；2008年被评为全国教育科研优秀教师。2007年10月31日起至今受聘于广东省教育厅职业与成人教育处担任广东省中等职业学校评估专家。

　　在梁泽洪任校长期间，该校的"百分百"成才办学特色在全国独树一帜。该校的办学实践和办学理念为全国所有兄弟学校的发展提供了宝贵借鉴。"百分百"理念不仅促进了学校的发展，而且实现了全体学生的就业和成才。

　　在个人的科研成果方面，梁泽洪曾负责广东省教育学会"十一五"重点科研课题《"以培养合格职业人为导向的德育体系"的实践与研究》，该课题获

注重德育工作科学化，促人才培养『百分百』

—— 广东省陈登职业技术学校

得全国教育管理科研优秀成果奖。此外，梁泽洪还参加了全国哲学社会科学"十五"规划项目"新世纪中国素质教育研究"子课题"素质教育与校园文学研究"的研究及其分课题研究报告《校园文学与职业中学学生成长研究》，并顺利结题。

一、霍华德·加德纳的多元智能理论

霍华德·加德纳的多元智能理论——每个孩子身上都蕴藏着独特的智能，对其适当引导、扬长避短，人人皆可成才。根据霍华德·加德纳的多元智能理论，人至少同时具有八种智能：语言智能、数理智能、空间智能、动觉智能、节奏智能、交流智能、自省智能及自然观察智能。每个人在八种智能上所拥有的量参差不齐，组合和运用的方式亦各有特色，所以每个人都各有所长。

梁泽洪校长认为，在多元智能理论的指导下，中职学生与普通高中生相比，他们在中考上的失败不代表智力上的缺陷，而是智能的结构类型不适合强调语言和数理逻辑方面能力的传统的智力测验。从另一方面来看，他们大多在理解能力、动手能力、应用能力和创造能力方面表现得比较突出。"百分百"成才职教新理念正是由此而出，使得中职教师充分挖掘每个学生的闪光点，并结合职业教育强调动手能力的特点因材施教。同时，学校的评价指标、评价方式也趋向多元化，走出应试教育的怪圈，肯定学生在其他方面的能力，帮助学生树立成才的信心。

二、以学生为主的教学模式

"百分百"成才职教新理念是以学生为核心，充分调动学生的潜能，激发学生学习的内驱力，促使学生自我成才。由此，梁泽洪校长屡次在教学教研会议上提出，教学过程不再是"以教师为中心"，而是以学生为主体，促使学生独立、自主地获取知识。其次，"百分百"成才职教新理念提倡个性化的课堂教学模式，尊重学生客观存在的个性差异，寻求多样化发展。另外，学校还改革了单一的考试分数评价制度，引进了学分制和弹性学制，给了学生充分的自主发展空间。

三、以科学发展的职教理念，推动学校特色专业建设

梁泽洪校长认为，办学理念是学校的灵魂所在，它来源于校园文化教育的积淀，引领着全体职工的共同价值观形成，是一所学校形成和保持自己特色的需要。"百分百"成才职教理念是梁泽洪校长担任陈登职业技术学校时所秉承的办学理念，该理念的成因及后继探索如下：

（一）中等职教发展的必然结果

随着社会经济的发展，中等职业学校的发展也面临着严峻的挑战，要想独树一帜立于时代发展的浪头，必须要有独特的办学理念。陈登职业技术学校在梁泽洪校长上任后就致力于学校的各项改革以谋求发展，梁泽洪校长结合本地经济特色和学校自身特点提出了有利于学校不断向前发展的办学理念，使得陈登职业技术学校在中等职业教育领域形成了自己的鲜明特色，并产生了良好的社会效应。

（二）陈登职业技术学校的实践探索

任何教育理念的产生，都来自教育实践。"百分百"成才办学理念是一个持续发展的过程，一方面来源于教育教学实践，一方面又指导教育教学实践。在此理念的指导下，陈登职校自 1997 年开办以来，在招生就业、专业设置、人才培养、德育管理、教育教学、学校管理等领域作出的一系列改革促使学校飞速发展。而学校的发展又论证了"百分百"成才办学理念在实践上的可行性，并在实践中不断促使其内涵的提高。

一、"百分百"成才办学理念之德育为魂

人才不仅要具备一定的专业知识和专业技能，还需要具备高尚的品德，学校各项工作更是需要以德育为魂，为促使学校"百分百"成才职教理念真正在人才培养中得以实现，学校德育工作进一步与职业相联系、与就业相结合，彰显中等职业学校德育特色，使德育目标更符合社会对高素质人才的需求。在梁泽洪校长的办学理念引领之下，学校在广泛深入调研的基础上，有的放矢进行德育创新，2005 年在全面把握、深刻领会教育部颁发有关职业教

育指导性文件基础上更新职业教育理念，对学校德育工作现状进行认真分析总结，深入企业开展市场调研工作，共走访了270家单位，收回237份有效问卷，访谈了234位主管，得到了许多有价值的企业用人信息，学校对获取的信息进行归纳分析，并多次召开部长、班主任、科任教师、学生代表座谈会，多方论证，广泛收集意见和建议，积极探索适合中等职业学校德育工作的新方法、新途径。

经过3年的实践研究，学校确立了"培养遵纪守法、诚实守信、敬业合作、有职业理想和创新精神的合格职业人"的德育目标，形成了"总体目标，一以贯之；年级目标，各有侧重；三层深入，螺旋上升"的科学化德育、"有计划、分步骤、多渠道、多部门、多形式"的系统化德育、"抓好系列专业思想教育、职业素养教育、职业理想教育"的特色化德育，并实行了评价标准社会化、主体多元化、形式多样化的学生德育综合评价，促进学校的德育向科学化、系统化、特色化、社会化方向发展。

（一）德育科学化

将德育总目标分解为年级阶段性目标，按照"总体目标，一以贯之；年级目标，各有侧重；情意兼顾，知行统一"的原则，其横向结构由道德、法纪、心理、职业意识、职业理想、职业素养、职业能力等几项德育目标群构成，纵向结构是学生成长的各个学期，根据循序渐进的规律对不同年级的学生分步要求，螺旋上升。德育模式框架是"三层深入"，即高一级德育工作重点确定为职业意识的形成、职业素养的陶冶；高二级德育工作重点为职业素养的提高、职业道德的培养、职业理想的确定；高三级德育工作重点为职业道德的强化、职业能力的提高、职业理想的修正及再确定，通过三层"陶冶—明确—强化"螺旋上升式的深入教育，做到"年级目标，各有侧重；系统科学，自然达成"，使学校德育目标更加明确，德育工作更具科学性。

（二）德育系统化

学校将每学年德育目标通过每学期的常规专题教育和职业专题教育来落实，根据"一项专题，多条途径；有主有辅，协调配合；分工合作，形成合力"的原则，多部门合作、多主题开展、多形式组织。德育处、教务处、总务处、团委、专业部和教研组统筹为德育大军，德育处牵头，其他部门则在与自己部门职能特点相匹配的主题开展中发挥部门优势和特长，独立或合作承担德育工作，将德育课、专业课、文化课教学、社会实践活动、心理健康教育、班主任工作、就业指导与创业培训、团组织及学生会工作等多种德育途径运用到各年级的德育工作中去，从整体上对处于不同阶段的学生因势利导，扬长避短，实施具有针对性的指导，使德育工作系统化。

学校为进一步深化专题教育，开展了主题月活动，每个活动月分别由各部门策划，由德育处组织协调，其他部门共同参与。通过开展形式多样的教育活动，对培养学生的职业素养、提高职业能力起着积极的促进作用。

（三）德育特色化

中职德育工作要与学生就业紧密相连，围绕应对挫折、匹配职业、适应社会开展工作，突出职业素养的培养和职业能力的提高，使培养目标更符合社会对高素质人才的需求，彰显职校德育特色。

1. 抓好专业思想教育

以每年9月"专业思想教育活动月"为契机，学校通过主题班会、讲座、座谈会、板报、手抄报、社会实践等多种途径，从学生入校时就有计划、有步骤地做好职业意识导入及专业思想教育工作，将工作的切入点和突破口放在"学生所学专业今后就业情况以及所学专业在地方经济建设中的地位和作用"上，重点放在"未来社会和职业发展对学生的素质要求""全面认识自己和社会"等问题上，以此强化学生的职业意识，帮助学生形成积极的职业态度，"爱我所选，选我所爱"，为今后的职业学习打下良好的基础。

2. 抓好职业素养教育

所谓职业素养，是指职业内在的规范和要求，是在职业过程中表现出来的综合品质，包含职业道德、职业技能、职业行为、职业作风和职业意识等方面的内容。作为中等职业技术学校，学校将职业素养的培养与职业能力的提高贯穿到各阶段学习中，并将目标"近、小、实、亲"具体化，避免工作中的盲目性和"高、大、空、远"的不切实际，增强德育工作的可操作性和实效性。一方面通过各部门开展主题班会、座谈会、辩论赛、演讲比赛、创业实践、社会实践等贴近学生生活实际、贴近社会的灵活多样的活动开展德育工作；另一方面通过案例教学、学科渗透等有效的方法途径，围绕德育专题开展工作，从而收到了良好的效果。

3. 抓好职业理想教育

引导学生树立职业理想是德育工作的难点，学校从职业意识、专业思想教育入手，以引导学生进行职业生涯规划设计为切入点，以参加全国中等职业学校"文明风采"为契机，帮助学生加深对所学专业的了解，使学生认识到自我发展的潜能，激发学生的职业兴趣，使其树立职业理想，有效地促进学生形成积极的学习态度及良好的学习习惯。学校连续 3 年荣获"全国中等职校'文明风采'大赛"优秀组织奖。

（四）德育评价社会化

为了进一步促进学生良好的道德品质的形成和发展，学校课题组根据职校学生的实际、企业对人才的品德素质要求以及时代发展需要，在现行的《学生德育表现量化评分与管理制度》基础上，补充制订了《"合格职业人"德育品质评价表》及《学生社会实践评价表》，力求通过校内评价与校外评价相结合，采取学生自评、企业评价和教师评价的多元化主体评价，合理、科学地对学生作出综合性德育评价，使学校的学生德育评价体系更加全面和完善，更具有社会性，培养的学生更符合社会企业对人才的需求标准。

3 年来，通过"以培养合格职业人为导向的德育体系"的实践与研究，提升了学校德育工作的培养目标，形成了德育过程的和谐与合力，促进了该校德育工作向科学化、系统化、特色化、社会化方向发展，突出了社会、企业对人才的职业素质要求，提高了学生的综合素质及企业对毕业生的综合评价，使学生能更好地融入社会、服务于社会。在 2009 年 12 月 18 日举行的结题报告会上，省、市、区各级专家对学校的课题给予了高度评价，并被中国教育学会教育管理分会评为"全国德育管理科研优秀成果奖"。

二、"百分百"成才办学理念之学校管理

建特色专业、育一流人才、创职教名校，科学管理制度是保障！"百分百"成才办学理念是职业教育实践的理论结晶，它在实践上的显著效果和重要意义值得我们去总结和学习，也给其他一些职业学校的发展提供了一些借鉴经验，实现了其巨大的推广价值。

（一）树立新的人才观，促使学生"百分百"成才

人才观是关于人才的本质及其成长发展规律的基本观点，对于人才引进、培养、使用有着至关重要的作用。要树立科学的人才观，这就要求全体教师具备人人皆可成为人才，职业学校的学生百分百是人才的新理念。

社会对人才的需求是多样化的，传统意义上的高级知识分子是人才，初、中级技工也是人才。前者是科研学术型人才，后者是技术应用型人才，大家各司其职，在不同的岗位贡献自己的劳动和智慧，都是社会需要的人

才。首先，陈登职业技术学校肯定了学生成才的社会多元化认定，从中职特色出发，将学生成才的标准定位为具有合格的职业技能、良好的职业素质和基本的就业能力，从而树立起职校学生百分百是人才的新理念。其次，教师对每个学生充满期待和信心，相信人人都能成才，正确引导他们，培养既懂理论知识，又具备一技之长和可持续发展能力的合格毕业生，为社会输出"百分百"人才。另外，学校关注学生的可持续发展潜力，不仅仅是教给学生知识和技能，还帮助学生掌握学习的能力，使学生能够顺利就业或继续深造。最重要的是，通过鼓励和表扬使学生感受到成功的喜悦，帮助他们树立起自信心，使他们形成健全的人格。

由此，学校的教育教学首先从可持续发展的角度出发，树立新的人才观，提高学生的综合素质，为学生的未来成长奠定基础，实现真正意义上的"百分百"成才。

（二）构建和谐的师生关系，实现教学个性化发展

教学是学校的中心工作，是一个学校办学思想的具体体现。建立良好的师生关系，是提高学校教育质量的前提条件。只有树立民主作风，在教学中创建平等、民主、和谐的师生关系，才能真正形成良好的教学氛围，使学生人格和创新思维得到良好的发展，达到教书育人的目的。陈登职业技术学校构建和谐的师生关系，实现教学个性化发展，是其教育教学活动取得成效的重要保证。

陈登职业技术学校着力改革过去传统的师生关系，构建起平等、民主、和谐的师生关系。在教学观念上，教师对任何一个教育对象都充满信心，了解每一个学生的长处，并充分挖掘其潜能，给每个学生提供发展的平台、平等的展示和竞争机会。同时，转变"以教师为中心"为"以学生为中心"的理念，恢复学生的主体地位，激发学生运用知识和发现知识的能力；在教学手段上，学校尊重学生在知识和个性等方面存在的客观差异，使学生可以根据自己的能力自主决定学习进度，实现教与学的个性化；在教学方法上，运用现代化教学手段和采取灵活多变的教学方法，如案例教学法、目标与模块教学法和行为引导型教学法，充分调动学生的学习积极性。

总之，学校的教学应该以学生为中心，构建和谐课堂，恢复学生的主体地位，培养学生自主运用知识和发现知识的能力。另外，实现教与学的个性化，给学生以更多的适应其个性发展的学习机会，从而多渠道地促使学生成才。

（三）探索科学的管理机制，形成特色的管理模式

在中职学校，要让各项工作有序进行，就一定要做到科学管理。"百分百"成长办学理念的顺利实现，得益于陈登职业技术学校科学的管理机制和具有特色的管理模式。

陈登职业技术学校探索和总结科学高效的管理模式，突出了以人为本的管理思想，实行目标管理和过程管理并重，制度管理与情感管理兼施的手段，使学校的各项工作目标明确、制订合理、便于执行，并通过过程管理中的评价机制和竞争机制，保障管理工作的高效实施。同时，学校以人为本，推行制度与情感相结合的管理机制。在民主的氛围下，提高了学校的整体教育教学管理水平。具体来说，在教学管理方法上，学校成立专业的课程设置评价小组，以市场为导向进行专业设置；在德育管理方法上，实行以合格职业人为导向的"三层螺旋式上升，时间纵向深入，多部门合作，多元化施教，多层面评价"的立体中职德育模式；在师资管理方法上，以研究性教学为主，用教师自己研究的新教法进行教学和评价学生；在质量考查管理方法上，对办学效果的评价主要放在学生的就业上，以"就业专业对口率"为主要评价标准。

"百分百"成才办学理念下的学校管理是科学的实践管理，它具有明确的管理目标、严密的组织措施、合理的管理方法，能够保证学校的各项工作顺利进行，从而让学生"百分百"成才。

三、"百分百"成才办学理念之人才培养方案

"百分百"教育理念坚持"以服务为宗旨"的办学指导思想，以满足社会对人力资源的需求为出发点，以学生成才和就业成功为根本目的，充分体现教育的服务功能，即服务社会、服务学生——百分百服务；努力给每个学生提供均等的发展机会——百分百机会；激发每个学生成长的内在驱动力——百分百信心；采用有效的教育手段，培养学生个性特长，促进人人成功——百分百成功；实现全体学生的成才——百分百成才和百分百就业。

"百分百"成才理念既要突出学生的个性发展，又要强调学生的全面成长；既要立足于现在，又要着眼于未来；既要满足个体成长的需要，又要满足社会发展的需求；既重视个体的成功，也要重视全体的成才。"百分百"成才理念，是一种发展的理念、服务的理念、效益的理念，渗透在培养目标、办学模式、教育教学形式、评价方式等各方面。

（一）立足百分百服务理念，广泛开展社会调研，调整专业培养目标

"以服务为宗旨，以就业为导向"是职业教育办学的重要指导思想和基本原则。"百分百"成才理念内涵之一百分百服务，就是要求职校要围绕市场经济对人才的需要，为地方社会经济发展培养高素质技能型人才。因此，学校开展了广泛的社会调研，深入企业了解人才需求情况，结合调研结果进行分

企业精英加盟学校专业委员会

析研究，调整培养目标。如家具设计专业，企业对设计人才学历要求高，于是将培养目标由原来的培养初中级家具设计人才，调整为为高职院校输送人才和培养设计师助理及计算机绘图操作员；计算机专业学生就业对口率低，于是将培养目标调整为培养计算机专业和就业岗位群人才（如财务人员、营销员、文员等）；财经类专业培养目标均由培养本专业技能人才延伸至相近就业岗位群的复合型技能人才。

（二）以百分百就业为目标，改革专业课程，促进学生全面发展，实现成才百分百

中职教育承担着培养大量初中级复合型技能人才的重任。这就要求职业学校的办学体制、专业设置、课程结构、教育内容、教学方法、学生评价以及学校管理，都要围绕以就业为导向进行调整和改革，以提高职业教育与企业的人才需求标准的吻合度，为此，陈登职业技术学校教学改革坚持科学的态度，在调查研究的基础上开展了全面的课程改革。

1. 突破传统学科体系课程结构，按就业岗位及岗位群的知识和能力需要设置课程

如市场营销（商贸）专业删减了商业会计、物流基础、证券原理、会计实务、财经法规等课程，增加了经济地理、客户关系管理、市场调查与预测、营销策划、进出口贸易实务、商品经营；电子商务专业删减了电算化、电子商务与 ERP 实务、ERP/MRP Ⅱ 原理、企业电子商务化管理、物流基础课程，增加了 Flash 动画制作、Internet 应用、商务交流、电子商务网络安全、电子商务案例分析、推销实务等课程，强调学生计算机应用、商务技

能、电子商务职业能力三方面能力的提升，使课程设置更加实用，课程内容与岗位实践联系更为紧密。

2. 缩减文化基础课课时，改变文化课"一刀切"的教学安排

专业技能教学是职业学校的教学重点。因此，学校在课程调整时缩减了文化课课时，加大了技能教学课时。不同年级、不同专业文化基础课与专业课比例不同。一年级文化基础课课时多于专业课课时，一般比例为 6∶4；二年级文化基础课少于专业课，一般比例为 3∶7；三年级以专业课为主，强化专业技能，专业课应达到 80％以上。对于动手能力要求高、技能性较强的专业（如机电、汽修、家具设计），文化课总课时少于对文科知识要求相对比较高的专业（如商务英语、市场营销、财务会计），课程改革后，明显加大了专业实训、实习课时，缩减了文化基础课课时，使专业课、专业技能课与文化课比例和课时安排更符合专业特点和就业需要。

市场营销（商贸）专业课时变化

科目	调整前	调整后
专业课（含实践性教学课时）	1444	1438
实训、实习课	608	832
文化基础课（含职业道德、就业指导课）	1494	1186

3. 调整专业课程编排顺序，跳出按学科体系内容编排的制约

为了实现教学与生产过程的对接，专业课的课程编排由学科体系转向技术体系，并以本专业相对应的技术过程环节内容为序，注意了梯度性、科学性，充分考虑了知识和技能的相互衔接和循序渐进。如汽车维修与应用专业，将钳工技能从第五、六学期调到第一、二学期，电工基础从第三学期调到第一学期；市场营销（商贸）专业将市场营销知识由第三、四学期调到第一、二学期，销售心理学、推销实务由第二学期调到第三学期。课程开设顺序按照专业技能学习过程的需要和知识的衔接、按照学生专业技能由浅入深的学习进度来安排，并力争将专业互补性强的课程提前学习。

4. 加强实践性教学，创新实践教学模式，培养学生能力

提高职业教育质量的关键在于切实加强技能性和实践性环节。以往的实施性教学计划，只有实践教学周数分配表，课程改革后，为了加强实践教学，完善了实践教学体系，编制了专业实践教学活动方案，制订了实践教学的具体内容和形式，使实践教学更系统、更规范、更具操作性。

市场营销专业实践教学活动方案

时间			活动名称	活动类型	相关课程	实践地点
年	期					
			职业道德讲座	讲座	职业道德	校内
			企业人才需求情况讲座	讲座	商品知识	校内
	3		本地经济知识竞赛	实践	商品知识 经济地理	校内
	8		三大行业参观活动	实践	商品知识	校外
二学期	2		店面经营诊断及建议实践活动	实践	市场营销	校外
	假		"如何在暑假赚取300元"竞赛活动	竞赛	市场营销	校外
			职场礼仪讲座	讲座	商务礼仪	校内
一学期	4		"创业成功之路"讲座	讲座	市场调查与预测	校内
	5		创业实践竞赛 小老板创业街	竞赛	市场调查与预测 企业管理	校内
	8		商业礼仪实践比赛	竞赛	商务礼仪	校内
二学期	6		海报与商标设计竞赛	竞赛	营销策划	校内
	6		现场促销竞赛	竞赛	营销策划	校内
一学期	8		推销实践活动 TOPSALES大赛	实践	推销实务	校内

在教学实施层面，打破了传统课堂授课模式，结合专业特点和人才培养需要创新教学模式。如机电专业技能教学实施了小班一体化教学，将技能课程综合，以项目为载体，每周安排2天技能教学；计算机专业多以项目为内容，以实操教学为主；营销专业则多以案例教学、情景模拟教学形式为主，并开创了校内"小老板创业街"和校外实体店面创业，让学生在校园内外进行经营锻炼，学以致用，培养专业技能。这些教学改革都是以学生为主体，注重学生的学，充分发挥学生在学习中的主动性、积极性和创造力；重视学

生操作技能的培养，突出在做中学。

5. 充分考虑学生的实际需要，开发选修课程，编写适宜的校本教材

学校遵循"实用为先，够用为度"的原则，以教学内容为切入点，开展了基础课服务专业课教学改革，使教学更适宜学生的实际。同时，积极开发选修课（尤其是具有地方特色的校本课程），满足学生兴趣爱好和今后的发展需要（见选修课一览表）。课程开发的同时，积极开发校本教材及教辅材料（包括训练册、习题集、选修课讲义等）。（见校本教材一览表）

陈登职业技术学校开发的选修课一览表

教学班名称	专业部	教学班名称	专业部	教学班名称	专业部
点钞技能培优	财经部	点钞兴趣	财经部	ASP 动态网站开发	信息部
港"饮"港"食"	财经部	能力拓展	财经部	Photoshop 基础	信息部
交谊舞	财经部	物流设备及软件操作	财经部	美术	信息部
趣味营销	财经部	英文 K 歌	财经部	CorelDraw 初级	信息部
手动变速器	机电部	证券投资	财经部	电脑知识与技术	信息部
白领培训	机电部	车工工艺	机电部	广告与包装设计	信息部
茶艺	机电部	汽车发动机拆装检测	机电部	书法	信息部
电子产品小制作	机电部	自动变速器	机电部	网页设计初级	信息部
钢铁销售	机电部	综合技能提高	机电部	数据库应用	信息部
家用电器维修与制作	机电部	感悟人生（读与说）	基础部	网上创业（淘宝）	信息部
科普知识（创新发明）	机电部	English Salon	基础部	人物故事	基础部
钳工技能	机电部	胡说英语	基础部	围棋	基础部
DIY 时尚手工坊	基础部	美容美发	基础部	幸福人生与理财生活	基础部
教学班名称	专业部	教学班名称	专业部	教学班名称	专业部
茶与茶文化	基础部	实用语法	基础部	易学英语	基础部
畅游大江南北	基础部	手工编织	基础部	音乐欣赏	基础部
电影赏析	基础部	宋词欣赏	基础部	中国象棋	基础部
朗诵与演讲	基础部	文学大观园	基础部	魔方趣味吧	基础部
美丽俏佳人	基础部	与人沟通	基础部	舞乐天	基础部

陈登职业技术学校校本教材开发一览表

名称	形式	负责人
《英语》第一册（分层教学）	教材及习题册	刘惠珏、董本友
《成长的脚印》 ——心理健康教育教材	教材	谢丽娟
财经四合一（会计部分）	实训教材	李玉波
统计实务习题集	考证习题册	林晓玲
会计实务习题集	考证习题册	陈珠娟
局域网的组建与维护	短期实训教材	邓金荣
Win2000网络组建与维护	短期实训教材	胡文辉
计算机常用工具软件	教材	贾继刚
财经四合一（模拟工商局）	实训教材	罗月艳
家具商务英语	教材	刘惠珏
《数学》第一、二册（分层教学）	教材及习题册	陈淑霞
体育选项教学指导书	教师用教材	徐长春
电子商务实训指导	实训教材	梁丽丽
初级会计电算化习题集	习题集	朱琼华
会计综合实训教材	实训教材	朱伟生
财经四合一（模拟银行）	实训教材	雷冬桥、李黎
财经四合一（模拟税所）	实训教材	朱琼华、骆愫颖

6. 给学生百分百信心，改革学生评价方式，不以一考定乾坤

"百分百"成才理念，是建立在"人人成功"的前提下。相信"人人成功"是可以实现的，就必须改变以往单以考试成绩评价学生的学习评价模式，使以评价促进学生的发展为根本目的，使评价过程成为促进学生发展和提高教学质量的过程。如陈登职业技术学校学生技能训练评价采用"技能水平成绩＋训练过程记录＋评语"的模式，改变了仅以期中或期末考试成绩来评价学生学习的方式；数学、英语考试则采用了"过程评价＋终结评价"的模式，将定量评价与定性评价相结合。评价既有统一要求，也关注个体差异和对发展的不同需求，给每个学生以学习的信心，为学生有个性、有特色的发展提供空间和可能性。

2009—2010 学年第一学期		班级：			姓名：	
	评价	项目	学生自评	小组长（或课代表）评议	教师复评	总评（教师复评后乘50%）
陈登职业技术学校市场营销（商贸）专业学生评价表	过程性评价100分（占50%）	守时、态度、精神面貌（20分）				
		仪容、仪态、礼仪（20分）				
		语言表达能力（30分）				
		专业知识、专业技能（30分）				
		合计				
	终结性评价100分（占50%）	项目	成绩		分数	分数合计乘50%
		单元测验一（10分）				
		单元测验二（10分）				
		期中考试（30分）				
		期末考试（50分）				
		合计				

7. 开展丰富多彩的教育教学活动，促进学生个性发展，让每个学生体验成功的快乐

"百分百"中职教育新理念坚持"以人为本"，因此，它有民主的教育观、积极的学生观和开放的教学观。梁泽洪校长经常说，寸有所长，尺有所短，有教无类。教育实践启发我们：只要教育得当，人人成功是可以实现的。为满足学生的个性发展需要，学校积极开展多样化的活动，如各种社团

和第二课堂活动、技能小组、专业和学科竞赛、社会实践活动、小老板创业街等等。这些扬长教育的形式，开放性的教学活动，能充分调动学生的积极性、主动性，挖掘学生的个性潜能，让学生在活动中得到体验成功的快乐，感受成功的喜悦。百分百成功注重量的积累，滴水成河，积土成山，逐步稳定地培养学生的成就感和进取心，进而促使学生的个性得到发展。

军乐队在顺德区
中小学生管乐比赛中获一等奖

四、因地制宜开设商贸特色专业，不断创新人才培养方式

梁泽洪校长认为："职业教育应服务于当地经济发展，培养受本土经济社会欢迎的技能型人才。"乐从镇自古以来就是商贸重镇，经商风气浓厚，其拥有著名的家具、钢材和塑料三大专业市场，现代商贸与物流业发达，私营商贸企业众多，其中又以中小企业居多，个体创业机会较大。在梁泽洪校长领导下的陈登职业技术学校根据市场用人需求情况，确立了财经专业为学校的龙头专业，又通过对企业进行人才需求调查时发现：本地中小企业对市场营销及企业经营管理人才的需求经久不衰，还有众多家族企业需要培养专门的经营管理接班人。为此，学校领导邀请当地主管经济的政府部门领导、企业协会会长、企业经营管理成功人士，召开"新专业设置咨询会"，广泛咨询社会各界的意见，探讨开设新专业的可行性。2006年，学校秉承"立足本地，突出特色"的办学方针，在进行了充分的调研与论证后，开办了全国中职学校首个市场营销（商贸）专业。2007年，该专业被批准为广东省中等职业学校重点建设专业，现在简单介绍一下市场营销（商贸应用技术）专业及小老板创业街。

（一）市场营销（商贸应用技术）专业培养目标

市场营销（商贸应用技术）专业主要培养与现代化经济发展要求相适应的德、智、体、美、劳全面发展，能从事市场营销和企业经营管理工作的应用型人才。为培养学生的商贸经营意识和实践动手能力，学校在生活大楼划出固定的场地，间隔出12个铺位，成立"小老板创业街"。学生集资成立公司，从铺面装修、采购商品、宣传促销、核算利润到缴纳税费均真实完成。通过一系列的创业活动锻炼学生的公司运营、财务管理、市场营销等财经综合能力，充分体现职教特色，将学生在校内的实践经营活动推向了极致，开创了中等职业教育企业经营类的先河。

（二）创办小老板创业街的方法与过程

（1）宣传动员阶段。学校从专业建设的角度提出了创业街的规划方案，并在各类会议中积极宣传，以达成共识。学校向全校班级发出商铺竞投公告，各班级要在结合学生兴趣、特长、社会资源和充分的校内市场调查的情况下，提交内容详细、有个性、有创意的创业计划书，学校择优审定经营班级。

（2）组建公司阶段。竞投成功的班级进行集资入股。为此，学校专门召开了创业动员大会，对创业活动提出指导性意见：一是以班为单位成立股份制公司，动员全班同学、班主任、指导老师入股，充分调动师生的参与积极性。要做好沟通工作，在家长知情、学生自愿的情况下，师生共同参与经营体验，共担风险、共享利润。二是要召开股东大会，完善公司经营架构，优选经营者，总经理、财务、采购、业务部门的职位可竞争上岗，也可分期经营，轮流上岗。三是各公司要在学校的模拟工商局和模拟税务局办理工商和税务登记，做好财务核算，每月要上交会计报表、如期报税、缴纳铺租和工商管理费等，实行高度仿真管理，让学生明白经营公司所要产生的各项成本费用，收取的税费将用于学校的公益事业。

（3）规划装修阶段。学校为每家公司提供 1000 元的创业启动资金，各公司建立账册，做好日常现金的收支管理。学生自行购买货架、设计公司招牌和宣传海报，采购商品，并为商品定价、理货上架、装扮美化铺面。此外，学校还组织学生进行销售礼仪和促销技巧培训，务求以最佳的状态迎接开业。

（4）日常管理阶段。学校成立创业街管理机构，各公司必须遵守诚信经营、文明经营的原则，接受

企业财务、银行、工商、税务四合一仿真实训大厅

全校师生的监督。各公司要随时关注市场动态，适时调整营销策略，适应市场变化，努力提高经营业绩。

（三）小老板创业街开办的成效与反响

"小老板创业街"在各位小老板的辛勤劳动下，于 2010 年 3 月 30 日在众多宾客面前华丽亮相，一炮打响，得到了各级领导、嘉宾的一致好评和高度赞扬。开业当天气氛火爆，销售人员热情有礼，服务周到，很多商铺都收获了喜人的开门红，创业街首日销售总额突破了 1000 元大关，业绩理想，乐从电视

小老板创业街揭幕仪式

台、顺德电视台、佛山电视台、广东电视台等相继报道了开业盛况。

学生在筹备开铺到正式经营的过程中收获良多，如掌握了公司的定名、经营范围，公司的组织架构、铺面的装修规划、外出采购商品、商品上架与定价、现场推销、财务核算的方法，包括经营期间还要学会处理公司内部的人际关系，遇到不同意见时讨论协调，外出采购时与供应商讨价还价，挑选货物时统一意见，网购时防止上当受骗，装配货架时亲力亲为，理货时加班加点，这些都充分锻炼了学生的动手能力、合作沟通的能力，积极发挥了集体智慧和团队精神。凡此种种，均让学生真切体会到创业的艰辛和赚钱的不容易。以前在课堂上教师苦口婆心地灌输职业礼仪和经营理念，学生只是有个模糊的认识，难以形成经验。现在有了"小老板创业街"这个大平台，当学生真正面对顾客时，他们会自觉地端庄起来，说话轻声悦耳，介绍商品头头

小老板为顾客介绍产品

是道，这是真正的理论结合实践的教学模式。学生的明显转变，让学校加强了继续尝试实践改革的信心，"小老板创业街"实践模式在省内当属首创。梁泽洪校长说："学校提供小老板创业街并不是让学生做生意赚钱，而是设立一个真实的环境让大家将理论与实践结合。学校会定期'查账'，如果有

店铺经营不善或'破产'，将由其他学生接手，我们的目的是让更多的人有实践机会，让更多的同学参与经营，缩短学生与企业的适应期，这是组织创业活动、建设商贸特色专业的出发点和落脚点。"

五、"百分百"成才办学理念的成效与反响

在"百分百"成才办学理念的指导下，陈登职业技术学校在管理、教学、就业等领域的面貌焕然一新，学校先后通过了顺德市一级学校、广东省重点职业学校、国家级重点学校的评估验收，不仅取得了令人瞩目的成绩，而且还赢得了良好的社会声誉。

（一）课程设置满足学生发展需要，开发多种实用性校本教材

为适应人才培养需要，陈登职业技术学校的专业课教师钻研教学，整合教学内容，突出实践教学，加强学生专业技能培养。为满足专业实践教学需要，积极开发校本实训教材，学校先后开发了会计考证辅导教材、统计考证辅导教材、会计综合实训、会计电算化实训、财经四合一实训、家具营销英语等 10 余种实训教材。专业课教师主编的《市场营销》教材已由暨南大学出版社正式出版发行，并被多所学校作为专业教材使用。《仓储管理实务》《采购实务》是与多所兄弟职校合编的，已于 2011 年上半年出版发行。

（二）学生获得不同程度的发展，多元成功，多元成才

10 年来，学生参加各类竞赛和比赛获奖人次、获奖数量和质量不断提高。2009 年，学生参加国家、省、市、区技能比赛，有 40 人获奖，其中获全国首届中职中专"用友杯"学生企业经营精英邀请赛团体一等奖；在第六届全国文明风采大赛中有 17 人获奖；在第六届"叶圣陶杯"作文大赛中有 10 人获奖；在文体各类比赛中获区以上奖励 20 人；荆棘鸟文学社获顺德区示范文学社，等等。

（三）学生就业面拓宽，发展方向多元，就业率高

陈登职业技术学校坚持"立足本地就业，服务地方经济"的就业原则，努力拓宽毕业生的就业渠道。近年来，用人单位纷纷主动到学校招聘，学校学生一次就业率一直保持在 97％以上。学生就业面也呈现多元化趋势，如财经部各专业学生，就业行业（岗位）有财务、文员、销售等。如今，学校许多学生已经成为企业的管理者或技术骨干，为服务社会和经济发展作出了较大的贡献。

（四）办学理念和办学特色得到社会的充分肯定

近年来，在"百分百"成才办学理念的指导下，学校进行了一系列卓有成效的改革，形成了鲜明的办学特色。在陈登人的不懈努力下，使职校生人人皆可成才成为现实，社会对学校毕业生认可度也较高。由此，学校得到了各级领导和主管部门的肯定，吸引了许多兄弟学校前来参观交流，使学校的办学经验得到推广。

总之，"百分百"成才办学理念树立了职校学生百分百是人才的新的人才观，它着眼于学生的健康成长和可持续发展，促进学生百分百成才。它来源于陈登职业技术学校教育教学的经验总结，视角新颖、特色鲜明、可操作性强，是经过实践检验的先进的职教理念，能够给其他职业学校一定的借鉴和启发，能够促进我国中职人才培养工作的全面发展。

职业教育不能把每一个学子都培养成精英，因为职业教育是面向人人的教育。但是我们在给每一个愿意读书的学子以希望，给每一个望子成龙、望女成凤的家长以希望，给社会稳定、和谐发展以希望，总之，职业教育是充满希望的教育！

我们曾经听到一种声音，说职业学校的学生都是差学生，我们坚决反对！

职业学校的学生并不差，他们是聪明的、智慧的、有思想、有追求的孩子，是一块块尚未雕琢的璞玉！在大家眼里，也许他们成绩不太好，也许他们年少轻狂，也许他们走过弯路，也许他们的生活过于花哨、前卫，但是学校对他们一直充满信心，相信他们本质纯洁，依然可塑。

学生进了职业学校不会虚度，而是在全面发展。职业学校不是教人啃书、背书、考试、拿分数的地方。也许这些学生之前没有拿过让家长满意的分数，但请相信你的孩子是有天赋、有潜能的，只是他们一直以来处在一种不适应的教育模式下，难免成为学习的失败者！一旦他们走进职校，就会得到重新的融合、冶炼，褪去锈斑、剔除杂质，成为一块可以铺路也可以搭桥，甚至可以制造各种精美器件的好材料。有的职校生毕业之后会成为企业不可或缺的销售精英、财务精英、技术能手，甚至成为卓越的企业家。

事实胜于雄辩。该校有无数优秀的毕业生，现在有的已经成为职场精英；有的自主创业开办了大大小小的各类公司，他们不仅聘请了有熟练职业技能的职校毕业生，甚至还聘请了大学生、研究生。我们为职校的学生感到骄傲，他们用事实证明，职校学生人人可以成才——"百分百"成才。

当然，我们不认为只有成为企业家才是成才，也不要求他们一出校门就有令人瞩目的事业。我们坚守的"百分百"成才首先是让百分百的学生自信会成才，然后给他们百分百的机会去成才、百分百支持他们成才，让他们在职业学校褪去青涩、洗去杂质；让他们具备法律意识、自律意识、沟通能力、文明礼仪、创新能力、团队合作精神；让他们明白人情事理，逐渐拥有成熟的思维模式、积极向上的价值观、世界观和人生观，并为之矢志不渝地奋斗！

有人说办好一所职业学校，就少建一所监狱。我们不敢苟同，我们认为办好一所职业学校，就多一个人才的摇篮；教好一个职校生，就是播下一粒希望的种子。职业学校是一个进可攻、退可守的校园，职校的学生不仅就业有优势、创业有本领、升学门路多，而且终身教育也有基础，他们的平台更宽阔，选择的机会更多。谁说职业学校是低等学校？谁说职校学生是差学生？请不要因为一点阴影就否定整片阳光，更不要蔑视成千上万的职校学子及其家人。

陈登职业技术学校开办10多年来，培养了近万名学子，如今他们走入各行各业，并在自己的工作岗位上多有建树。他们的成就让人欣慰，放眼望去，我们的明星校友观瞻墙不由得让人感叹：职业学校，充满希望！

职业教育路漫漫其修远，只要有路，我们就绝不怕远！

专家点评

在职业学校的管理中，德育工作是不可或缺的重要环节。多年来，不同的职业学校在德育管理过程中积淀了许多宝贵的经验，形成了许多特色鲜明的德育管理体系，为职业学校的发展提供了思想源泉。陈登职业技术学校就是其中很有代表性的一所学校。

陈登职业技术学校坚持"以人为本"，注重推进德育工作的科学化进程，以德育管理的科学化、系统化、特色化和德育评价社会化来构建学校发展的思想基础，确立了"培养遵纪守法、诚实守信、敬业合作、有职业理想和创新精神的合格职业人"的德育目标，形成了"以培养合格职业人为导向"的德育管理体系，把学校德育工作的成果辐射到学校管理的各个层面。德育为首，全面推进，为学校发展提供了可靠保证。

学校提出"百分百"成才的职教办学新理念，"百分百"是多元化目标。就学校而言，"百分百"代表提供全方位的服务和公平的机会；就学生而言，"百分百"是帮学生树立坚定的信心和信念；就教师而言，"百分百"是要根据多元智能理论，坚持因材施教、个性发展的基本教育原则，促进学生不同层面的成功；就发展而言，"百分百"是为了实现全体学生的就业和成才。立足"百分百"成才理念，陈登职业技术学校广泛开展社会调研，调整专业设置和培养目标，以百分百就业为目标，改革专业课程。以地区经济特点为依据，积极推进校本课程的开发，为学生就业、创业拓宽渠道，不仅促进了学生的全面发展，也为学生的持续发展提供了可能。学校"百分百"的办学特色在全国独树一帜。

陈登职业技术学校的办学实践对中等职业学校专业建设的重要启示在于：坚持德育为首，科学系统地推进德育工作，形成特色鲜明的德育管理体系，是办好职业学校的关键所在。在教育过程中，坚信每个学生都能成才是职业教育教师特别要坚守的学生观，让所有学生都得到发展是职业教育的职责所在。让更多的职业学校实现百分百的学生成才，则需继续深化学校德育科学化、学校管理制度化和人才培养模式等方面的改革。

（胡嘉牧）

抓特色，重专业，旨在提高学生素质
——辽宁省大连女子职业中专

名校／名校长简介

　　大连女子职业中专是全国第一所综合性女子职业学校、全国第一批国家级重点职业学校、大连市第一所国家级重点职业学校。学校曾先后荣获"全国教育系统先进集体""全国职业技术教育先进单位"等国家、省、市级各种荣誉称号。学校以先进的办学理念、规范的科学管理、过硬的师资队伍、优雅的育人环境和出色的办学成果，成为职业教育的窗口和对外开放单位。党和国家领导人以及联合国和外国友人也多次视察或来访过学校，并给予高度评价。学校践行"构建人本化、特色化、欢乐和谐的校园"的办学理念，着力用3年时间造就优雅、自信、现代的职业女性人才。自1984年建校以来学校向社会输送了万余名毕业生，因其综合素质好，适应能力强，符合社会需求，深受用人单位的青睐，就业率一直保持在99.9%以上。

　　学校坚持"以素质教育为基础，以专业教育为主干，以教学质量为核心"的教育教学理念，积极推进教学改革，精心锻造教学特色，努力提高教学质量，培养素质好、技能强、上手快的专业骨干教师。2008—2009年学校连续两年取得了全国职业院校美容美发技能大赛两金九银五铜五优的好成绩。2009年荣获全国旅游院校服务技能大赛一金二铜一优，摘取东北三省唯——枚金牌。2008—2009年幼师专业连续两年参加"魅力校园"全国校园文艺会演获得金奖。每年的教师专业技能展演为"双师型"教师专业化建设搭建了平台，有效地推进了"做中学、做中教"的理念。学校注重对学生进行女性特色教育，使每位学生都能获得成功，并成为掌握多种技能、优雅自信的复合型女性人才。

目前，学校正进一步加强校园建设、队伍建设和文化建设，力争使大连女子职业中专真正成为在职教战线上叫得响的品牌学校，为大连市经济建设、振兴东北老工业基地培养更多的巾帼英雄。

校长王平，研究生学历，高级讲师。自1983年以来一直工作在教育战线，先后做过教师、副校长、校长、市教育局行政工作，现担任中国职业教育学会职高委常务理事，曾被评为辽宁省优秀教育工作者、辽宁省巾帼建功标兵、辽宁省职业教育商贸旅游类

鲁昕部长与王平校长亲切会面

专业咨询专家，多次荣获国家及省教育科研优秀成果。

王平坚持"职业教育专业化、女性教育特色化"的育人理念；提出了创建"人本化、特色化、欢乐和谐的现代职业女校"办学理念；在校园文化建设、人才培养模式、课程设置、学校管理等方面突出"因性施教"的女性特色教育；构建"文化陶冶师生、制度管理学校"的管理模式，并在管理中坚持以人为本，抓好干部、教师、学生三支队伍的建设，提出了"三转""三讲""三实""三用"的管理理念；并且还提出了以就业为导向，确立高品位、高层次、高薪酬的就业目标等；使大连女子中专成为职教热点学校。王平办"精品学校"，创"示范女校"，并以其独特的职业教育特色、女性教育特色而远近闻名，成为大连市职业教育的领头人。

核心管理思想

一、专业化和特色化

女子学校，突出的就是"女人味"教育，正因为对女人的投资是对几代人的投资，女性的素质水平高低直接关系到一个家庭的文化素养，甚至直接影响到一个民族的综合素质水平"。因此，从学生入学到毕业，我们紧紧抓住两个规划设计，即人生规划设计和职业生涯规划设计，既突出女性教育特色化，又突出职业教育专业化，在重视学生专业技能教育的同时，更注重学生人文情怀、人格修养、女性气质等方面的综合教育，将女人一生所要扮演的为人妻、为人母、当女儿、做媳妇的女性角色所必须具备的基本素养渗透在教育教学的所有环节中。如在职业生涯规划中，学校根据学生所学专业进行每个阶段职业角色的设计，并在其学习过程中对专业课和实践课的内容、结构、时间作适时的调整，使学生具备一技之长，能上岗和顶岗。在人生规划中，遵循女性在人生中要扮演的角色，通过礼仪、家政、持家理财、营养卫生、形象设计、形体训练、幼儿养护等训练，将女性教育渗透到学生的日常生活与学习中，使女生在学校就能够全方位接受人生角色、职业角色所必须具备的各种基础知识和生存能力的培养。规范其行为和修养，让学生"学有兴趣，练有榜样；走有风范，事有规范；职业有特色，人生有五彩"。

在课程设置上，为了让女性特色的内涵更加丰富，除完成国家规定的职校课程外，学校不仅开设了具有职业女性特色的礼仪、形体、家政、书法、茶道、插花、音乐欣赏等必修课，而且还设置了育儿知识、家庭理财、装饰布置、营养饮食、手工编织等校本课程。为提高学生的审美情趣和品位，学校的课间操采用了学生自编的女性韵律操、甩大红绸舞、东北手绢舞，通过小百科全书式的教育使学生感悟从内在美到外在美，从生活美到艺术美的魅力，体验从当家理财到处理"内政外交"的快乐与责任，从而提高学生的综合素质和品位。另外，学校还采用多种形式教育学生，如让环境育人，让墙壁说话。教学楼内古今中外杰出女性的大幅图片，走廊过道上的女性的艺术画和学生作品，专业技能大赛的精彩瞬间和各项赛事的能手均成为墙壁文化的主角；让礼仪育人，让气质动人，培养女性的"四自"（自尊、自信、自立、自强）精神，通过每年的礼仪、才艺、手工制作、专业技能、生活能力等大赛，曼妙的舞姿、自信的微笑、娴熟的技巧汇聚成学校一道独特的"风景线"。潜移默化、润物无声地对学生进行着高雅的艺术熏陶和审美教育，使学生产生"我的校园，我的作品"的自豪感。学生耳濡目染，自觉地接受这种无声的教育。这种丰富多彩的走廊文化和教室文化将世界缩小了，将学生们的眼界扩大了。

二、学校管理的规范化和人文化

在学校管理的所有要素中，人的管理是第一要素。为了实现"以师生为本"的管理思想，制度建设和学校文化必不可少。用"制度管理学校，文化熏陶师生"两条主线贯穿学校管理思想始末，以实现构建"人本化、特色化、欢乐和谐的现代职业女校"的办学理念。

制度是校园文化建设初级阶段的产物，是为了达到无意识境界而采取的一种有意识手段。用制度规范师生行为和学校秩序，来保障教与学的有章、有序和有效。学校规章制度是建立在充分民主的基础上的，是围绕"人"来制订规范师生的行为的准则，是经过师生充分的讨论，不断调整和完善，最后才以条文的形式确定下来的。其主要体现了三个特点：一是全。凡涉及学校活动所有环节都有章可循，如行政、德育、教育、教学、总务等环节，无论走、站、坐、行，还是教室校园，对学生和教师都有规范的条文；二是细。内容具体清晰，操作程序明确；三是严。纪律严明，赏罚分明。

人文管理是学校制度能够顺利实施的保障，是形成学校文化氛围的最有效手段。"校长围着中层干部转，中层干部围着教师转，教师围着学生转"的"三转"服务意识的强化，让师生之间充满了爱，让校园充满了欢乐。"三讲"（讲政治、讲业务、讲规矩）"三实"（真实、务实、扎实）"三求"（求公、求精、求范）"二看"（教师看领导班子公不公和贪不贪，班子看教师人品和教学），这些管理理念每条都有具体的内容和内涵，都得到了广大教师的认同，形成了学校准则、学校精神、学校文化，熏陶、感染、影响和带动师生之间的真诚、快乐、亲情、和谐，浸润着每个人的心田，使师生形成一种"校兴我荣，校衰我耻"的共识，一种纪律严明、秩序井然的学校氛围，一种女校特有的自我激励、自我约束、自我管理的文化精神。

三、教师队伍的专业化和人格化

江泽民同志曾强调："教师在教育中承担着重要的使命。教师富有创新精神，才能培养出创新人才。"为此，学校一直把教师队伍建设放在重要的位置。"引进优秀的人，用好现有的人，留住关键的人，培养未来的人"，着力培养一支师德好、知识新、业务精的教师队伍，搭建教师专业化发展的平台，是该校一大特色。形成学校尊重人才，人才乐于奉献的局面，真正使人才能引进来、留得住、用得上、干得好。

首先，学校坚持搭建教师专业发展的平台，坚持"唯才是举"，千方百计创造条件，将教师送上个人发展的快车道。学校通过"名师工程""青蓝工程"，在全校开展"骨干教师""首席教师""新秀教师"评选活动；通过实施专家引领导航、学术研讨促动、外派研读进修、校本发展培训等策略，培养德业双馨的"双师型"教师队伍。

其次，学校不断提高教师的师德意识及教师的业务能力，注重培养教师的人生使命感和工作责任感，使教师既要有学识魅力，又要具备人格魅力。学校每年都为全校教师举办职业辅导讲座，围绕思想建设、理论素质建设、师德建设、自身修养建设等方面提出具体要求和方案，狠抓师德建设，鼓励教师积极投身教育事业。多年来，学校坚持年年评选师德标兵，使教师的事业心、责任感、师德水平不断提高。通过师德教育，全校教师工作热情高涨，展现出蓬勃向上的精神风貌。

多年来，学校将德育工作作为学校的核心竞争力之一，将职业女性素质教育摆在学校工作的重要地位，以学生为本，"教书育人、管理育人、服务育人、环境育人、活动育人"，探究全员、全过程、全方位育人的有效途径和方法，较好地发挥了校园文化的育人功能，逐渐形成了具有女性特色的素质教育建设体系，并取得了良好的效果。

一、职业与人生的特色规划

作为女校，学校担负着女性素质教育的重要责任，所以开发女性课程，因性施教，创办既有职业教育共性，又有女性教育特色的职业学校是全校职教工作者努力探讨的课题。

任何职业都要求从业者掌握一定的技能，而一个人一生中不能将所有技能全部掌握。每个人最大的成长空间在于其优势领域，也就是确定自己的人生目标。在自己的理想的框架内制订职业生涯目标，并将它分解成阶段目标，职业是个人谋生的手段，其目的在于追求个人幸福。在择业时，我们首先要考虑的是自己的预期收益——个人幸福最大化（马斯洛需求层次论）。明智选择个人利益最大化的职业取向，从社会角度和个人意向中取舍，从而在由收入、社会地位等变量组成的函数中找出一个最大值。这就是在选择职业生涯中的收益最大化原则。

职业教育强调职业规划设计的培养，特别是学生个人的生涯规划培养，因此，学校在教育教学中注意帮助学生认识自己、了解自己。因为只有认识了自己，才能对自己的职业作出正确的选择，才能选定适合自己发展的职业生涯路线，才能对自己的职业生涯目标作出最佳抉择。女校的学生可以根据专业设计职业角色，如幼儿园教师、导游、美发师、文员等。依据职业角色的不同，学校使学生在专业课、实践课的学习过程中有所侧重，同时遵循女性人生角色的原则，将女性人生角色所需的修养通过礼仪课、家政课、音乐欣赏课、理财课、饮食营养课、养生课等课程的学习渗透到学生的日常生活学习中，使学生一走入职业学校就可以明确自己的奋斗目标；掌握人生角色、职业角色所要具备的各种知识和技能，使其在学校有限的学习时间里，尽快规范自身的行为习惯、学习习惯。"跳一跳，够得着"目标使得学生"学有兴趣，练有榜样；走有风范，事有规范；职业有特色，人生有五彩"。学生有了这样的设计和经历，踏入社会就不会有陌生感，更不会感到在学校里所学的知识是毫无用处的。在职业学校素质教育下，她们可以在 3 年的时间里厚积薄发，以知识与技能走上职场，以自信与成熟走向社会，用微笑打动世界，用播种收获幸福与成功。在职业女校里人人成才、人人知性的女性将成为高素质、有责任心的未来社会主体。

二、校园环境的建设

苏霍姆林斯基强调学校要能够创造出"让学校的墙壁也说话"的教育氛围，良好的学习环境和生活氛围，会使人产生奋发向上的激情，就如同一位沉默而又有风度和内涵的教师一样，时时刻刻发挥着无声胜有声的教育作用。学校坚持环境育人、"墙壁说话","既然是女子职专,就要突出女性特点,把女性的素质教育渗透在环境中、渗透在教学中、渗透在活动中,形成独特的校园文化。"走进女子职专的教学楼,不禁为这里的走廊和教室文化所吸引,一楼的走廊上,古今中外杰出女性的大幅图片赫然入目,她们的生平事迹、卓越贡献和个人荣誉被打印成册,学生人手一份,"巾帼不让须眉"的光荣与自豪时时激励着学生,使她们学有楷模,做有榜样;二楼走廊所展现的是女性的艺术画和学生作品,学生们在优雅端庄的少女图的陪伴下学习、生活,每日欣赏着学姐学妹的创作作品,潜移默化中受到的是高雅的艺术熏陶和审美教育,感受着"我的校园,我的作品"的自豪感;三楼走廊呈现的则是形态各异的舞蹈组画,让学生领略世界大师的精彩演绎和 56 个民族的独特魅力,更为吸引人的是学生自身创造的艺术形象,每年的专业技能大赛

幼师专业学生在首届大连市
中小学生合唱节比赛中荣获一等奖

的精彩瞬间和各项赛事的能手均成为校园的主角,那曼妙的舞姿、自信的微笑,形成了一道独特的"风景线"。教室里的布置和摆设也是独具一格,彰显专业特色,各室风格不同,身临其境,让人耳目一新。当朗朗的儿歌声伴你走进幼师专业的教室,你仿佛置身于儿童的乐园,烦恼顿时烟消云散;旅游专业的教室里摆放着各国国旗,"波音 737"好像要带你凌空翱翔,畅游异国他乡;美容美发专业教室的墙上名模呼之欲出,正踏着动听的乐曲向你款款走来……丰富多彩的走廊和教室文化将世界缩小了,使学生们的眼界扩大了。学生们耳濡目染,在无声的教育中不断提升自己的品味。自然和谐的育人环境,温馨亲切的成长氛围,像一本无声、立体的教科书,引导学生们好好学习、天天向上。恩格斯说过:"人是环境的人。"学校的环境建设不仅是学生学习的沃土,还是激发学生学习乐趣的摇篮,更是培养学生综合素质必不可少的前提。

三、学生行为举止的训练

德育的载体主要是各种各样的集体活动,这些活动既能培养学生的集体

主义精神、团队合作意识、顽强拼搏的精神，又是学生个性展示、特长发挥、获得成功、取得信心的一种有效途径。因此，学校抓住职校生好动的特点，适度开展一些丰富多彩的课外活动。如才艺展示会、排球赛、足球赛、卡拉 OK 大赛、时装模特表演等活动。通过这些活动的举行，为广大学生创造成功的机会，搭设成功的舞台，使那些特长突出的学生找到了适应自己的内容和形式，并在活动中看到自己的价值，从而激发她们的自主性、自尊心和自豪感，树立一个真实、完整、积极的自我意象，形成积极向上的生活、学习态度。

学校每年定期组织教师专业技能比赛和全校学生专业技能才艺展示，给师生搭设展示自己才能的舞台。同时，学校也借此向社会宣传办学成果。女子管弦乐队、幼师专业学生的舞蹈表演、旅游专业学生的英文情景短剧和专业踢踏舞、空乘专业的航空礼仪表演，在全市均有一定的影响力。排练这些活动的

空乘礼仪表演

过程就是培养学生技能的过程。由于活动形式活泼，内容丰富，又能满足学生乐于表现自我的心理需求，因此受到学生欢迎，有时还可起到单纯说服教育所起不到的作用。"短短的一个学期，孩子就能有这么大的进步，真的没想到，看到她在台上表演舞蹈时自信的样子，我打心眼里高兴。"家长的心里话是对我们的最佳赞许，校长王平说："女专对学生的培养目标是让每位学生都学会做人，让每位学生都有一技之长，让每位学生都能在社会上站住脚。近年来，家长对学校的工作都非常满意，这种满意源自教师们求精务实的敬业精神、源自教师们对学生严格的要求、源自教师们对学生深深的爱。"

此外，由于女专的学生文化基础比较薄弱，因此，有的学生对自己缺乏自信，对未来更是没有什么奢望，情绪的低落导致精神面貌也逊色不少。学校从改变学生的精神面貌入手，把帮助学生树立自信、自立、自强意识渗透到课堂教育中，细致入微地营造出一个积极向上的氛围。学礼仪成为新生入学的第一课，并贯穿在学生的 3 年学习和日常生活中。每天早上 7 点，学校的两架三角钢琴会准时响起，学生们伴着欢快的乐曲进校。正式上课前，在悠扬的世界名曲中，学生们开始了每天 10 分钟的综合形体训练。她们头顶

站姿训练

书本、口咬筷子，保持形体挺立，目视默记教室大屏幕上的英语单词，并手托托盘练习托举，左右脑并用，全方位调动潜能。虽然每天只是短短的10分钟，但日积月累，学生记下了成百上千个单词，耳熟能详几十首世界名曲，并做到音乐一响就能准确说出乐曲名称、年代、所表达的意境及作曲家的生平等。学生们也由一开始顶不住书本、托不稳托盘，到后来头顶书本纹丝不动，手中的托盘能托起一块砖头、一瓶啤酒、一个易拉罐，再加一个水杯。

2005年在上海举办的国际时装模特大赛中，学校文秘专业学生南芳赢得了评委的一致好评，该生获得了东北赛区的冠军、全国亚军、世界单项气质奖，并一举获得全国十佳模特。行家们再一次把目光聚焦于大连，南芳在接受记者采访时说："我能够取得这样的成绩要感谢我的父母和学校，是父母为我选择了一所管理严格、关爱学生、注重女性素质教育的学校，是学校的模特队成就了我的梦想，也是学校培养了我'自豪、自立、自信、自强'的信念，使我明白了天道酬勤、'功成名利是一时，踏实做人是一世'的道理。"

"我们不是在培养音乐家，而是在培养、造就一代有音乐素养、有审美眼光的人才。"一位校领导这样说。随风潜入，润物无声，3年后学生们个个出落得亭亭玉立、举止优雅，形象气质与她们入学时大相径庭，昔日的丑小鸭如今变成了白天鹅，这一做法也成为女专打造人才的"秘密法宝"。

四、因性施教的课程

学科教育是学生教育的主渠道，品德思想教育只有与学科教育相结合才能够真正发挥其教育的生命力。学校在开展德育文化建设的同时，充分注意到学科教育在学生教育中的主渠道作用，将德育文化建设与学科教育结合起来不断挖掘学科中的教育因素，共同搞好德育文化建设。为此，学校将时事教育与政治课的教学结合起来，通过课堂教学和组织学生每天播报一句话新闻，引导学生关心时事、关心社会、关心改革开放，让学生了解社会和学科发展信息，帮助学生树立远大理想。与此同时，学校还发挥各学科特点和优势，渗透思想教育、情感教育、审美教育、女性教育。

学校特别注重女性特色，不断开发女性课程。如何因性施教，创办既有职业教育共性，又有女性教育特色的职业学校是我们一直努力探讨的课题。学校在课程设置上，既开设了语、数、体、历、政等文化课和专业理论技能课，又开发了具有职业女性特色的计算机、外语、礼仪、形体、家政、书法、音乐欣赏等必修课。同时，教师在授课的过程中特别注重女性特长的发挥，如在语文课上，教师会突出女性作家的生平介绍，让学生模仿女性作家的词汇特色，向学生推荐优秀的女性作品；在数学课上，教师根据女生形象思维强的特点，在教学中多一些形象，少一些逻辑；在幼师专业课上，教师通过教学生制作儿童玩具，使课堂形象生动，深受学生欢迎；在英语课上，教师在语音、语调的教授上强调女性的柔、美、轻，让学生像女播音员一样在语音、语调上把女性的优势发挥出来。此外，学校还针对女生感悟力强、表现力强的特点，突破传统的教学模式，实行实效性教学，通过开发5分钟小栏目，让学生登上讲台，将学习的过程变成快乐的分享。如德育课"一句话新闻"，引导学生关心社会上的重大事件；"法制园地"，教育学生学法、知法、懂法，以法律的准绳规范自己的行为；语文课的"名篇佳作欣赏"，通过优美的散文、诗歌，引导学生不断接受真善美的情感熏陶；"巾帼颂"栏目结合课堂教学，以古今中外杰出的女性为榜样，不断激励学生自强不息的奋斗精神；"童话世界"把学生带进儿童乐园，让学生感受童心未泯的稚趣；旅游课的"旅游风景线"带领学生领略世界各地的名胜古迹、风土人情；地理课的"窗外世界"尽现大自然的博大神奇；美容美发课的"时尚世界"帮助学生提高审美档次和修养。这些带有专业特色的训练，既增加了课堂容量、拓宽了学生的知识视野，又锻炼了学生的表达能力，使学生在面试时能够应答自如，从容洒脱。

为了促进学生全面发展，让学生修身养性、陶冶情操，使学生的学习与社会、教学、生活更加贴近，学校通过潜移默化的影响和训练，为学生开设了音乐欣赏、育儿知识、家庭理财等校本课程。

另外，学校还特别为学生们开设了形体课，这对于培养女孩子的品位和气质都有好处，学生不论走、站、坐、行都很端庄、标准，这不仅对学生的就业有利，还会让学生受益终生。学生永远是校园中最靓丽的风景。一年四季，学生那充满朝气的身姿随着特色鲜明的校服而变换着，让人振奋。白衬衫、深色的裙装配上丝巾领结，呈现的是跳动的美；西装马夹与西裤，渗透

红绸舞

着知性的美；就连普通的练功服都藏不住青春的美。而学校自编的"女子韵律操""红绸舞""手绢舞"的大课间操，既具有民族特色，又符合女性柔美轻盈的特点，在一招一式的律动中彰显了学生的活力。

学校鼓励学生画上淡妆，穿上高跟鞋，充分展示自己的个性美、气质美、女性美，同学们彼此欣赏、评价，再由老师进行点评。学生们懂得了公务、商务等不同场所的着装礼仪要求，学会了服装的色彩与格调、化妆与发型的搭配等，使外在的形象设计与个人气质相得益彰。"老师，您看我漂亮吗？"哪一种教学方式能如此形象生动、乐趣横生、令人难忘？哪一种思想教育能如此滴水穿石、日积月累？

五、德育管理的熏陶

学校以德育课、班会课，特别是主题教育班会为主阵地，着重加强专业技能课及其他各学科教学展开或渗透"三个学会"德育教育，同时开设礼仪、公共关系课，并为毕业班专门开设就业思想指导课；此外，学校根据女性特点，开展心理健康教育讲座、心理咨询，以解决学生心理上存在的问题，培养学生良好的心理素质，促进学生的身心发展。学校坚持开展各项主题教育系列活动，如校规校纪教育、举办各类专题讲座、16岁花季少女成才意识教育、感恩教育、向先进模范人物学习等教育活动，增强学生的责任感和使命感，使其树立正确的理想信念。学校坚持每周一举行升旗仪式；每周开好班会；每学年进行队列、广播操和特色操及足球比赛、"我爱我的专业"、国旗下演讲等竞赛活动；以重大节日为契机，深入持久地进行爱国主义、集体主义、社会主义思想教育，弘扬团结统一、爱好和平、勤劳勇敢、自强不息的伟大民族精神。

学校德育工作非常注重团队活动的开展，努力办好团校和业余党校，对积极要求入团入党的同学进行重点培养，定期上团课、党课，定期发展新团员，并有计划地发展学生党员，培养学生力求上进、积极进取的良好品质，吸引要求进步的同学积极向团组织和党组织靠拢。学校组建志愿者服务队，经常参加社会公益活动，常年活跃在全市各个志愿服务场所，通过实践活动，使学生了解国情、了解社会、了解职业，认识自身生存与发展的主客观条件，培养学生无私奉献的精神，以提高学生的实践能力。

六、德育工作的"慈母教育"洋溢整个校园

加强学校德育工作队伍建设，注重师德培养和业务指导，针对职校学生"无人管教、无人关注、无人在意"及其家庭多属社会弱势群体的现状，学校的德育工作始终贯彻"慈母教育、赏识教育"。结合专业特点，学校通过制订各专业的职业道德标准和行为规范，把职业道德教育落到实处，不仅注重学生入学时的"新生教育、新生军训、新生规划"，而且还对学生的职业生涯规划提早提前，通过课堂教学、主题班会、社会实践等活动，提高学生的职业道德素质，增强学生对自己人生的设计、创新和实践能力，同时全面开发学校的"隐性课程"的德育功能，继续加大礼仪的常规训练，充分发挥校园文化、班级环境的熏陶作用，努力实现"人人有知识技能、个个有气质品位"，使得学校的德育工作"润物无声胜有声"。

另外，学校也十分重视发挥家庭、用人单位的教育作用，每学期组织召开全校学生家长会，明确学校的教育要求，汇报学校的教育工作，以生动、形象的案例强调思想道德教育的重要性，从而在家长、老师、学生之间架起一座沟通的桥梁。除此以外，学校每逢大型活动均邀请家长参加，请家长为学校管理、学生教育出谋划策，并探讨、交流子女的教育方法。同时，学校还主动与社会各有关职能部门如派出所、街道社区等组织开展共建活动，聘请法制副校长定期举行法制安全教育讲座、女性的防范措施讲座等，增强学生懂法、知法、守法的意识，将法制教育与职业道德教育有机结合；从而让学校的德育工作真正对学生良好品质的形成起到促进作用。

七、树立校园精神，培养校园文化个性

校园精神是校园文化的灵魂。良好的校园精神具有催人奋发向上、积极进取、开拓创新的教育作用。学校将树立鲜明的校园精神作为开展校园文化建设的前提，努力培养校园文化个性。为此，在充分考虑学校发展的前提下，学校确立了"女专人"治校理念。

（一）校训：自尊、自信、自立、自强。

（二）办学方略：以人为本，凝心聚力，刚性管理，特色兴校。

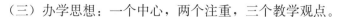

（三）办学思想：一个中心，两个注重，三个教学观点。

（1）学校的一切工作都要以促进学生的发展为中心。

（2）注重学生个性发展；注重学生特长培养。

（3）坚持"教是为了不教"的教学目的观；"让学生学会更要让学生会学"的教学功能观；"只有不会教的教师，没有学不会的学生"的学生观。

（四）办学理念：紧扣市场脉搏，内抓质量，外塑品牌，构建人本化、特色化的欢乐和谐的职业女校，培养社会最需要的女性人才。

（五）办学特色：因性施教，创新发展，培养德才兼备、技能娴熟的女性职业人才。

（六）校风：团结、奋进、文雅、健美。

（七）教风：博学、严谨、关爱、务实。

（八）学风：勤奋、求实、自主、创新。

（九）各处室办公理念：

教务处——少教、多学，让校园充满愉快。

政教处——学生是本书，让我们用心灵来读她。

指导处——把每一个学生送到最合适的岗位。

总务处——为教学服务、为师生服务。

为了使校园精神深深地烙在师生们的心中，学校经常利用教师会议、升旗礼、广播等形式进行宣传教育，并设永久性的标语张贴在学校最显眼的位置，时刻警醒和激励师生。正是因为明确校园精神的激励、鞭策作用，使校园真正形成了催人上进、促人成才的良好的校园氛围，集聚全体师生团结起来为学校现代化建设而努力奋斗。几年来，学校的教育教学质量一年上一个台阶，校园的文化建设得以健康发展这与学校长期树立明确的校园精神不无关系。

八、"三转"构建校园文化，以人为本弹奏和谐之音

苏霍姆林斯基认为，教育学首先是人学，教育工作者要"深深热爱孩子，有跟孩子们在一起的内在需要，有深刻的人道精神"。学校独创的"三转"关系，充分体现了苏氏的教育思想，"三转"转出了人性的光辉，转出了和谐的干群关系、师生关系。

1. 以人为本——校级干部围绕中层干部转

在现代学校管理中，最重要的管理理念就是"以人为本"。校级干部围

绕中层干部转，强调的是领导班子要突出服务意识，并在学校管理中不断加深和强化这种意识，实现教学管理的一体化。学校在中层干部中提出了校级班子管理"二看"，即请中层干部对班子进行监督，一看班子公不公，二看班子廉不廉。学校账务公开，每学期都要进行公示，每笔账务都要有各级负责人签字。多年来，学校政令畅通，各项工作落实到位，领导班子发挥了表率作用，为干部员工树立了榜样。

2. 换位思考——中层干部围绕教师转

在学校管理的所有要素中，教师管理是第一要素。"涉浅水者见虾，其颇深者见鱼鳖，其尤深者观蛟龙。"中层干部在学校管理中要确立"教师第一"的观念，深入教学第一线倾听教师的呼声。在"以人为本"中树立"以教师为本"的管理思想，学校要求中层干部深入一线授课，按照学校对教师的要求备课、教学，有了这种"换位思考"的体验，干部在布置或检查工作时就会更加有的放矢，教学计划的制订、课程的安排、师资的调配等就会更符合教学实际；干部在检查和布置工作时也就更讲究人文意识和人性化管理。学校在教师之间营造"尊重与信任"的氛围，充分调动了教师的主观能动性，形成了人与人相互融洽、相互鼓励、相互鞭策的氛围，实现了教师自身价值的完美体现。在教学过程中，学校充分考虑每一位教师的成就需要，搭台子、铺路子，不以同一目标评价，使每位教师在不同的工作层面上最大限度地发挥他们的潜能，并尝到成功的甜头。学校还根据实际教学特点，在教师中实行 7 小时工作制，"早八晚四"带来了教师们更高效率的工作和更积极的教学态度，有时候为了准备参加大赛，教师们都自发自愿地工作到晚上八九点钟。

3. 学生管理学校——教师围绕学生转

学校把"一切为了学生，为了一切学生，为了学生的一切"的思想观念落实到每一个教职员工日常的行为规范中，全校上下全方位地为学生的成长与成才提供更多的优质服务，营造了一个教书育人、管理育人、服务育人的良好的人文环境，让学生在学校里快乐地学习、健康地成长。学校还通过"校长信箱"把督促教师的权利下放给了学生，校级干部通过学生的来信反馈综合评判教师的课堂教学。有的学生写道："老师讲课时仰视天花板，难道我们都坐在天花板上吗？"这形象化地指出了教师在课堂上的礼仪问题。此外，学校还通过"校长信箱"开展"我最喜欢的老师""我最看不惯的事"等方面的评选活动，征集学生对学校、对教师教育教学管理的建议和意见，并给予及时处理和解决，并通过大屏幕、板报等形式反馈给学生，让学生管理学校的权利真正得到落实。

十、实习就业的女性意识培养

从青涩学生到职业女性的转变是需要全方位的思想教育和技能教育的。学校在校外实习工作中非常重视专业实践中的职业道德教育，成立了专门负责学生实习工作的管理部门，指定专门的实习指导教师负责平时的管理。学生实习前，学校对学生进行专业实习目的教育、纪律教育、安全教育、职业道德教育和自我保护教育，同时，学校还邀请实习单位对学生进行相关的教育培训，并与实习单位签订有关协议书，切实保障学生的合法权益。学校针对女生行为习惯中存在的问题及通过对毕业生工作中职业道德状况的追踪反馈，注重培养女生的创新精神和勤劳吃苦的职业意识，通过就业指导讲座、毕业生感悟交流会等形式，不断激励女生培养自强不息的奋斗精神。

学校坚持"德育为首，技能为本，提高能力，全面发展"和"构建人本化、特色化的欢乐和谐的现代职业女校"的办学理念，不断深化"三个学会"内涵，积极探索具有职教特色、突出女性色彩、适合职校生特点的思想道德教育之路，切实提高以思想道德教育为核心的德育工作实效，继续推动女生思想道德教育持续健康发展，努力将大连女子职业中专办成学生、家长、用人单位满意的特色女子职业学校。

在职校学生中开展人生规划、职业生涯设计的引导，是该校职业教育工作者的新使命。随着职场竞争越来越激烈，人生教育也越来越引人关注，如何引导学生科学合理地规划人生，使其生命价值得以充分发展和发挥，使职业教育价值和教育意义得以体现，这对人的全面发展具有重要的现实意义。

人生教育从广义上说它是一种"全人"培养教育，从正视自己、珍惜自我生命价值，到肯定他人、感恩社会、体现社会价值，它涉及多元化能力教育、终身教育、生活伦理教育、公民道德教育、社会公益教育等诸多方面的教育。从狭义上理解它又是一种人生规划教育，教育学生尊重生命、热爱生活、热爱专业。这些年对职业教育探索之路走得越远，越能深刻地感受到职业教育工作者肩上的担子越来越沉重，学校承担的是国家教育"金字塔"的

"基石教育"，应该说是与和谐社会、国力建设、全民公德素质建设息息相关的"大教育"。

接受职业教育的学生，就是未来的"职业人"，对这一群体的引导是十分迫切又不能忽视的，人生观念的教育是这一群体在即将步入"以成年人为主体的社会文化环境"之前必须得到"熏陶"的第一课，只有让他们具备生命意识和人生规划，才可能实现整个职场乃至整个社会的和谐共存。

人生观念的教育是教育的基石，诗人泰戈尔说过："教育的目的应当是向人传送生命的气息。"哲学家狄尔泰也说："知识与生命的脱节、理论与生活的分离，产生了许多无思想的生命和无生命的思想。"职业教育之"育"原本就是以"人"为本，从人生开始，引导学生"人性向善、胸襟开阔"。

在当前社会和职场的影响下，职校生处于"家庭环境复杂、文化层次低、社会地位偏弱"的成长环境，生活中又感受到"对生命的漠视"和精神家园的"人生缺失"。他们自我的社会责任感淡薄，缺乏团体意识和集体合作观念，又极度奉行"金钱至上"的原则。在这种思想状况下，一旦遭遇挫折或未遇指路的"明灯"，在人生低谷的时候就必然看不到人生的价值，最终对自己、家庭和社会造成不良影响。职业学校只有通过帮学生制订正确的人生规划、职业生涯规划，才能使这些未来的"职业人"能够正确地认识社会、热爱生命、有能力创造自身生命的辉煌，并具备自身"继续教育"的潜能。

认识到实施"人生教育"的必要性，接下来就要考虑如何在这一群体中实施其构想。学校认为，要教会职业学校的"未来职业人"理解以下四种关系：一是个人与自我的关系，教会学生认识自我、悦纳自我、珍爱生命、发挥潜力、实现自我；二是个人与他人的关系，教会学生关注他人、善待弱者、尊重他人；三是个人与环境的关系，教会学生绿色环保、亲近自然、珍惜生命；四是个人与社会的关系，教会学生感恩社会、回报社会、关注社会。在平时的德育工作中，具体表现为要系统地培养学生的生命意识、忧患意识、和谐意识，强化他们的民族精神，激励他们的进取精神，增强其社会责任感，进而提高他们在现代社会中的生存和适应能力。那么，要如何开展职校生的人生规划引导工作呢？

第一，营造浓郁的学校文化氛围。学校在校园中创设逼真的"企业情景"，加大学生对"企业文化"内涵的理解的引导力度，使其从理论上明白职场文化和创业精神，侧重引导学生"诚实守信、人际关系和谐、创新能力"等具有校企文化内涵的宣传教育。

第二，构建校企合作机制。学校不断探寻校企互动的新模式，采用"请进来、走出去"的方式，把专家、行业"能人"作为企业文化的"文化传播者"请进校园，使学生的岗前培训提前到学校，"亲闻其声"，做好上岗前的"热身"运动。

第三，以就业为导向，搞活校园文化节。针对职业学校专业的多样化和职场对学生应变能力要求的多变，学校可以以就业为导向，改变传统的校园文化节活动样式，深度挖掘专业优势和文化功效，使人生教育与专业教育有机结合，既调整了学生的专业知识结构，又培养了学生的专业能力，提高了学生的综合创新能力。

第四，切实把握中职生的未来心态，努力规划其科学"人生"。学校科学指导职校生"人生"，可以尝试"阵地前移"。从新生入校开始，就对他们进行职业生涯规划和就业理念的训练和培养，在日常教学中"时时处处事事"渗透人生规划、就业指导、职业预测的教育，随时将社会、企业的用人信息和用人标准反馈给职校生。因此，学校在职业教育工作中非常有必要，也有责任指导学生在中职3年的学习生活中早准备、早决断，加强"吃苦耐劳"的模块训练和"服从团队利益"的拓展训练，科学规划人生，自信展望职场。

职业教育要以人为本，遵循人本化、生活化的原则，教会职校生"学会生存、快乐生活、活出意义"，引导职校生"认识社会、感知生命"，实现职校生"自信、热情、勇敢、潜能"的生命蜕变过程，进而完成职业教育"质"的提升，使职校生充满生命活力，成为"具有健全人格、个性多彩、掌握智慧的个体"，使他们有效地、自如地迎接未来职场的一切挑战。

专家点评

女子职业学校如何抓住自身特色办学，突出女性特点，开办适宜的专业非常重要。由于我国女子职业学校数量甚少，可借鉴的经验也不够多，大连女子职业中专的经验显得尤为可贵。

大连女子职业中专对学校的认识定位是"对女人的投资是对几代人的投资，女性的素质水平高低直接关系到一个家庭的文化素养，甚至直接影响到一个民族的综合素质水平"。学校把教育职责和家庭素养、社会和民族素质紧紧联系在一起，把教育的起点定在一个较高的层面上。在这样的思想指导下，学校坚持"职业教育专业化、女性教育特色化"的育人理念，在校园文化建设、人才培养模式、专业课程设置、学校全面管理等方面突出"因性施教"的女性特色教育，用"制度管理学校，文化熏陶师生"，建立了一所"人本化、时代化、女性化、欢乐和谐"的现代职业女校。

大连女子职业中专根据女性特色规划学生的职业人生，把对学生的素质教育渗透在环境中、渗透在教学中、渗透在活动中。在礼仪、才艺、手工制作、专业技能、生活能力等极具女性特点的课程中增强学生对职业适应性的教育，不仅帮助学生进行幼儿园教师、导游、美发师、文员等职业角色设计，还帮助学生深刻了解女性的人生角色，引导学生走好职业与人生之路。学校在学生去企业实践过程中给予针对性的帮助大大增强了实践效果，为学生就业打下了坚实的基础，这也是学校毕业生受到社会和企业欢迎的重要原因之一。

大连女子职业中专抓学校特色、重专业建设，在"女"字上下工夫，在"性"字上做文章，因"女"办学，因"性"施教，旨在提高学生素质，形成具有女性特色的素质教育建设体系。这给我们也提供了重要启示：在可借鉴的经验并不充分的条件下，学校如果能从自身特色出发，提高认识起点，准确把握专业定位，以学生的发展为主线，就一定能走出一条特色鲜明的成功之路。

（胡嘉牧）

错位竞争，着力打造特色专业

——广东省食品药品职业技术学校

名校／名校长简介

　　广东省食品药品职业技术学校坐落在广州市天河区，毗邻广州科学城，占地 10.86 万平方米，总建筑面积约 7.4 万平方米。学校创办于 1956 年，至今已有 55 年的办学历史。

　　学校前身为广东地质学校，隶属于国家地质矿产部。2000 年移交广东省管理，隶属于广东省国土资源厅，并更名为广东省国土资源职业技术学校。由于管理不善，2005 年学校仅招生 196 人。当时学校条件极为艰苦，没有自来水，校内建筑均属违章建筑，学生宿舍破烂不堪，教师没有办公室，离退休人员有近百名，教学设备总值不到 100 万元，总负债超过 1000 万元，多个专业青黄不接、难以为继，教职工曾经 3 个月发不出工资，因而频频上访。2006 年经广东省政府批准，将广东省国土资源职业技术学校成建制划转到省食品药品监督管理局，当年 8 月组建广东省食品药品职业技术学校，由广东省食品药品监督管理局管理。2011 年初该校被划归到广东省卫生厅管理。

　　广东省食品药品职业技术学校成立后，在上级教育部门、主管部门的大力支持下，学校领导带领

学校南门

全校教职员工艰苦创业，经历了成功转型、科学发展的过程。随着学校办学条件明显改善，办学规模不断扩大，办学水平稳步提高，学校获得了迅猛发展。4年多来，学校发展为在校生6000多人的广东省重点中等职业学校。

学校开办了制药技术（药物制剂）、医疗器械维修与营销、生物技术制药、药品食品检验（药品质量检验）、药品食品检验（化妆品工艺与检验）、药学、中药、中药制药、药剂（药品营销）、食品安全监管、食品质量检测、食品生物工艺、工程测量共13个专业，每年向社会输送实用型技能人才2000多人，毕业生在工作岗位上的突出表现为学校赢得了良好的口碑。2008年，学校学生在全国医药职业院校技能大赛中荣获一个二等奖、两个优秀奖；在2010年全国医药职业院校技能大赛中更是获得了团体总分第一名的好成绩。2009年和2010年学校招生工作两次受到省招生工作领导小组的通报表扬；2010年11月学校被广东省人民政府授予"广东省职业技术教育工作先进集体"的称号。

该校学生获大赛一等奖

广东省食品药品职业技术学校曾历经了广东地质学校、广东省国土资源职业技术学校等发展阶段，历史沉淀较为深厚，但由于种种原因也扛着较为沉重的包袱，学校管理中存在着极为陈旧、封闭的思想和模式。所以，转型之初校领导班子就决定以"改革创新"为管理核心，以培养教育高素质劳动者和实用型、技能型人才为目标，坚持"以服务为宗旨、以就业为导向"的办学方针，紧紧围绕广东省作为医药、食品大省的区域经济特点，坚持特色办学。学校的核心管理思想如下：

第一，明确办学定位。中等职业教育是国家职业技术教育事业的重要组成部分。学校要逐步与市场需求和劳动就业紧密结合，围绕食品、药品、化妆品、医疗器械等地方支柱产业设置专业，培养适应技术密集型行业第一线需要的德、智、体、美、劳全面发展的高素质技术实用型人才。停办不适应广东省经济发展、就业形势不好的文秘、计算机、财会、经管等十几个专业。

第二，确立建设紧密团结、开拓创新的领导班子，形成良好而富有活力的管理团队，使管理效力倍增。实现学校在管理、教学、招生、就业、后勤保障等方面的良性循环。

第三，结合学校实际制订学校发展的长期规划和短期目标。学校树立既利于当前又利于根本的长期目标：借助社会各方力量，依托区域优势，打造精品专业，不断提升学校的软、硬环境，将学校建设成为规模大、实力强、水平高、特色鲜明的国家级和省级示范性中等职业学校，成为同类中职学校中的领跑者。学校的短期目标：尽快完成岗位设置及人员配置，在较短时间内改善学校薄弱的基础建设，将一所处于困境中的三类学校建设成为省级重点中等职业学校。

第四，将激励和组织人力资源作为领导力的主要体现。学校利用多种沟通手段鼓励教职工转变思想观念，通过激励教师进修、组织教师参加国内外培训，组织管理人员外出参观学习，提升管理人员和教师个人发展的能力和空间，建立准确合理的考核标准，确保教职员工有能力、有热情、有效率、能进行创造性地工作，实现学校管理绩效和个人绩效的最大化。

第五，深化教育教学改革、创新人才培养模式、建设高水平专兼结合的专业教师团队。学校立足长远发展并兼顾当前利益，积极向上级主管部门、人事部门做好汇报及沟通工作，从重点高校硕士毕业生当中和医药、食品、化妆品企事业单位分别引进和聘用一批有着丰富理论或实践经验的高层次人才到教学和实训一线，加强学校专业师资建设的力量，使学校的师资配备处于全国同类学校一流水平。

第六，坚持教育培训与生产实际相结合、学校教育与企业培养相结合。学校与同行业、企业建立密切联系，关键要在技能教育和技术设备上反映全省或全国食品药品行业发展的最新趋势，把握相关专业技术发展的前沿走向。学校的实验、实训设备要体现现代生产技术，专业教学内容要反映新知识、新技术、新方法和新工艺，使学生在学习过程中能够学到和掌握本专业先进的技术和工艺，为广东省食品药品行业提供优质的人力资源。

一、正确的办学理念是学校发展的关键

成绩的取得离不开正确的办学理念，职业教育离不开地方支柱产业的发展。学校成立伊始，学校的上级主管部门——广东省食品药品监督管理局任命广东食品药品职业学院副院长温博栋担任学校校长。新组建的学校领导班子审时度势，对本省经济形势进行了系统全面的分析：广东省是食品、药品、化妆品、医疗器械、保健品的生产和经营大省，对专业技能型人才需求量极大。医药、食品是广东省九大支柱产业之首，近年来尤其呈现出蓬勃发展的势头。受国际金融风暴的影响，几年来广东省外需严重萎缩、出口大幅度下降、经济下滑，但医药行业产值保持了逆市增长的势头，年增长20％以上；医药制造业年增长约18％，为广东省九大支柱产业之首。其中，医疗器械产业年增长约25％，连续保持全国第一；保健食品产业完成产值同比年增长约20％，占全国的40％；化妆品产业产值、销售总额约占全国的70％，连续多年居全国第一。强势的医药、食品经济为广东省经济处于全国领头羊

地位提供了可靠的保障。

产业发展离不开职业教育的人才培养，因此建设一所培养广东省集药品、医疗器械、化妆品、保健品和食品于一体的实用型技能人才的综合类中等职业学校，将有着强大的产业背景和良好的发展前景。

首先，学校领导践行科学发展观，紧紧抓住党和国家大力发展职业教育的大好机遇，充分发挥学校的两大优势：一是学校位于广州这个大都市，毗邻广州科学城。科学城是国家生物医药产业基地，聚集了如香雪制药、扬子江制药、绿十字药业、康臣药业等产值近亿元的一大批具有自主开发产品、持续创新能力的生物医药企业，这使学校办学具有地理优势；二是学校开办的专业以药品、食品、化妆品、医疗器械为主，多数属特种行业，办学具有行业优势。但这些行业科技含量高，对师资、学校的软硬件配备要求高。因此，学校领导就确立了"质量立校、人才强校、特色兴校"的办学理念。

其次，科学布局专业。广东省中等职业学校有近 900 所，作为一所新组建的职业学校，要想脱颖而出，必须要有过硬的办学质量和鲜明的办学特色。一所学校的办学特色主要体现在专业特色上，为此，学校制订了"人无我有，人有我优，人优我精"的专业建设策略。根据广东省食品药品产业快速持续发展对技能人才的需求，学校专业设置以药物制剂、中药、中药制剂、生物制药、化妆品、医疗器械、食品技术等专业为主，突出行业的办学特色，打造精品专业。

第三，创新管理模式。随着学校办学规模的不断扩大，学生管理及教学管理的工作压力加大。为了适应新的形势，学校于 2010 年推行了校、系二级管理体制，下设了制药系、药学系、食品及化妆品系、工程器械系 4 个专业系，各系设设主任及系书记各 1 名，分别负责教学管理和学生管理工作，校、系二级管理体制的总体思想是：学校抓整体，系里抓局部；学校抓宏观，系里抓微观；学校抓方向，系里抓落实。自实施校、系二级管理模式以来，学校教育资源得到优化合理的配置，各项管理工作分工更加明确，管理更加细致，使得学校的专业建设、专业思想教育、学生思想教育等重要管理工作呈现出积极向上、生机勃勃的良好态势。

二、学校的首要任务是科学发展，通过发展来解决历史遗留问题

任何的转型与改革的成功都必然要经历阵痛，学校的成功转型也不是一蹴而就的。将几十年来形成的建设类、地质类专业格局转为食品、药品类专

业格局，难度之大可想而知。在转型之初，一些上级领导、普通群众对学校转型持怀疑态度，风言风语不绝于耳。学校领导认识到学校的首要任务必须是科学发展，通过发展才能解决历史遗留的老、大、难问题。

针对没有食品药品类专业实训场地和设施的情况，学校领导决定"两条腿走路"。一方面迅速组织力量建设临建实验室，另一方面加快专业实训场所的建设。经过4年多的发展建设，学校的实验、实训场地已达1.39万平方米，包括基础实验室、专业实验室、专业实训室及药用植物园等。拥有高效液相色谱仪、气相色谱仪、原子吸

学生操作高速压片机

收光谱仪等精良的实验实训设施设备，总值超过1000万元。药用植物园种植有500余种药用植物，是华南药用植物资源库的重要组成部分。学校有实验、实训专业课教师共18名。实力雄厚的实训设施和师资力量可以同时满足师生的实验、实训，实现了完全的实验、实训独立承担。

在积极进行专业建设的同时，学校不断组织师生外出参加各类比赛，扩大视野，总结提高。学校师生参加各类比赛纷纷取得了骄人的成绩，有的教师在2010年全国医药职业院校技能大赛中获得优秀指导教师奖，多名教师在说课比赛、班主任大赛等各种比赛中获得佳绩。这不仅彰显了学校师生的实力，更增强了师生的自信心，大家不再害怕走出去——"因为我们不比别人差！"

由于学校为学生的理论知识与实践能力打下了较为扎实的基础，学生进入工作岗位后上手很快，工作表现突出，得到了用人单位的高度评价。2011年海王星辰（广州）医药公司录用该校138名学生（学校与该集团合作已有5年）；二天堂连锁大药房录用该校109名学生；广东力丰医药连锁有限公司录用该校34名学生（学校与该集团合作已有5年）。有的学生还在实习期由于表现突出就被破格提升，如在好丽友食品公司实习的学生实习期未满就被提拔为班长。

现在，学校本着"沟通交流、互利互惠、资源共享、共同发展"的原则，就开展实习就业推荐安排、订单培养合作办学、员工培训合作、科研教学合作、互派挂职交流合作等问题不断地进行新的探索。

学校以"修身励志，精业创新"为校训勉励师生，立足于培养实用人才，积极推行教学改革，建立了兼顾职业能力和创业能力等综合素质培养、以实践教学为主线的课程体系，逐步形成"就业有技能、升学有希望、发展有基础"的办学优势，促进学生全面发展和健康成长。

为了给学生提供更大的发展平台，学校提倡"终生受教育"的理念，鼓励文化课基础好的学生进一步深造。有意提升自身素质的学生在中专毕业后，学校指导其通过成人高考入学考试后联读成人大专；或在毕业当年参加全省"3＋专业技能证书"高考，报读与专业相关的职业院校。学校不仅积极组织考生备考，而且还为他们开办了专门的培训班。自 2006 年以来，学校有 700 多名学生通过了高考，接受成人或全日制高等职业教育。2011 年学校药物制剂专业和医疗器械维修专业通过了广东省教育厅组织的"3＋2"高中职分段办学条件评估，为学生的发展提供了更畅通的渠道。

学校还与广东省药监系统的市属及县属的药监局签订协议，在全省各地设立学校成人中专教学点：药学、中药、医药营销等近 10 个专业，几年来为广东省医药系统培养了 2500 余名专业人才。

三、建设一支高素质的教师队伍，是学校科学发展的保障

为了建设一支高素质的教师队伍，学校积极稳妥地制订了学校机构改革方案，按照科学合理、精简高效的原则进行定员定岗，坚持按需设岗、竞聘上岗、按岗聘用、合同管理的原则进行机构设置。

学校在机构设置中面临着一个较大的问题就是学校原有的一批专业课教师的转型。由于学校是由国土资源学校成建制划转而来，原有的专业课教师绝大多数是建筑类、地质类专业的人才。学校转型后，这批人员该何去何从？当时在不少专业课教师中弥漫着沉重的悲观情绪，如果学校对他们安置得顺利，将会有助于推动学校今后的发展，否则会引发教职工的不稳定情绪以致对学校转型工作造成阻碍。为此，学校先对这批人员进行了调查统计，掌握了他们的专业、特长、年龄等信息，并通过教职工大会、座谈、个别交谈等沟通交流的方式将他们内心的抵触情绪逐渐打消，引导他们转变办学观念和教学观念，认清形势，增强对学校发展的信心。

学校领导班子结合学校的发展需要，对教师资源结构进行系统分析，实施教师能力提升计划，采取鼓励性政策，支持教师攻读硕士学位，积极考证，提高"双师型"教师比例，引导工程类、经管类专业课教师通过进修与

新设专业就近对接。

后来这批专业教师无论在行政、后勤岗位，还是在教学岗位上都逐渐适应并顺利地展开了工作。以总务科的四位建筑类专业的人员来说，他们原本都是教学一线的专业课教师，学校转型后他们先后被安排在总务科从事基建工作。虽然学的是建筑类专业，但缺乏实践经验，压力很大。学校领导不断给予他们信任和支持，鼓励他们放手去干。现在这批教师已经成为学校基本建设方面的专家。

除对在职人员的妥善安置外，学校还有多名聘用人员。转型之前学校对聘用人员的用工手续极不完善，多数聘用人员未和学校签订合同。为保护劳动者利益，让聘用人员安心工作，同时也为了避免可能产生的纠纷，学校组织专人对聘用人员的情况进行调查，与聘用人员签订了规范的劳动合同，完善了保障机制，解决了他们的生活困难，并使其工资收入逐年增加，稳定了聘用人员特别是其中一批专业技术人员的情绪。

广东省是全国食品、药品、化妆品、医疗器械和保健品生产经营大省，所以学校在进行专业建设时首先考虑的是贴近区域产业、密切围绕区域经济和社会发展需求，紧跟食品、药品、医疗器械类产业的发展趋势。注意依托当地行业优势、区域经济优势，以服务广东食品、药品、医疗器械类行业为己任，专业设置以食品、药品、化妆品、医疗器械类专业为主。在广东省食品药品监督管理局的大力支持下，学校从相关专业的高校、企业等单位引进或聘用了一批应届毕业生和中高级专业人才充实到学校的专业课教师队伍中，其中不乏硕士毕业生和具有企业工作经验的"双师型"人才，而学科带头人均是具备丰富的企业一线生产经验的、拥有"双师"资格的高级工程师。

为了使教师安心乐教，学校领导始终关心教职工生活，逐年提高教师的工资待遇，教师的人均年收入从 2006 年的 3 万元增至 2009 年的 7 万元，2010 年教师的人均年收入近 8 万元。

目前，学校教师队伍稳定，几名原来已调离的教师也要求重返学校工作。在教师队伍中，具有研究生学历的已占专任教师的 25%，拥有高级职称的所占比例为 30%。教师在省级以上刊物发表论文 50 多篇，主持省级科研项目三项；在全国医药职业院校技能大赛中，获优秀指导教师二等奖；在广东省属中等职业学校班主任能力大赛中，获 6 个一等奖、1 个三等奖；在广东省优秀班主任能力大赛中，获 1 个二等奖、1 个三等奖。

有了雄厚的师资和配套建设作基础，学校严抓教学质量，不断提升教师的教学能力和学生的专业技能，学校专业建设发展十分顺畅。此外，学校还成立了由校长亲自挂帅的专业建设委员会，主要对学校课程建设与改革进行调研和革新。

根据《广东省中等职业学校教学管理工作规程》的要求，每学年各专业均严格制订实施性教学计划，形成了公共基础课程、技术理论课程（专业基础、专业课程）、操作技能课程（实验、实训课程）、素质拓展课程（限选课程）4个大课程模块相融合的课程平台。根据专业特点，分别在四类课程中确定本专业的主干课程以及限选课程，同时在专业教学中突出实践教学，各专业实践教学在整个教学过程中占有较大比例，理论学时与实践学时比例均达到1：1。

学校对中医药基础知识与中药学在非中药专业中进行了教学内容的整合，按人才培养目标进行知识点的取舍，使教学内容更合理，从而避免了重复。学校对教学过程中教师"教"与学生"学"的时间分配也进行了调整，给予了学生更多的主动学习的时间。对于药物制剂技术、药物检验技术等重要的专业课程也按学生工作岗位的发展实际，对相关实验仪器、实验内容不断调整与更新，使课程教学不脱离实际，保证了培养实用人才的目标。另外，为了保证学生毕业能够获得"双证书"，在理论、实训课程的设置中也不断根据行业的发展进行调整。

该校学生参加供需见面会

为了使学生在毕业时"走得了、走得好"，学校成立后根据教育部有关中职学生"双证书"（毕业证＋技能证）的要求，认真积极地组织学生进行技能证的培训和考试。自2006年以来，学校先后组织了5500名学生参加了药物制剂工、药物检验工、医药商品购销员、中药制剂工、中药购销员、医疗器械购销员、医疗器械质管员、化妆品配置员、食品检验工等一系列专业技能证的培训和考试，同时拥有毕业证和专业技能证书的学生凭借其扎实的专业基础和出色的技术能力颇受用人单位的青睐，很多学生往往在毕业前夕就已经被企业"抢购一空"，甚至在学生离校后还有不少企业来人来电咨询。

学校按照教育部关于中职教育"2+1"模式的要求，在专业培养的最后一年安排学生顶岗实习，采用轮换工种实习与固定工种实习相结合的实习模式。为了实现职业教育的培养目标，学校将教师所教、学生所学与企业所用三者进行对接，使学生的实习真正做到实至名归。此外，学校还成立了实习就业指导中心，专设部门负责实习就业工作。学校选择了一批管理比较规范、社会效益和经济效益良好的企业作为学校校外实习教学的合作伙伴。学校与省内广州白云山制药有限公司、广州医药公司、联邦制药公司、中粮集团、旺旺集团、广州科莱瑞迪医疗器械有限公司、贝恩医疗设备（广州）有限公司、深圳迈瑞生物医疗电子股份有限公司等多家药品、食品、化妆品、医疗器械类的企业建立了稳固的合作关系，学校、企业与学生三方签订相关协议。这些企业每年接纳学校1000多名学生进行顶岗实习，学校选送一批青年骨干教师参加教育部组织的国内外高校培训，还利用假期分批将一些学科带头人、专业骨干教师送到企业培训学习，同时还聘请企业专家组成专业课程开发指导委员会以及聘请企业专业技术人员作为学校的兼职教师。在合作中，学校不仅为学生实习建立了与工作岗位衔接的优良基地，同时也为专业课教师提供了消化理论知识、提高实践能力的平台，现在学校的实习基地已达60多家。

校企合作使学校的教学和实验实训能够从企业汲取营养，继而反馈于教学，为企业培养了适用型、技能型人才，推进了学校发展和企业生产经营的共同进步，使学校、企业和学生三方受益。

反思拓展

多年来，学校由一所风雨飘摇中的三级学校发展到广东省重点中等职业技术学校，并成功申报了省重点专业和省职业院校三二分段试点学校。回顾学校几年来的发展历程，有以下几点是值得总结的。

第一，把握住了历史和社会赋予的使命和机遇。学校的飞速发展正是抓住了国家大力发展职业教育、社会需要大量技能人才的历史机遇，学校以服务于当地支柱产业、优势产业为己任，牢牢把握住了大好机会，承担起应负的使命与责任，在短短的几年时间里为国家和社会培养了4000多名专业技能人才。

第二，一所职业学校在进行发展定位时，一定要密切围绕区域经济这一

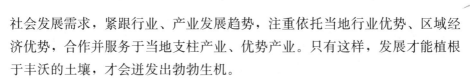

社会发展需求，紧跟行业、产业发展趋势，注重依托当地行业优势、区域经济优势，合作并服务于当地支柱产业、优势产业。只有这样，发展才能植根于丰沃的土壤，才会迸发出勃勃生机。

第三，在学校管理中，教师既是被管理者，又是办好一所学校的主要力量，任何一所学校在发展中都必须高度重视教师队伍的建设，妥善解决好教职工及离退休职工的福利待遇，充分调动教职工的工作积极性和创新能力。广东省食品药品职业技术学校作为一所转型学校，必然也存在着原有教师队伍结构与学校发展新方向不相符的矛盾。学校在转型过程中随着发展逐步规范管理，并通过各种方式统一教师认识，让教师主动根据学校新的办学方向调整自身专业结构，充分调动全体教职员工的主观能动性，并让教师享受到学校发展带来的好处，使学校的安定团结有了保证。

第四，规范管理与科学发展并举。"创业难，守业更难"，学校领导是大好机遇中把握乾坤的关键人物，他们在创业伊始就意识到学校转型只是刚刚起步，今后的发展任重道远。优化管理模式，使得"行为有规范，工作有程序，考核有标准，执行有力度"，这样才能不断提高管理的精细化与规范化水平。学校成立之初的人员转岗、定岗到后来的校、系二级管理无不体现着管理创新的勇气与智慧。

学校依托地理优势、行业优势，把握准确的办学方向，下大力气踏踏实实地完成了每一步的跨越式发展。在不断总结、不断反思的过程中，学校将朝着国家示范性学校的目标继续奋进！

后发型学校的竞争优势是错位发展。广东省食品药品职业技术学校正是在这一理念的指引下，将专业特色作为学校办学特色的着力点，以"人无我有，人有我优，人优我精"为专业建设策略，一跃而成为广东省重点职业学校。学校的错位竞争优势明显，主要体现在以下方面：

1. 专业设置对接区域产业

职业学校专业必须紧紧服务于区域产业。医药、食品是广东省的支柱产业，即使在金融风暴的冲击下，广东省的医药、食品产业产值仍然逆势增长。为满足广东省食品药品产业快速持续发展对技能人才的需求，学校转变专业方向，由建设类、地质类专业转为食品、药品类专业，开办的专业以药品、食品、化妆品、医疗器械为主，多数属于特种行业，形成了"专业—产业—行业—职业"生产链，从而保持了专业成长的动力和活力。

2. 专业发展依靠师资队伍

实力雄厚的师资队伍是专业发展的根基。为了保证专业建设和发展，学校通过转、引、提等方式组建队伍，从提高福利待遇、建立激励机制和改革管理体制等方面激活队伍活力。在教师队伍建设中，学校将原来一批专业课教师转为行政人员、管理人员或其他专业课教师；从相关专业的高校、企业单位引进或聘用一批应届毕业生和中、高级专业人才，加强师资力量；支持教师攻读硕士学位，积极考证，提高"双师型"教师比例。在激发队伍活力方面，学校推行校、系二级管理体制；按照科学合理、精简高效的原则对教师进行定员定岗；鼓励教师参加说课比赛、班主任大赛等各种比赛；关心教职工生活，逐年提高教师的待遇。

3. 专业教学推动课程改革

专业由若干课程组成，与课程联系紧密。学校形成了四大课程模块，即公共基础课程、技术理论课程、操作技能课程、素质拓展课程。学校在专业教学中十分重视实践教学，理论学时与实践学时比例为1∶1。另外，学校专业培养目标兼顾就业与升学。一方面，学校毕业生就业率均保持为100%，毕业生的工作能力受到用人单位的广泛好评；另一方面，学校鼓励文化课基础好的学生进一步深造，通过成人高考或单考单招报考与本专业相关的职业院校，为学生的继续深造提供机会。

（佛朝晖）

一个专业推动一所学校跨越发展

——海南省机电工程学校

名校／名校长简介

　　海南省机电工程学校创建于 1958 年，至今已有 50 多年的办学历史，系海南省教育厅直属的以工科类为主的国家级重点中职学校、国家中等职业教育改革发展示范学校。学校位于海南省海口市，拥有桂林洋工科校区、府城商科校区和文溥农科校区，共占地 28 万平方米。现有教职工 300 多人，在校生 6 700 多人。学校的培养目标是优秀人品+熟练技能；培养规格是中专+中级工；培养模式是两年校内学习+1 年顶岗实习；教学模式是模块化课程+行动导向教学法。学校开设汽车、机电、电子、计算机 4 类 34 个专业，其中汽车运用与维修专业被评定为全国示范专业，机电技术应用、电子技术应用、计算机应用等专业被评定为省重点专业。各专业教学设备先进且配套齐全，现有中央财政支持在校内建起的汽修、数控、机械制造、电子电工 4 个大型实训基地。学校分别被评为全国机械行业骨干职业院校、全国中等职业学校德育工作先进集体、海南省首届职业教育杰出创业人才培养学校、海南省德育教育示范基地、海南省高技能人才考核培训基地、海南省文明礼仪示范学校。

校长陈克文，男，汉族，1964年2月出生于海南省万宁市，中共党员，大学本科学历，高级讲师、高级职业指导师、高级职业经理人，省级教学能手、省职业教育教学研究工作指导委员会委员兼就业与创业指导课程中心组组长，全国机械职业教育教学指导委员会管理类专业教学指导委员会副主任委员。1998年10月—2004年3月在海南省粮食学校任副校长、校长，2004年3月至今任海南省机电工程学校校长，2005年4月兼任海南文溥职业学校校长。2008年被海南省政府评为海南省中小学十佳校长，2009年被教育部评为全国优秀教育工作者。2010年被海南省政府评为特级教师，同年被中华职教社评为第二届黄炎培杰出校长。

塑胶运动场

一、办学理念

陈克文校长提出了一系列行之有效的办学理念，对教职工提出了"三个对得起"——对得起学生、对得起家长、对得起用人单位；对教师提出了"两个让"——让学生因我而快乐，让课堂因我而精彩；对学校提出了"三个一切"——一切为了学生成才、一切为了学校发展、一切为了教职工利益；对学生提出了"两个让"和"三个学会"，"两个让"——让老师因

陈克文校长向习近平
同志介绍学生实训情况

我而欣慰，让学校因我而自豪；"三个学会"——学会学习，学会做人，学会创业。

二、教学理念

学校提出了"三个特点"和"四个优化方案"的教学理念。"三个特点"是指课程组合要充分体现宽基础、活模块、强技能的教改原则；课程内容要充分体现"四新"（新知识、新技术、新工艺、新方法）和"四易"（易教、易学、易会、易用）；课程教学充分利用模块、分层和行动导向教学法。"四个优化方案"是指学校各专业课程组合优化方案、课程教学模式优化方案、学生多技能训练优化方案和培训开发优化方案。

三、管理理念

陈克文校长一直坚持学校工作应着力抓"三本"管理——校本、人本和成本。特别是在校本管理方面，学校重点创建了四个特色：一是专业建设特色，体现人无我有，人有我优，人优我精；二是培养规格特色，体现知识、能力、素质并重发展；三是教学方法特色，体现教师为主导、学生为主体、能力为目标；四是办学模式特色，体现联合办学、综合教学、复合培养。

四、德育理念

陈克文校长对班主任德育工作提出"五官端正"的要求，即嘴正、耳正、眼正、心正、腿正。差生转化"七点工作法"：（1）抓住需要点，以感化促转化；（2）抓住闪光点，扬其长改其短；（3）抓住共鸣点，追求心理认同；（4）抓住反复点，坚持教育转化；（5）抓住兴趣点，授之以方法；（6）抓住共育点，实施全方位育人；（7）抓住特殊点，运用教育机制。

20世纪80年代末，海南建省办全国最大的经济特区，无数仁人志士、能工巧匠蜂拥而至。一时间，岛上开发热火朝天，人流、物流、资金流、信息流、文化流聚焦海南岛。海南省开始了观念的裂变、体制的裂变、机制的裂变、经济模式的裂变、资本运行方式的裂变，特别是教育制度和办学模式也发生了深刻的变化，教育受到了多方重视，学习成为了时尚，办学也开始出现融资。21世纪的今天，海南的发展出现了新机遇，国际旅游岛建设成为国家战略，经济发展、产业发展、企业发展红红火火，旅游服务、社会服务、经济服务广泛兴起。与此同时，职业教育的大发展也搭上了国际旅游岛建设的机遇快车。海南省机电工程学校在职教发展的热潮中，异军突起、迅猛发展，很快成为国家重点职校和国家示范校，成为海南职业教育的排头兵。在仰望国际旅游岛上这颗璀璨耀眼的职教明珠时，不难发现她光环的背后是一个又一个艰辛的创业故事和一个又一个令人羡慕的办学典范。

一、陈克文校长——改变学校命运的特级教师

陈克文，1964年出生于海南东海岸农村的教育世家。在浓厚的家庭文化熏陶下，陈克文痴情书海，博览群书，后来被评为"海南十大书痴"。他从小立下从教夙愿，高中毕业后他考取了海南粮食学校，中专毕业后他选择留校当教师，自此，他与职业教育结下了不解之缘，一干就是25年！中专毕

业后，为了当好一名中职教师，陈克文四处拜师求艺，不断提升个人素质。1989 年，他考取了中国科学院管理干部学院管理工程系财务会计专业。此后，他又进入了中央党校、江苏大学、华中师范大学、浙江工业大学、北京师范大学、香港理工大学、新加坡南洋理工大学等学校进修和培训，并先后到德国、奥地利、荷兰、澳大利亚等地对职业教育进行实地考察，期间他汲取了世界各地的职业教育理念、办学思路、教学模式。1997 年当他到海南五指山市教育局任副局长时，陈克文已积累了丰富的职业教育管理经验。

2004 年 2 月，海南省教育厅厅长黄国泰向陈克文下达了厅党组决定让他去省机电工程学校任校长、书记的命令，并提出了工作的主要任务。

陈克文上任的第一天，他就找来学校财务人员了解学校情况，结果学校负债 500 多万元，存款 2 万元。这就是学校的负债和流动资产！学校教职工 150 多人，在校学生 1500 人，教工与学生的比例为 1：10，校园面积 13333.3 平方米，租用面积 33333.3 平方米，教学设备价值不足 100 万元，拖欠教师课时津贴 48 万元。这天陈克文还收到了校办送来的十几份要求调离和停薪留职的教工申请书。第二天，反映各类问题的教工纷至沓来。看来，这是一个极富挑战性的学校。如何化解矛盾？如何制定发展战略？这使陈克文陷入了沉思。

"穷则思变。"变，也许是脱贫致富的法则；变，也许能盘活债务沉重、人心不稳、缺乏生机的机电学校。陈克文认定变的法则，认定一变则通的道理。他多做少言，带领中层干部深入学校各部门、各环节、各教学班以及部分教师家庭进行调研；他深入行业企业，深入生产第一线进行调研；他带领教师和学生深入省内外兄弟职校进行考察调研。他主持召开了 10 个座谈会：一是学校发展战略座谈会；二是专业建设座谈会；三是学生管理工作座谈会；四是课程建设及教学改革座谈会；五是师资队伍建设座谈会；六是校企合作与学生就业座谈会；七是校校合作与招生工作座谈会；八是校友座谈会；九是学生座谈会；十是退休教师座谈会。两个月的调研活动结束后，在陈克文主持召开的第一次全校教职工大会上，老师们听到了五条令人震惊的信息：一是 5 年内把学校办成国家级重点职校；二是 5 年内建起新校区；三是 5 年内在校生达到 5000 人；四是 5 年内毕业生就业率保持在 96％以上；五是 5 年内形成学校专业建设的"大强精活"格局：汽修专业为龙头专业，以做大为主，在"大"字上下工夫；机电专业为主导专业，以做强为主，在"强"字上下工夫；电子专业为精品专业，以做精为主，在"精"字上下工夫；计算机专业为纽带专业，以做活为主，在"活"字上下工夫。为了推动机电学校的发展，为了改变机电学校的命运，为了摆脱机电学校的困境，陈克文主持制订了《海南省机电工程学校治校纲要》，并用纲要统领全局，推动学校大阔步发展。如今5年过去了，学校制订的目标一个个得以实现：2006年在校生超过5000人，学校被评为国家级重点职校；2007年建起了占地9万平方米的桂林洋新校区，学校形成了一校三区占地28万平方米的办学新格局；2008年组建海南机电职业教育集团，"大强精活"专业格局得以实现；2010年被教育部认定为国家中等职业教育改革发展示范学校；毕业生就业率自2004年以来一直保持在96%以上。实践证明，这个治校纲要是引领海南省机电工程学校长远发展的纲领性文件，是学校文化建设的里程碑，激励着每一位机电人的奋斗热情，是莘莘学子的爱校基石，是机电学校全校师生员工共同的心理认同、共同的价值追求和共同的行动指南。

海南省机电工程学校治校纲要

一、共同愿景

努力将学校打造成学生的理想乐园、教工的幸福家园、企业的人才公园、海口的绿色花园、海南的品牌校园、国家的知名学园。

二、总体目标

海南龙头，全国示范，奔向高职

三、治校理念

1. 办学理念："三个一切"——一切为了学生成才，一切为了学校发展，一切为了教工利益。

2. 教学理念："两个让"——让学生因我而快乐，让课堂因我而精彩。

3. 学习理念："两个让"——让老师因我而欣慰，让学校因我而自豪。

四、指导思想

1. 坚持三个"代表"，德治法治、共建和谐。

2. 坚持服务市场，做强专业、做精课程。

3. 坚持教育规律，严谨治教、规范管理。

4. 坚持以人为本，全员育人、品学兼优。

五、办学特色

1. 学校建设体现工厂的建筑风格。

2. 学校管理体现工厂的制度文明。

3. 学校德育体现工人的优秀品质。

4. 课程教学体现工业的先进技术。

5. 师生关系体现工人的团结互助。

六、作风要求

1. 校风：严格规范　精益求精

2. 干部作风：民主廉洁　高效创新

3. 教风：崇尚方法　教练合一

4. 学风：博览群书　突出技能

七、师生发展

学会做人，学会学习，学会共处，学会做事

八、治校方略

1. 目标定位：制订战略规划，推进教育创新，创办特色学校。

2. 改革创新：变革管理体制，深化课程改革，创新评价机制。

3. 以人为本：关心和尊重师生，放开用活激励机制，妥善处理人际关系。

4. 驾驭规律：遵循教育规律，科学运筹，提高效能，树立新型优良校风。

5. 激活管理：优化管理模式，坚持以法治校，改进工作方法。

6. 履行职能：明确职责，科学决策，正确使用权力。

7. 提高素质：拥有高位素质，充分开发潜能，充分发挥情商优势。

8. 特质修养：讲究语言表达艺术，修炼文字技能，精心塑造形象风度。

9. 学习借鉴：创建学习型学校，借用他山之石。

10. 经验总结：自我解剖，典范比较，成为专家。

二、汽车专业——推动学校跨越发展的坚船利炮

2004 年春，陈克文校长在调研中发现学校的汽车运用与维修专业是全国示范专业点，可是教学设备、师资力量和课程设置都不尽如人意。教学设备只有 6 台破旧的发动机和一些不成套的拆装设备以及 3 个自制的底盘台架，此外，就是几台空驾训练使用的旧北京吉普车和卡车，这些设备远远不能满足 600 名在校学生的教学需求。教师中除了几名老教师水平较高外，其他大多数教师只是停留在老式发动机的拆装和空驾训练上，课程建设更谈不上科学性、系统性和实用性。尽管这样，汽修专业仍是学校最强的专业。陈克文

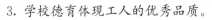

一直寻找推动学校发展的切入点和突破点，他带领汽修专业教师深入企业进行调查研究，专门召开了有专业课教师和企业技术人员、管理人员参与的汽修专业建设座谈会。会上大家畅谈海南汽修行业美好的发展前景、汽修行业紧缺的人才需求、海南产业结构调整对汽修行业的深刻影响，陈克文听后茅塞顿开。他在广泛征求各方意见的基础上，主持学校党政领导联席会议，决定把汽修专业作为学校的龙头专业，希望通过对汽修专业的强力建设达到推动学校跨越发展的目的。

海南省机电工程学校自 1958 年创办以来，一直跟拖拉机和汽车打交道。虽然汽修专业办得不算太有实力，但在几十年的办学过程中积累了经验，储备了几名骨干教师，形成了汽车教育文化。陈克文校长一眼看中汽修专业教师范初谷，他是工程师，当过修理厂厂长，有丰富的实践经验和管理经验，在教师队伍中威信较高，特别是他的维修技术和教学水平常常令其他教师折服。陈克文校长深深地懂得教师是支撑学校发展的中坚力量，好教师能推动好专业的深度建设。于是，他毅然决定成立汽车专业科，以汽修专业为龙头，开启专业建设新征程。他任命范初谷为汽车专业科科长，重庆交通学院毕业的郭奇峰老师为副科长，15 名专业课教师和实训人员组成海南省机电工程学校一个崭新的、富有活力的汽修教学团队。

虽然团队建立了，可是学校经费十分紧缺，不可能有几十万元或上百万元的经费投入。范初谷带领的教学团队通过认真地讨论后认为，有条件上，没有条件也要创造条件上。解决汽修专业教学设备问题的"看板会议"召开了，教师们轮流上讲台利用粉笔和黑板讲述着一个又一个解决方案和思路。会后，终于达成一致意见，三条腿走路解决汽修专业教学设备问题，以达到基本满足教学的需求：一是教师们利用暑假到琼海市收购 10 辆破旧整台轿车；二是深入汽修厂，整合资源开展校企合作，让学生顶岗实习；三是到废品收购站购买汽车零部件，自己动手做教具。教师们足足用了一个暑假，搭起了工棚，购进了轿车，制作了设备。一个个整齐漂亮的汽修实训室终于建立起来了，教师们精打细算，认真贯彻陈克文校长的"学校管理必须以财务管理为中心"的管理思想，仅仅花去学校 10 万元。这就是机电人创造的奇迹和经验。如果要问机电学校用 7 年时间从不足 100 万元教学设备发展到如今拥有 3000 万元设备的经验是什么，那就是勤俭办校和整合资源。

招生，一直是全国中职学校十分热门的话题，也是中职学校生存和发展的第一要素。2004 年 4 月，3 名学生干部到陈克文校长的办公室提意见，学

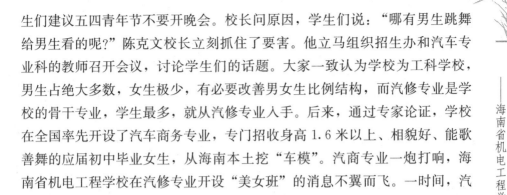

生们建议五四青年节不要开晚会。校长问原因，学生们说："哪有男生跳舞给男生看的呢？"陈克文校长立刻抓住了要害。他立马组织招生办和汽车专业科的教师召开会议，讨论学生们的话题。大家一致认为学校为工科学校，男生占绝大多数，女生极少，有必要改善男女生比例结构，而汽修专业是学校的骨干专业，学生最多，就从汽修专业入手。后来，通过专家论证，学校在全国率先开设了汽车商务专业，专门招收身高 1.6 米以上、相貌好、能歌善舞的应届初中毕业女生，从海南本土挖"车模"。汽商专业一炮打响，海南省机电工程学校在汽修专业开设"美女班"的消息不翼而飞。一时间，汽修专业、美女车模成为全省 468 所中学及社会各界热谈的话题。汽修专业的教师拿着陈克文校长致全省中学校长的公开信，深入各中学进行招生宣传，在挑选"美女班"学生的同时，也全面宣传了汽修专业的招生、教学、管理和就业情况。

9 月是教育收获的季节。2004 年 9 月，海南省机电工程学校门庭若市，要求报读机电学校的初中毕业生有 2000 多人，其中报读汽修专业的学生有 800 多人。陈克文校长顺水推舟，在《海南日报》头版登出一则广告：海南省机电工程学校敬告广大家长——已经报到的学生已安排妥当，请家长们放心；由于条件有限，限招 1500 人，请没有被录取的学生家长们谅解；明年想送孩子读机电学校的家长们从现在起可交费预订学位。自此，海南省机电工程学校招生年年火爆。如今，学校在校生有 6700 多人，其中汽修专业学生近 3000 人，将近占在校生人数的一半，这充分实现了龙头专业做大的目标，同时也推动着学校的各专业全面发展。

教学改革是汽修专业教学团队最为关注的话题，教师们一直在想校长的几条理念：对得起学生，对得起家长，对得起用人单位；让学生因我而快乐，让课堂因我而精彩；学会学习，学会做人，学会创业；用新知识、新技术、新工艺、新方法教给学生，做到易教、易学、易会、易用。如何让这些理念转化为实实在在的教学内容，转化为生动有趣的精彩课堂，转化为真金白银的教学效果？教师们思索着、实践着，他们向教改要捷径，向企业要真知，向课堂要效益！汽车教学团队的范初谷、郭奇峰等教师在学校第一次举办了教学改革论坛，有教师参加、学生参加、企业界技术人员参加、教学专家参加，更重要的是他们也邀请了省内所有兄弟学校的教师也来参加。教改论坛从多角度、多方法、多层面透视了汽修专业的教学现状，指出缺陷和不足，提出了一个个理论与实际相结合的教学建议，提出了一个个尊重学生、发展学生的培养建议，提出了一个个教学相长的建议。通过对新思路、新建议、新方案的整合和优化，形成了海南省机电工程学校汽修专业教学的独有特色：以技能大赛为抓手，坚持以技能为本位，以嘉华汽车班、丰田汽车班、金鹿汽车班、海马汽车班为引领，以常规教学与考工考证相结合，全面实施模块化课程与行动导向的教学法，在全面提升学生的技能水平的同时，提高学生的理论水平。

汽修专业的发展变化，引起了业内的高度关注。海南省近百家修理企业要求与学校合作办学，海马汽车集团下订单每年录用 500 名学生顶岗实习，学校成为海南省汽车维修协会副会长单位。学校与北京汽车工程学校携手发起成立的"全国汽车教育与就业联盟"拥有成员学校 40 多所、企业近百家。何启勇老师曾经担任学校汽修教师多年，因看不到学校汽车专业的发展前景，苦于怀才不遇，于 2006 年调离学校到海南职业技术学院汽车系任教。如今，他主动要求回来，他说："是学校的办学吸引力把我召回来的，我要把当大学教师时积累的经验奉献给机电学校的中职教育。"他是这样讲的，也是这样做的，他现已成长为学校汽车专业的一名带头人。

汽车专业在学生规模、教学教改、实训基地建设、人才培养模式、课程建设、师资团队建设、校企合作、技能大赛、毕业生就业、创业精神等方面推动学校跨越发展的同时，也促进了自身的成长和壮大。学校建起了一幢10000平方米的汽车专业楼，教学设备投入资金达1500万元，教学团队达 50 人，教学成果十分显著。3 年来，学校几乎囊括海南省中职学校汽修技能大赛一等奖，多次获得全国中职学校汽修技能大赛二等奖和三等奖。

三、国家示范校——谱写学校品牌的壮美华章

2006 年，学校被教育部认定为国家级重点中等职业学校后，创建"国家示范学校"是陈克文校长以及全体机电人的一个更高追求。国家示范校的创建标志着学校品牌要创新、内涵建设要创新、培养质量要创新，是学校发展的更高标准和更高要求，是学校管理科学化、发展科学化的具体体现。通过全校性的大学习、大讨论，全校上下达成一致：申报国家示范校！然而，学校的三大办学要素距国家示范校要求甚远，必须加大力度积极改善。一是建立一个新校区，因为租用的33333.3平方米的校园还有一年就要到期被收回，仅有的13333.3平方米的校园无法支撑一个学校的发展；二是必须建立汽修、机械、数控、电工电子和计算机 5 个大型实训基地，这需要数以千万计的资

金投入；三是师资队伍建设和教育教学管理水平的提高亟待解决。怎么办？陈克文及其团队成员展开了解决三大问题的深度策划。

陈克文凭着他在策划汽修专业发展过程中积累的经验，紧紧抓住全国职业教育大发展的新机遇，充分利用一切可以利用的资源，成功地推动着三大问题的解决，打赢了一场漂亮的学校办学翻身仗。

2005年底，在没有政府资助的情况下，陈克文毅然凭借学校自身的力量化解了500多万元的沉重债务。2006年春，他又开始谋划在海口市桂林洋开发区建设新校区。经过几番调研，他最终看上了占地9万平方米的新大洲本田公司的动力研究所。但是，要买断整个研究所需一次性支付现款3700万元。谈何容易！此时，教育部副部长吴启迪到海南调研，陈克文请吴部长到校视察，同时汇报了学校有意购买新大洲研究所作为新校的想法，没想到得到了吴部长的赞许。此后陈克文又邀请海南省全国人大代表视察学校，当得知学校办学困难，4000名学生无处可归时，省人大将机电学校的新校建设提上了日程。当时的教育部部长周济在海南调研时接见了陈克文，并对其工作进行了指导。2007年1月26日，罗保铭代理海南省省长26天后的第一次调研便去了海南省机电工程学校，听完汇报后罗保铭省长提出了"重点支持、重点倾斜、重点发展职业教育"的新主张，并要求教育厅要做好规划，选准学校重点建设。可是两个月过去了，购买新校却没有丝毫动静。就在此时，适逢南京召开中德职业教育合作会议，吴启迪副部长前往参加，陈克文校长给吴部长写去了汇报信，新校建设再次引起部长们的高度关注。2007年5月，罗保铭省长到新大洲研究所现场办公，当场决策省财政拨付3700万元给机电工程学校购买新大洲研究所作为机电学校新校区。省长的科学决策立刻引起社会的广泛关注，4000多名学生得到妥善安置，机电学校的长远发展有

数控实训基地

了坚实的基石，师生们在校内建起了感恩桥。自此，机电教学楼、汽车教学楼、电子信息教学楼装饰一新，综合楼、学生公寓楼等拔地而起，400米塑胶运动场腾空而降，一个现代化的校园诞生了！

校园的问题解决后，紧接着是大批量教学实训设备的配置问题。陈克文及教师们坚信：有为才能有

位！他们立足学校实际，深化教育教学改革，在全力做好学校管理的同时谋划着教学设备的全面配置。学校在各级教育部门领导的关怀下，先后建起了汽车实训基地、电工电子实训基地、数控实训基地和机械制造实训基地。学校教师们不甘示弱，还自筹资金建起了300多万元的计算机实训基地。此外，海马汽车集团、日本丰田公司、新大洲本田公司、镇泰集团等企业不断为学校提供设备资助，现代化的校园加上现代化的装备，机电学校插上了腾飞的翅膀。

国家示范校建设的第三个核心要素是师资队伍建设和教育教学管理水平的提高。

在师资队伍建设方面，陈克文采取了三步打造方案，即第一步是自我培养，采用汽修专业成功的建设经验，利用自有设备培训提高师资水平；第二步是从天津职业技术学院及其他高校引进大批"双师型"教师充实队伍；第三步是从企业引进一大批能工巧匠充实实训教师队伍。此外，在提高师资团队的战斗力和凝聚力方面，陈克文采取了三管齐下的方法，一是全校教工集中到部队进行为期8天的军训，提升其凝聚力、战斗力和合作力；二是全校教师集中7天封闭培训行动导向教学法，提高其学习力、教育力和教学力；三是全校教师常年开展"四个一"活动，即每位教师每年都要读一本教育理论书、做一次专题发言、写一篇教学论文、研究一个小课题，这项活动有力推动了学习型团队建设，奠定了学校书香校园建设的基础。

在教学改革方面，学校得到了国家财政示范校建设资金1040万元的支持。重点建设汽修、机电、电子3个专业和百项发明创新工程及德育实训基地两个特色项目。在建设内容上重点突出三个方面，一是人才培养模式和课程建设；二是师资培养培训；三是校企合作。学校坚持面向市场设专业，面向岗位设课程，在教学内容、教学形式和教学目标上，积极探索有效的教学途径和方法，走出了一条以专业建设为主、教学改革为先、产教结合、工学交替的新路子。《光明日报》内参《情况反映》对海南机电工程学校教学改革情况以《让学生以主人翁心态顺利完成职教学业》向党和国家领导人作了汇报。

让学生以主人翁心态顺利完成职教学业

海南省机电工程学校"校企无缝对接"培养高级技能型人才

本刊讯（驻海南记者魏月蔷、王晓樱）海南省机电工程学校在"三段式"职业教育模式（前2年在学校完成基本素质课程和专业课程学习实训，后1年到企业参加有报酬的顶岗实习）基础上，创新职业教育模式，努力使毕业生与企业"无缝对接"，创办了"嘉华汽车班""威隆造船班"，定向培养高级技能型人才，让学生以主人翁心态顺利完成职教学业。

嘉华汽车班

2009年5月，海南省机电工程学校与北京嘉华企业管理有限公司签订了校企合作协议。9月初，50名二年级学生组成了"嘉华汽车班"。该班实行有别于学校其他班级的管理形式，由学校和嘉华公司共管共建，班主任由学校具有企业工作背景的教师担任，嘉华企业管理有限公司选派一名管理人员担任副班主任。鉴于学生在一年级已经学习了基础理论课程，进入"嘉华汽车班"后，两年的课程按照学校与嘉华公司共同编写的教材进行，其课程设置以汽车修理技能为主，以汽车营销课程为辅。教学内容分为5个模块，50名学生分为5个小组，每一小组主攻一个模块，所学内容与毕业后要从事的工作对口。在学习期间，学生只要能通过考核就可以获取职业资格证书，同时获取由嘉华企业管理有限公司提供的奖学金。

据海南省机电工程学校校长陈克文介绍："嘉华汽车班的教学管理是由学校和企业共同负责的，教学内容紧跟生产实际的发展和变化，特别是根据专业技术领域的发展及时修订和调整专业教学计划、教学内容。"在"嘉华汽车班"，记者看到50名学生都穿着印有"嘉华"字标的浅蓝色工作服，教室墙壁上张贴着"诚信——立业之本，专业——成功之道，创新——动力源泉"的企业文化理念。"嘉华汽车班"学生邢正告诉记者，他们是从600多名报名者中选拔出来的，很自豪，家长也很高兴，因为毕业后有一技之长，所以能进大企业工作。"威隆造船班"是海南省机电工程学校与浙江造船公司合办的职教班。进入这个班的50名学生，也是通过学校和企业共同的面试、笔试、操作考试后选拔出来的。这个班本着"易教，易会，易用"的教学原则，为企业培养参与万吨巨轮建造工程的高级技工。浙江造船公司指派优秀技术人员来校任教，同时组装了巨轮模型供学生实习操作。

记者在采访中发现，海南省机电工程学校与企业合作办校从内容到形式都非常紧密。作为学校，根据企业需要无偿提供师资、场地，承担起培训企业员工的任务；作为企业，根据教学需要为学校无偿提供设备、师资；学校与企业共同制订教学计划、确定教学内容，并共同进行教学督导，共同解决教学中出现的问题。以企业名称冠名职教班是一个创举，它让学生在学习期间就有了企业的归属感和认同感，有利于促进学生以主人翁的心态完成职业教育。

记者了解到，海南省机电工程学校之所以有活力，是因为校领导创新办学思路，俯下身子找市场，身为校长的陈克文几乎每天跑企业，因为有第一手材料，学校在专业设置、课程开设、教学计划以及毕业去向上都能"有的放矢"。从2004年至今，该校毕业生就业率达96％以上。

嘉华企业管理有限公司有关负责人告诉记者，企业物色职校是相当苛刻的，选择海南省机电工程学校就是相中这所学校务实、创新，其培养的现代制造业技能型人才毕业就能顶岗。看来，随着社会经济的发展，中等职业教育面临的双向竞争——"学校找企业""企业选学校"会越来越尖锐，这其中培养出适销对路，与企业无缝对接的毕业生是关键所在。

德育是心灵工程。德育教育始终是海南省机电工程学校的重要课程和首要任务。陈克文及其管理团队为此付出了巨大的心血。作为一校之长，他用自己的榜样作用影响着教师群体，引领着学生成长。陈克文校长从一个班主任的视角，以2009级机电（1）班的活动为背景，编写了《机电（1）班——班级文化透析》一书，他主编

团结奋进的学校领导班子

的《中职生素质培养指导教程》已作为海南全省各职校的通用教材。此外，陈克文校长还创新了两项独特的德育模式：一是信函德育。他坚持每周给全校学生写一封公开信，引导学生读书、立志、做人、学会感恩，指导学生文明、礼貌、诚信、创新，这些信润物无声，震撼着学生的心灵，让学生快乐、健康地成长，是学校一道亮丽的教育风景线。二是零距离德育模式。陈克文校长经常利用自习或晚自修时间带领中层干部和教师深入班级开展"学习与未来——零距离对话与沟通"活动，在学生中产生了强烈反响，零距离引领学生成人成才，构成了学校文化建设的重要内涵。

陈克文校长写给同学们的第八封信

亲爱的同学们：

　　大家好！

　　学会求知、学会做事、学会共处、学会做人，是当今世界教育的四大支柱。今天，我想结合学校实际跟同学们谈一谈"学会共处"这个重要话题。

　　什么是学会共处呢？我认为，学会共处首先要了解自己、发现他人、尊重他人；学会共处就要学会关心、学会分享、学会合作；学会共处就要学会平等对话，互相交流；学会共处就是要学会用和平的、对话的、协商的、非暴力的方法处理矛盾，解决冲突；学会共处还意味着人和自然的和谐相处。学会共处，不是从书本中学习，它的最有效途径之一就是参与目标一致的各项活动，学会在"磨合"中找到新的认同，确立新的共识，并从中获得实际的体验。一个人养成了宽容坦荡的胸怀，他就拥有了学会共处的金钥匙。

　　全校每一位同学都是为了求学而离开家乡、离开父母、离开温暖的家庭汇聚到机电学校的，所以，机电学校就是几千名同学的新家庭、大家庭。在学校里，老师和同学就成了同学们最可爱、最亲近的人。当你遇到挫折时，能得到老师和同学的一句安慰；当你遇到困难时，能得到老师和同学的一份帮助。这一切的一切都倾注着学校这个大家庭的关爱和温暖，这一切的一切都拉近了同学之间的距离，使同学们相处得更加融洽。

　　同学们，学校全体师生的共同愿景正如一幅和谐奋进的风景画，要实现这个愿景，办好学校，促进同学们健康快乐地成长，我认为学会共处是十分重要而且非常关键的。

　　那么，同学之间怎样才能做到学会共处呢？我认为，以下三个方面应值得同学们好好去思考、好好去体验、好好去遵守。

　　第一，要学会平等待人，学会尊重和理解他人。在校园里发生的一些本不该发生的打架斗殴事件，几乎都是因为不会理解和尊重对方、不会宽容和忍让造成的。同学们，我们要想得到他人的尊重就要先学会尊重他人，更要学会欣赏他人。当你对别人的缺点和不足进行嘲笑、挖苦、讽刺、侮辱时，你的虚荣心得到了满足，而对方的自尊正受到巨大的创伤，随后双方便是口角之争，重则大打出手。同学们，我们要想求得他人理解，就应该真诚地理解他人。别人开一个玩笑，如果不会理解，往往会造成误会，这往往也就是矛盾的开始。所以，平等待人，学会尊重和理解，学会宽容和忍让，就可以减少同学之间的摩擦和误会，使同学之间相处得更加愉快。

第二，要学会用理智、冷静、非暴力的方式处理矛盾，解决冲突。校园里生活着几千名同学，大家爱好不同、性格不同、看问题的方式不同、对事情的理解也不同，也就是说，同学之间存在着许多差异，这是客观存在的。因此，同学之间发生一些这样或那样的矛盾和摩擦也是不可避免的，但关键看你如何对待。在现实生活中，面对矛盾和冲突，有些同学往往很冲动，所以，同学们要学会控制自己的情绪。在校园里也发生过一些不理智、不冷静，甚至是非常愚蠢的例子。比如，双方发生了矛盾，因为面子一时冲动，而选择了用暴力手段平息心中的不快，结果造成两败俱伤。所以，同学们必须清醒地认识到，当同学之间发生矛盾和冲突时，只有用积极的心态，用理智、冷静、非暴力的方式去化解矛盾、解决冲突，才是科学、智慧、合理的选择，才能很好地平息事态，化干戈为玉帛，化矛盾为友谊，才能相处得更加愉快。在这里，我必须强调一点学校里发生矛盾，同学们应报给老师和领导，由学校出面解决，不必急于向外人打电话把事态扩大，更不能拉帮结派，在同学中挑起事端，予以报复。一旦发现哪位同学纵容、挑事，采取过激行为，造成严重后果，学校处理时决不手软。同学们，理智、冷静、非暴力是化解同学之间矛盾、解决纠纷和冲突的法宝，请同学们谨记！

第三，要学会与自然和谐相处。学会共处，不仅是一种交往、处世的方式，同时也意味着人与自然的和谐相处。我们学校是海南省校园环境最美的学校之一，无极湖像两只明亮的大眼睛，渴望着知识，渴望着发展壮大；感恩桥两头树木成林，风景秀丽；学生公寓区里绿树成荫；整个校园鸟语花香，一派生机盎然的景象。可是，有些同学却不爱护，随手一摘、随脚一踩、随口一吐、随手一抛，环境就这样一天一天地被破坏了。为了所谓的方便，有些同学对垃圾箱视而不见，果皮、纸屑、塑料袋、矿泉水瓶随处可见。同学们，环境的污染会给我们的健康带来危害，环境的破坏会影响学校的形象，会影响同学们的形象，更会影响同学们的学习和生活环境。让我们从我做起，从现在做起，保护好我们学校优美的环境，与校园里一草一木和谐相处，共同成长。

同学们，宽容坦荡，学会共处，能使我们的校园生活充满欢乐，能帮助我们排除各种烦恼，能让我们机电学校这个大集体充满无限的温暖，能促进我们的学习和进步。让我们人人都学会共处，为自己点亮一盏心灯，为他人送去一份温情。

祝同学们幸福快乐！

校长：陈克文
2008 年 11 月 3 日

海南省机电工程学校是一所军事化管理的学校。晨跑是一项全校性的富有活力的活动，是培养学生团队精神和坚强毅力的重要教育形式。学校在加强教学和行政管理的同时非常重视德育教育，诵读《弟子规》是学生必修的课程，是对学生进行孝道教育的重要活动，使学生在学会技能的同时，学会做人和处世。在推动国家示范校建设的德育实践中，教师们得到了全面成长。潘亚丽是汽车商务班的班主任，她扎根机电学校 20 年，一直从事班主任工作，学生都称呼她为"潘妈妈"，她真诚的爱心和特独的工作方法及工作艺术博得了师生们的高度赞赏，2010 年潘亚丽被评为海南省十佳师德标兵。殷承业是一名年轻班主任，虽然他不是专任教师，仅是一名水电工，但他热爱班主任工作，多次主动要求带班，经校领导慎重考虑后让他担任 2008 级汽修（1）班班主任。接受任务后，殷承业以兄长般的热情与学生打成一片，以名师的引领帮助每一个学生成长，他所带的这个班被共青团中央授予"全国先进班集体"光荣称号。

国家示范校建设的诗篇写满机电学校的每一堵墙壁、每一台机器、每一棵树木、每一节课堂和每一位师生的心灵，示范校建设是机电学校二次创业的里程碑、冲锋号，是学校品牌建设的壮美华章。

陈克文校长从事职业教育工作 25 年，其所见、所闻、所思、所做，点点滴滴汇聚起来形成了宝贵的思想。这些思想在他 12 年的校长岗位实践中，也许还不成熟、不完善，但毕竟还是能够边思考边应用，同时也取得了一定成效。

一、关于理念

办学理念最多见的是"三个一切"，即一切为了学生，为了学生的一切，为了一切学生。在陈克文担任海南省机电工程学校校长之前，机电学校的理念也是这"三个一切"。然而，那时学校办学是陷入了困境的，学校、教师、学生恐怕很难想到一块去，因此，有必要反思。通过广泛的调研，深入的思考，反复的实践，陈克文校长总结出了新的"三个一切"的办学理念。这"三个一切"涵盖了学生成才、学校发展、教工利益。试想，一所学校如果学生不成才，学校能得到发展吗？教工利益能实现吗？一所学校如果没有得到发展，学生能成才吗？教工利益能实现吗？一所学校如果教工利益不能实现，学生能成才吗？学校能发展吗？可见，学生成才、学校发展、教工利益三者是一个事物的不同侧面，是一个辩证关系，是相辅相成、互为条件、相互促进、相得益彰的。因此，当这新的"三个一切"确定为学校的办学理念后，统揽了学校工作全局，引领着学校领导、教职员工、学生三者和谐共处、科学发展。海南省机电工程学校自 2004 年 3 月以来，7 年间从省重点校发展为国家重点校和国家示范校；从1500人的规模发展成为6700人的规模；从校园占地13333.3平方米发展到占地 9 万平方米；从不足 100 万元教学设备发展到拥有近 3000 万元的教学设备；从省内学生技能比赛很少获奖到多次获得国家技能大赛二、三等奖；从学生不想报读到学生争着报读；从债务沉重、教工津贴难于发放到没有债务，教工生活福利位居省内同类学校前列；从教师要求调走到教师争着进来。这一切的发展和变化都足以说明新的"三个一切"办学理念在学校办学进程和学校文化建设中已发挥出了良好效应。然而，办学理念的形成不是某个人凭空想出来的，而是办学实践中全体教师共同总结出来的。办学理念是学校文化的核心体现，抓得住，用得好，就能引领全体教职工提高积极性，促进学校发展；抓不住，用得不好，就会把学校引向拐点，陷入困境。因为校长办学首先是思想领导，这一点非常重要。

二、关于课程

有人问学校的产品是什么？陈克文校长认为，课程就是学校的核心产品。他从事校长工作 12 年，始终以一个教师的心态去看待学校管理、看待学校的教育、看待教师的劳动、看待学生的成长。试想，一所学校如果没有课程，学生还会进来吗？一所成功的学校，首先是课程经营上的成功。经营课程，是学校难度最大、耗时最多、投入最大、收效最慢的事情，如市场调研、课程标准设计、课程开发、课程编写、课程教学、课程考核、设备配置等，都需要付出大量的心血。因此，很多校长整天忙于烦琐事务，却忽略了对课程的经营，从而导致学校教学质量和办学水平的下降。作为一名中职学校的校长，陈克文的最大贡献是在经营学校独具特色的课程上下工夫。他既当校长，又当班主任，还要坚持上专业课，有的人说他会累死，不懂当领导。他却认为自己不是行政领导，是一校之长，必须时刻保持与教师和学生的密切关系，必须坚持和教师、学生一起研究课程、改革课程、应用课程，反思课程教学效果。几年来，陈克文主编了中职教材三部，主持了省级和国家级课题的研究，同时还是省级职业教育教科研中心组核心成员。因此，正确认识、理解和有效领导课程，当起校长来就能得心应手，就能得到老师们的钦佩，就能得到学生们的喜爱。校长们绝不能认为课程是分管副校长的事，是教师们的事。相反，领导和经营课程是校长的第一要务。

三、关于策划

关于校长能力，首先是校长的策划能力。校长的策划能力主要体现在两大方面：一是学校处于创业阶段，校长应策划好学校的发展蓝图、整合建设资源、教育培养方案等重大项目；二是学校处于成熟发展阶段，校长应策划好课程运营、教师培养、学生习惯养成、评估考核、文化建设等重大项目。陈克文的校长生涯就经历过以上两个阶段，策划对他来讲意义重大。没有策划就很难使学校从低谷向高峰发展，就很难顺利建起一个现代化的新校区，就很难充实那么多的教学实训设备，就很难从省重点发展到国家重点直至国家示范校，就很难赢得上百个企业来支持合作，就很难取得如此辉煌的教学成果。研究策划、学习策划、实践策划是能力训练第一课，作为校长必须要重视，而且还要学好。

海南省机电工程学校是一所老牌中专学校，该校有着丰富的办学经验和很强的专业指向性，也有着曾经的辉煌。在经济发展不断深化的过程中，老中专也面临着专业调整、品牌创建、重振辉煌的诸多问题。

海南省机电工程学校在职业教育发展的新形势下，利用自身优势积极创建品牌专业。学校注重创新职业教育培养模式，使毕业生与企业"无缝对接"。学校用"三充分"方式来经营课程：充分体现宽基础、活模块、强技能，充分体现"四新"（新知识、新技术、新工艺、新方法）和"四易"（易教、易学、易会、易用），充分利用模块、分层和行动导向教学法。学校注重提高师资水平，在加强师德建设和教学团队建设上发挥集体的作用。学校还强化校企合作，与企业共同制订教学计划，确定教学内容，并共同进行教学督导，共同解决教学中出现的问题。学校创建了"三段式"职业教育模式，为企业定向培养高级技能型人才，让学生在学校时就能具有企业主人翁的心态，有利于学生顺利完成在校的学习。

学校的成功对中等职业学校办学的指导意义在于：由"大而全"向"精而强"转型，一定要瞄准市场，整合原有资源，创办具有文化内涵、学生就业率高的品牌专业，这是老牌职业中专学校可持续发展的关键。

（胡嘉牧）

立足市场需求，办出学校特色

——河南省民政学校

名校／名校长简介

河南省民政学校于 1986 年经河南省人民政府批准成立，担负民政中等职业教育和全省民政系统干部的培训任务，隶属于河南省民政厅，学校占地 28 万平方米，开办 10 多个专业、在校生 2200 人，现任校长、党委书记为王晓旭。

王晓旭担任学校主要领导以来，认真贯彻国务院大力发展职业教育的决定和河南省的实施意见，提出并坚持"用民政的理念办教育、用经营的理念办学校"，以"面向市场、服务行业"为宗旨，以潜心打造有一定特色和竞争力的职教品牌为目标，坚持以就业为导向，面向社会、面向市场办学，加大专业调整和联合办学的力度、加大招生就业的工作力度、加大教学教改的力度、加大教育督导工作的力度、加大学生管理的工作力度、加大基础设施改造的力度，使学校整体工作迈出了"四大步"：第一步，学校办学规模逐步扩大，2006—2008 年学校招生工作取得突破性进展，目前在校学生人数达 2200 多人；第二步，经过努力学校先后被省委、省政府和省高工委、省教育厅、省人事厅评为河南省级文明单位、河南省教育系统先进集体；第三步，学校总体实力明显上升，被教育部评为国家级重点中等职业学校；第四步，学校搬迁、改造和筹建河南省社会工作职业技术学院项目被列入《河南省民政事业发展第十一个五年规划》，并在郑州新区征地 21 万平方米，用以筹建新校区。

18名河南全国人大代表到学校视察工作

　　以河南省人大副主任李志斌为首的 18 名河南全国人大代表在学校视察工作时，对学校的办学成果给予了充分肯定。王晓旭校长也在 2009 年被河南省委组织部评为河南省优秀共产党员、被省教育厅评为河南省教育系统优秀工作者。

一、管理思想

学校根据民政行业与河南省经济和社会发展的需求，按照中等职业教育内在规律和发展趋势，深入贯彻《国务院关于大力发展职业教育的决定》和全国职业教育工作会议精神，结合学校情况，在 20 多年的发展道路上探索出了一套独具特色的管理思想。具体到民政服务与管理专业的建设上，表现为立足民政、开放办学，在充分审视学校自身资源优势的基础上，与时俱进，适时调整专业结构，以人才培养为核心，以师资队伍建设为重点，以硬件建设为保障，进一步深化教育教学改革、提升办学水平，努力探索高素质的人才培养模式，力争把民政服务与管理专业建设成省内同类专业中的先进专业，建设成国内有一定影响力的专业，为我国民政事业和区域现代服务业培养具有"爱众亲仁"道德精神和"博学笃行"专业品质的高素质技能型人才。

二、创新举措

1. 准确定位专业建设目标，建构人才培养方案

民政服务与管理专业建设，坚持以马列主义、毛泽东思想和中国特色社会主义理论体系为指导，坚持"三个面向"，发挥特色学科优势，主动适应中国特色社会主义现代化建设对民政类技能型人才培养的要求和需要，始终坚持"以学科促专业""以科研促教学"的方针，构建新的人才培养方案，不断增强学生的知识与技能水平、竞争能力，以及综合创新能力，把民政服务与管理专业建设成省内同类专业中的先进专业。

2. 优化师资队伍结构，提高教学水平

近年来，民政服务与管理专业一直把师资队伍建设放在十分重要的地位，不断加大师资建设力度，通过多种措施优化教师队伍的整体结构，提高

教师的政治素质、教学业务水平、科学研究水平和师德风范。学校为优化师资队伍结构，有三大举措。一是通过引进、选拔培养、储备等方式，改变民政服务与管理专业"双师型"教师数量不足、学历不高的状况，保证了本专业有足够专业水准的教师。二是积极培养骨干教师，重视骨干教师和学术梯队建设，并创造条件让教师参加各类培训，获取各种职业资格证书，以增强、拓宽教师的专业知识提高执教能力，满足专业发展需求。三是加强对教师科研能力的培养，着眼于高起点、高标准、高要求，重视教师的科研学术水平的提高，并努力提升民政服务与管理专业教学的科研学术含量，做到教学与科研的良性互动，促进教师理论水平和科研能力的提高。

3. 整合优化课程体系，深化教育教学改革

（1）课程建设：根据民政服务与管理专业建设目标，学校修订完善了人才培养方案，在制订新的人才培养方案过程中，遵循专业内在教学规律和人才培养规律，对民政服务与管理专业课程进行集成、调整和优化，形成了比较完善、稳定的课程体系。

（2）教材建设：民政服务与管理专业一贯重视教材建设，鼓励有丰富教学经验的教师编写有特色、符合教学改革要求的优秀教材。同时，学校要求各教研室在各课程选用教材时做到科学选用、评估，有规划，有措施。

（3）教育教学改革：根据中等职业教育发展的新形势，学校积极深化民政服务与管理专业教育教学改革，全面提高教育教学质量，努力在人才培养上形成特色，创造优势；坚持教学改革、建设、管理齐抓并举，整体推进，改革与建设并重、研究与实践并重，整体设计、突出重点、统筹整合、互动协进。

（4）实践教学：民政服务与管理专业十分重视学生的实习工作。学校针对本专业学生应具备较好的民政服务与管理相关能力的特点，在实习中强调学生的专业技能和素养，培养教育应用型人才。学校在制订教学计划时就非常突出实践教学环节对学生的专业和学科能力的实际培训，在教学计划中有一定的课时安排，对有关课程也要求有实训的安排。通过有计划、有步骤的实习活动，学生掌握了较强的实践能力，专业应用能力也得到了提高，具备了较高的素质，进而能快速适应工作岗位。

4. 服务行业，以培训工作促进专业发展

河南省民政学校作为河南省唯一的一所民政干部培训基地、民政理论研究基地，近年来学校围绕服务行业的宗旨，坚持在现有条件下积极发展民政

学校举办民政行业培训班

服务与管理专业，并以行业培训带动民政服务与管理专业的发展。自2004年以来，学校先后举办不同类型的专业培训班100多期，培训各类人员10000多人次。特别是为迎接全国首次社会工作者职业水平考试，民政服务与管理专业的老师组成了精干的培训队伍，先后为我省十几个地区的民政系统工作人员进行考前培训工作，良好的培训效果受到了各地、市的肯定，增强了学校民政服务与管理专业的知名度和影响力。另外，经多方努力学校还先后增加了9个工种的民政行业特有工种职业技能鉴定工作，并积极推进民政行业特有工种职业技能的培训、鉴定工作。

5. 加强质量监督，规范教学管理

学校一方面建立健全民政专业教学质量督导和评价体系，实行"三督导"。利用课前督导、课中督导、课后督导实现对课堂教学质量全过程的督导；从实践态度、实践内容、实践方法、实践效果四个方面进行督导，避免实践教学走过场；通过督导评教、同行评教、学生评教、教师自评等评教方式和督导评学、同行评学、授课教师评学、学生自评等评学方式对教学质量进行评价；另一方面建立健全教师管理制度。通过完善教师考核办法，制订教师奖励、批评措施，树立正确的育人和服务理念等，进一步规范教学管理，为教学质量的提高提供制度保障。

实践应用

自学校成立以来，作为特色专业和主干专业的民政服务与管理专业，随着社会的不断发展，国家用人制度的改革，以及国家教育政策的变化和职业教育的不断推进，学校先后经历了探索起步、不断发展、发展壮大、遭遇挫折、面临挑战等时期。

1983年，河南省民政干部学校（学校前身）成立，其主要职能是通过多种形式培训全省各级民政干部和职工，主要是开展民政业务知识培训。1984—1986年，学校先后派出民政业务教师到全省有关市县对民政干部和职

工进行民政理论知识短期培训，共培训各级各类学员2000余人次，获得了全省民政系统的好评。

随着民政事业的不断发展壮大，民政干部队伍年龄偏大、文化水平偏低、业务能力偏差的现象日益突出，这已不适应民政工作发展的需要，民政干部和职工急需通过专业培训和学习来适应新的工作需要。同时，民政工作更需要一批具有一定理论知识和实践技能的专业人才队伍。为此，河南省人民政府于1986年4月批复河南省民政厅同意建立河南省民政学校，进行正规学历教育，性质为全日制普通中等专业学校，设置民政管理专业，面向社会招收初中毕业生，学制3年。从此，河南省唯一一所民政中等专业学校正式成立。

1987年，经过上级批准，学校面向全省民政系统在职干部开始招收全脱产性质的民政专业学员100多人，为即将开始的普通学历教育奠定了基础。

1988年，经过上级批准，学校第一次面向全省从高考学生中招收民政管理专业学生51人，学制2年。同年，学校继续招收干部班和职工班学员100余人，其中，由宁夏回族自治区的32名干部和民政系统的30多名干部组成的民政理论专业干部班，学制为1年，该班学员毕业后颁发与郑州大学合作办学的大专结业证书；面向全省民政系统事业单位和企业单位招收的50多名学员，学制为2年，均为脱产学习。

1989年，学校继续从高考学生中招收60余名民政管理专业学生，同年停止招收干部班和职工班学员；1991—1993年，学校开始面向高考学生扩大招生，设立了2个民政管理专业班，学生近100名，使得当时在校正规学历学生突破200人，达到历史新高。由于第一届民政管理专业毕业生分配形势好，大都被分配到各市县民政系统，再加上毕业生在工作岗位上发挥的巨大作用产生了积极影响，社会强烈要求学校多培养专业人才，以满足民政工作的需要。1994年，经过上级批准，学校继续扩大招生规模，共招收民政管理专业学生3个班，共计154人，使得民政管理专业学生在校人数突破260人，这是学校建校史上民政管理专业在校生最多的一年。1995年，学校进一步扩大招生规模，当年招收学生400余人。在招收的400多名学生中，民政管理专业学生为100余人，同年开始招收初中毕业生；1996—1998年，学校每年招收民政管理专业学生100余人。

随着教育体制改革的不断深化，经济体制下的毕业生分配制度不复存在，根据当时的国家政策规定，从1998年开始对入校的大中专院校的学生实行教育并轨，采取自主择业与学校推荐就业相结合的分配形式，国家不再统包分配。同时，公务员系统实行逢进必考，最低文凭为大专学历，中专生不得进入公务员系统。这一政策的出台，影响了学生报考民政管理专业的积极性，1999年民政管理专业的发展遇到了前所未有的挫折。2000年，民政管理专业更名为民政服务与管理专业。此后几年，民政服务与管理专业招生人数都在两个班左右。

王晓旭担任学校主要领导时，学校开办的专业多是民政类的，招生和就业都不是很好。经过1个多月的调研后，他发现影响学校发展的诸多问题，特别是作为一个有着丰富实践经验的民政干部，对于民政服务与管理专业的发展状况深感痛心。于是，他决心改变学校的状况，为民政行业院校发展、为民政类专业发展作出自己的贡献。

王晓旭校长在第一次全校教职工大会上提出，学校要生存、要发展，唯有改革、创新；必须立足民政，面向社会、面向市场办学，强化内部管理，深化教育教学改革。接下来，他不辞辛苦到先进院校考察，深思熟虑后提出了"用民政的理念办教育，用经营的理念办学校"的办学理念。他深知一所学校办学理念是整个学校运作的基础和原动力，也是一所学校办学能否成功的关键。作为民政干部，民政的理念中"以民为本"和"助人自助"这两种思想对他影响至深。他认为，"以民为本"体现在办学过程中就是要做到以学生为本，德育为首，把教会学生学做人和学技能有机结合起来，注重学生的全面发展；办学要做到以教师为本，师德为先，全方位提高教师的思想道德水平、业务水平、科研能力。这不仅是职业学校贯彻党和国家教育方针的基本体现，也是现代化建设对新一代劳动者的基本要求。"助人自助"就是学校教育不仅要教给学生知识和技能，更重要的是要教会学生如何在工作岗位中运用这些知识和技能、如何增强自身能力以适应社会对技能型人才的需求。在把民政理念融入办学思想的同时，他对职业教育的研究还得出了一个结论，即在市场经济条件下，办学理念既要是正确、科学的，又要顺应时代潮流，具有前瞻性。他发现大多数公办职业院校体制陈旧，机制不灵活，办学模式单一，已远远满足不了社会的需求。今后学校只有摒弃陈旧的办学观念，引入全新的办学理念，以开放的态度来对待教育教学质量的管理，注重教育成本、投入产出，注重资源的利用和开发，注重教育教学的效益，才能在众多的职业院校中站稳脚跟，形成自己的特色。换句话说，学校发展要有经营的理念，就是要把学校作为市场主体来经营。学校是一个双重经营者，一方面学生是顾客,是消费者,学校向学生提供教学和管理,如果学校的教育服务能够满足学生对专业技能学习的期望的话,那么就会提升学生的满意度;另一方面,学生又成了产品,用人单位是顾客,学校向用人单位输送技能型、实用型人才,如果学校培养的学生能够满足用人单位对技能型人才的期望,那么就会提升用人单位的满意度。只有这样,学校才能在激烈的竞争中生存下来,继而发展壮大,创造出优秀的教育品牌为经济社会发展服务。

随后,王晓旭校长又多方考证,提出了"进德 修业 忠信 自强"的校训。"进德修业"语出《周易·乾》,意思是说有学问有修养的人要不断进益道德、营修功业、德业并举。"忠信"出自《论语·卫灵公十五》:"子张问行。子曰:言忠信,行笃敬。"意思是说话要忠诚守信,行为要敦厚恭敬。"自强"语出《周易·乾》:"天行健,君子以自强不息。"意思是说君子处世,应像天一样力求进步,刚毅坚卓,奋发图强,永不停息。

"进德 修业 忠信 自强"的基本内涵是:进益道德、营修功业、诚恳厚道、正直坦率、开拓创新、奋发有为,使自己成为一个全面发展的人。作为校训,这是学校所确立的办学之志,是学校莘莘学子所确立的成才之志。无论教师还是学生只有本着这样的理念,个人才能成功,学校才能发展。事实证明,这个校训简洁、生动、明确,有学校个性,有激励和导向作用,营造了对教职工具有凝聚作用、对学生具有陶冶作用、对社会具有示范作用的优良校风、教风和学风。

确定了学校的办学理念和校训后,王晓旭校长又开始着手转变办学观念,创新办学模式,更新管理理念,全方位打造育人平台。

一、转变办学观念

第一,以市场需求为导向,科学设置专业。学校立足办出中职特色,形成了新的专业建设思路,一方面紧密结合当地经济发展、社会发展和产业结构调整,增设新专业和调整专业方向;另一方面下大力气形成学校的特色专业,特别是民政类专业。为此,学校有三大举措。一是以市场需求为导向,加大专业调整和联合办学的力度,形成了多层次、多形式的办学格局。学校遵循市场规律先后增设了酒店管理与服务、服装设计与制作、电脑艺术设计、装潢设计等热门专业。二是通过联合办学方式,增设了机电一体化、移动通讯、电控机控、酒店管理等专业。三是坚持服务于民政事业,对民政类专业进行了全面改造,突出民政职业技术,增设了选举技术及应用、假肢与矫形技术、陵园设计与管理、社区康复等专业，新增专业总数达 15 个。

第二，以社会需要为中心，深化教育教学改革。一方面，课程设置强调为社会服务，即社会对人才知识结构有什么样的需求，学校就确立什么样的课程体系；另一方面，课程设置应强调个性教育，强调为学生服务。学校围绕这两个方面大力推进教育教学改革。一是理清了教改思路，专业围绕市场转、教学围绕企业转、办学围绕就业转。二是改造了课程体系，大幅度调整了理论课与实践课的比例，突出实践技能。三是按市场需求配置教学资源，培训实习指导教师，购置实训设备，建设实习实训基地。四是强调因材施教，针对不同的学生采取不同的培养方式，注重学生个性的发展，调动学生的积极性，促进学生全面发展。

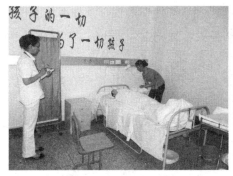

民政类专业学生在考试

第三，以能力培养为核心，不断提高学生的竞争力。向社会输送具有较高技能水平及较高职业素质的应用型人才是职业教育追求的目标。为此，学校加强实践教学，突出能力培养，实行教学活动与生产实践、社会服务、技术推广紧密结合。一是通过案例教学、情景教学、项目教学等方式改进教学方法，强化了技能训练，增强了学生实践应用能力，取得了很好的效果。二是将学生的校内实习与校外实习、仿真模拟实习与带薪上岗实习相结合，强化学生实践能力的培养。三是实行"一证多证书"制度。学校设有国家职业技能鉴定所，近年来增加鉴定工种 9 个，在校生均可以拿到"双证"，从而增强了学生的就业竞争力。

二、创新办学模式

第一，学校加大联合办学力度，提高办学效益。联合办学，既有利于职业学校充分利用合作单位的资源，又能满足社会及学生对职业教育的不同需求；既带动了招生工作，又有利于校企之间的了解与沟通；既提高了学校的经济效益，又确保了社会效益的实现。近年来，学校在联合办学方面取得了一定的成绩：一是与高校联办，形成中等职教与高等职教的相互衔接。学校与省内高职院校实行了"3＋2"模式的联合办学，并成功地以此拉动了招生工作。二是实行校企联办，通过与青岛海尔、苏州达方、江苏常熟波司登等企业实行"定单式"人才培养，使学校在教学计划、行业岗位认证方面得到联办单位的指导，提高了职业教育的针对性。三是与北大青鸟、深圳智邦和天津一轻校、旅游学校、红星中专实现了校企、校校合作，实现了很好的社会效益。

第二，学校加大基础设施投入，确保发展。为了使学校的基础设施更符合职业教育发展的需要，近年来，学校先后对基础设施进行了针对性改造，以确保学校的发展。一是根据专业教学和现代化教学手段的需要，学校用争取到的中央和省财政支持的 260 万元建成了一个国家级计算机实训基地，新增 400 多台计算机，购置了 360 套电脑桌椅，完成了1000多套各类设备的接收、验收任务，新建机房 7 个，使学校目前有 11 个机房供教学使用，这极大地改善了学校计算机教学的办学条件，使得学校计算机教学条件在目前中职学校中名列前茅，进一步增强了学校的实力与竞争力，为下一步扩大学校中职教育规模奠定了坚实的基础。二是学校拥有 40 台全自动缝纫机和锁边机的服装制作实验室和一个画室，为培养学生的动手能力提供了可靠的设施和场所。三是学校先后投入 800 多万元，对学校大门、教学楼、学生公寓、图书馆、培训楼进行了改造，连年对学校教学楼、宿舍楼、实验楼进行全方位的粉刷，从而使学校环境得到较大完善，学校的面貌焕然一新，学校办学条件进一步改善。

第三，学校狠抓招生就业工作，扩大就业规模。近几年，学校狠抓招生、就业工作，学校办学规模逐步扩大，重点开展了以下五点工作：一是明确目标。学校根据生源情况、毕业生就业情况、学校办学条件确定招生计划，提出工作目标。学校调动积极因素，主动出击，稳定和发展学校的招生网络，并以招生为突破口带动学校的全面发展。二是制订适合实际的招生政策。新政策充分调动了各方力量，发挥了广大教职工的积极性，在学校形成了全体教职工人人宣传招生、人人参与招生、人人支持招生的局面，确保了招生任务的完成。三是加大宣传力度，提高学校的知名度。为此，学校积极利用学校网站进行宣传，制作了各种宣传海报、彩页，参加省教育厅组织的职教"直通车"活动，利用各种形式向毕业生和家长宣传学校。同时，学校紧跟国家政策，及时调整宣传内容，提高了学校的知名度。四是落实就业，狠抓保障。学校重点开展了以下几点工作：实习就业区域由原来的以外地为主改为以本地为主；更加重视就业前指导和就业后期跟踪服务；鼓励学生自主择业，同时与到校报到的学生随时签订就业协议，取得了良好效果。五是联合办学，提升品质。学校和天津红星职专、第一轻工业学校以及青岛黄海学院联办移动通讯专业、机控电控专业、机电一体化专业和旅游外事专业，联办北大青鸟班，提升学校的专业内涵和品质。

第四，加大"双师型"教师队伍建设，提升学校的实力。只有建立与职业教育相适应的教师队伍，才能确保学校不断提高竞争力，从根本上保证学校的可持续发展。学校通过引进、选拔培养、储备等方式，改变学校"双师型"教师数量不足、学历不高的状况，保证了有足够专业水准的教师。同时，学校积极培养骨干教师，重视骨干教师和学术梯队建设，并创造条件让教师参加各类培训，获取各种职业资格证书，以增强、拓宽教师的专业知识，提高其执教能力，以满足职业教育需求。学校加强对教师科研能力的培养，通过科学研究的实践，以促进教师理论水平和科研能力的提高。另外，学校落实职称评聘制度，克服在职教师职称晋升中的论资排辈，引入竞争机制，加强聘后管理、聘后考核，逐步形成了能上能下、能进能出，充满生机，富于活力、公正合理的职称评聘制度，使每位教师都有积极向上的工作态度。

学校学生参加河南省教育
系统庆祝建国 60 周年大合唱比赛

第五，加强学生管理，塑造文化。学校坚持用民政的理念为学生服务，重视校园文化建设工作。一是实行校领导包班、带班制。每个班除了配有专门的班主任外，还明确了一名校领导包班，以便学生有什么问题能够得到及时处理。二是抓好班主任队伍管理，对班主任工作进行量化考核，定期对他们进行培训。三是大力开展有益于学生身心健康的校园文化活动。学校先后组织学生开展了辩论赛、拔河比赛、歌唱比赛、绘画比赛、专业技能比赛、听专家演讲等活动，陶冶了学生的情操，丰富了学生的课余生活，激发了学生的积极进取精神，营造了校园健康向上的良好氛围。四是主动帮助贫困学生完成学业。学校在经费紧张的情况下，坚持对优抚对象子女、残疾人子女、城镇低保家庭的子女实行减免一半学费的政策。自 2004 年以来，学校开展了慈善助学活动，通过减免一半学费的办法，在全省范围内招收 150 名贫困学生入学，同时还从驻马店、信阳等地"阳光家园"中招收符合中专条件的艾滋病致孤青少年入学，免费资助他们完成中专学业。

第六，广泛开展民政系统培训和职业技能鉴定工作，服务行业发展。学校围绕服务行业的宗旨，近年来坚持在现有条件下发展民政职业教育，突出民政职业技术，并以行业培训带动民政职业教育的发展。

第七，加强学校自身建设，推动学校的发展。一是加强领导班子建设，学校倡导求真务实的作风，要求领导班子树立正确的世界观、人生观、价值观、权力观、地位观和利益观。一切从实际出发，做好本职工作。二是制订、完善各项规章制度，保证学校各项工作有章可循，实现各项管理的科学化、规范化、制度化，提高学校的整体管理水平。三是加强团队意识培养。学校连续 3 年对全体教职工进行户外拓展训练，拉近了老师之间的距离，增强了团队的凝聚力，培养了教师的集体荣誉感。四是落实党风廉政建设责任制。学校严格执行四大纪律、八项要求，强化监督制约机制。认真落实"收支两条线"规定，严格按规章制度办事。五是依法开展工会、团委、妇女、老干部工作。学校大力支持工会、团委、妇女、老干部按照各自的章程、法规，积极开展工作，落实好全校教职工的体检、计划生育、老干部"两个待遇"等工作。

三、更新管理理念

王晓旭校长通过对先进院校的考察论证，结合学校实际，提出了新的管理理念，即构建"七大"管理体系以规范办学行为。

1. 教学教改体系

根据中职教育的现状和要求，中职教育将由数量增长转向内涵发展，教学质量已成为一所学校发展的生命线。因此，要牢固树立质量是生命线、人才培养是根本任务、教学是中心工作的理念，建立教学教改体系，努力提高办学质量。

一是建立结构合理的、以就业为导向的课程体系。课程是教学教改体系的核心要素，课程问题是教学教改体系的核心问题。目前大多数学校使用的三段式课程体系，使得就业导向教学模式推行起来非常困难。依据就业导向的指导思想重组课程体系，是有力推进就业导向教学模式的关键环节。首先，要围绕实用性、职业性和生活性建立多元化的普通文化课程体系；其次，要根据职业岗位要求重组专业课程体系，突出工作过程在课程体系中的主线地位，以工作任务为中心，培养学生关注工作任务完成，而不是关注知识记忆的习惯。二是建立健全教学质量督导和评价体系。学校结合自身特点，实行"三督导"。三是建立健全教师管理制度。

2. 招生体系

招生工作是中职学校生存和发展的基础，学校的招生工作在经过了多年的探索后逐步走上正轨，但由于基础薄弱，再加上中职学校之间的竞争越来越激烈，特别是经济危机对就业的冲击和初中毕业生明显减少的现实，使学校面临机遇和挑战的双重压力。结合实际，学校明确了工作思路，把握了以下几个关键环节。

一是加强成本核算和市场调研，优化专业结构。学校近几年制订的联合办学模式是在当年的形势下作出的正确选择。如今，根据新的情况必须在现有联合办学的形式、内容、专业等方面进行优化，以达到增加效益和可持续发展的目的。

二是进一步完善招生工作制度，提高生源质量。通过完善制度，学校建立完善、长效招生工作机制，建立稳定的生源基地，以保证稳定的生源数量。同时，力争在学校办学条件、师资队伍、设施设备、专业结构的支撑下，依靠教学质量和就业优势，吸引高质量生源，使学校发展步入良性循环的轨道。

三是采用多种形式，拓宽招生渠道。抓住机遇，在现有招生渠道的基础上，可以向招生先进的兄弟院校借鉴经验，开辟新的招生渠道。学校要通过面向外省市招生、举办成人教育学历班及招收高考落榜生等方式，积极化解招生难题。

3. 就业体系

"出口畅"才能保证"入口旺"，对此王晓旭校长有足够的认识，他把就业工作作为学校的重点来抓。

一是加强就业指导，让学生树立正确的就业观。学校通过给学生讲解实习就业政策、就业形势、就业协议使用办法、择业的心理准备、基本原则等方面的知识以及就业心理调整办法等转变学生的实习就业观念，使学

学校组织学生实习就业推荐会

生树立"先就业、后择业、再创业""先上岗、再发展""自主创业、自立自

强"的就业观，鼓励学生从被动就业转向积极就业。

二是积极做好毕业生服务工作，保证学生顺利就业。学校通过为学生广泛收集、提供用人信息，召开双向选择现场招聘会、安全护送学生到达用人单位等形式，全心全意为学生做好就业服务，使学生的就业渠道更加畅通。

三是做好毕业生就业跟踪调查工作。学校通过发放《毕业生跟踪调查表》、电话、去函咨询等形式及时了解学生就业的状况与问题，及时了解用人单位对学生工作情况的反馈，从而及时改进教学、管理方法，适应用人单位的需要。

4. 学生管理体系

学生是学校的主体，建立高效的学生管理体系对于维护学校正常教学秩序、保证学校正常运转具有十分重要的作用。

一是树立人本管理意识。以人为本，树立管理就是服务的意识，学校针对学生的生理特点、心理特点、能力特点、生活环境特点制订适宜的管理方式，以管理工作提升学生的自信心和自尊心，促使学生能得到全面发展。

二是完善"五个管理机制"。第一建立全员育人机制，第二建立问题学生集中管理教育机制，第三加强学生德育教育机制，第四加强"学校、社会、家庭"三位一体的信息沟通机制，第五建立学生全面发展机制。

三是注重和加强"四个建设"。学校通过加强学生管理队伍建设、班主任队伍建设、学生会干部队伍建设和学生管理工作制度建设，提高综合管理学生的能力。

5. 后勤服务体系

学校后勤管理和服务工作在学校全局工作中有着不可替代的作用，要建立完善的后勤服务体系，关键在于观念的创新。

一是管理创新。通过解放思想、开阔视野、率先学习等方法关注校内外后勤管理的最新发展动态，积极借鉴兄弟院校的先进管理经验，不断实现自身的管理创新，进而推动后勤服务的全面建设和发展。

二是经营服务。通过经营服务赢得学生、家长、社会对学校的好评。学校要做到"三坚持"，追求"五转变"，即坚持"以人为本，注重实效"的原则、坚持"服务于学校大局、全局"的原则、坚持"以教育教学为先"的原则，追求被动服务向主动服务转变、生硬服务向热情服务转变、简单服务向科学服务转变、单一服务向育人服务转变、面向校内服务向全方位服务转变。

三是集约服务。通过加强后勤服务改革，特别是深化后勤社会化、企业化改革，提高学校有限资金、资源的使用效率。

6. 行业培训体系

作为职业学校，服务行业是我们的一项重大任务，也是我们与民政系统联系的纽带，建立行业培训体系，意义重大。

一是以"面向市场、服务行业"为宗旨，坚定不移地做好民政行业培训。学校以国家大力推进社会工作专业人才队伍建设为契机，贯彻落实民政部"十一五"民政干部培训计划，切实提高我省民政工作者的社会工作专业知识和民政理论知识，发挥学校作为河南省唯一的一所民政干部培训基地、民政理论研究基地的作用。

二是开辟新的培训项目。学校在巩固现有面向社会培训项目的基础上，灵活多样地拓展培训业务，自主开办各种社会培训班，做到长期培训与短期培训相结合，"请进来"与"走出去"相结合。既获得了可观的经济效益，又增强了学校自主办学的活力以及在竞争中求发展的能力。

7. 综合保障体系

用经营理念管理学校，必须用经营理念建设综合保障体系，即用经营的理念抓好"两支队伍"，管理队伍与教师队伍。

一是建立管理者队伍。这支队伍既是学校的管理队伍，也是学校的经营队伍。他们不仅要做好学校的管理工作，也要像一个企业的企划部、市场的开发部那样，本着经营的理念，经营生源与就业市场、经营老师、经营学生、经营各种资源和设施设备、经营各项收入和支出，实现办学效益最大化、最优化。

二是加强师资队伍建设。第一是抓好"三个结构"的建设：合理的职称结构，合理的文化课、专业课、实验课教师比例结构，合理的学历、经历结构。第二是建立健全教师管理制度。完善职业教育教师准入制度、聘任制度、健全和强化教师考核制度，实行有效的分配制度。第三是加强"双师型"教师队伍建设。注重"双师型"教师的引进和聘用，同时积极创造条件，促进专业课教师向"双师型"教师转化。第四是充分利用校企结合，让教师到企业中参与生产实践与管理，同时从企业中聘请优秀技术人员和管理人员到学校指导工作和任教，实现书本知识与实用技术的有机结合，提高教师素质。

经过王晓旭校长的一系列改革和创新，在全校教职工的不懈努力下，学校不断发展壮大，学校办学条件不仅得到了很大改善，而且基础设施也不断得到完善，招生人数屡创历史新高，专业设置日趋合理，师资队伍日益强大，校园育人环境更加美化，学校综合实力明显增强。

如今，随着民政工作对在职人员素质要求的不断提高以及社会工作受到党和国家的高度重视，2008—2010年3年时间，学校招收的民政服务与管理类学生人数都有所增加。学校也加大了对民政服务与管理专业的建设力度，王晓旭校长与民政服务与管理专业教师进行研究讨论，确定了今后专业建设的方向和相关事宜。相信随着各方面工作力度的不断加强，学校民政服务与管理专业也将得到进一步发展。

民政服务与管理专业建设虽然取得了一定的成绩，但是与学校特色专业发展的要求尚有一定的差距，具体表现如下：

（1）专业发展如何与教学理论研究衔接，让教师运用更多的时间进行教学改革研究。

（2）教材建设有待进一步努力，要让更多有学术背景的教师参与全国性民政服务与管理专业规划教材的编写工作。

（3）教学方法和手段有待进一步改进和提高。

（4）学生的创新能力需要进一步提高。

（5）需要进一步加强与国内外高校的联系，探索合作办学的新路子，引进国外先进的教学管理经验。

为了解决上述矛盾与问题，学校还需要从以下几个方面努力。

（1）进一步解放思想，转变观念，与时俱进，开拓创新。

（2）继续加强师资队伍建设，鼓励教师在进行科学研究的同时，投入精力从事教学改革的研究，努力扩大民政服务与管理专业在全省乃至全国的学术影响和教学地位。

（3）继续深化专业教学改革思路，优化课程体系结构，进一步改善办学条件，为专业的存在、竞争和发展提供更为广阔的空间。

（4）进一步强化教学管理，促进教学管理工作的规范化、制度化建设。

（5）进一步强化软环境建设，特别是学风与教风建设，发扬传统，克服不足，以营造良好的学习、教学和科研氛围。

　　总之，民政服务与管理专业自设立起已有 20 多年，该专业在教学、科研、人才培养和社会服务等方面都取得了一定的成绩，这其中凝聚了几代学人的心血，也包含着历届学生的艰苦奋斗。在新的形势下，如何既保持、发扬本专业的优良传统，又能与时俱进，开拓本专业发展的新局面，这是我们无法回避的严峻课题，我们必须加倍努力肩负起承前启后的历史使命和责任，为实现学校又好又快发展作出应有的贡献。

　　隶属于行业或系统的职业学校有着其自身的独特性，即不仅承担着职业学校的一般教育职能，同时还肩负着行业或系统的大量培训职能，因此，学校的定位及工作的重心确定是首要问题。河南省民政学校坚持"用民政的理念办教育、用经营的手段办学校"，立足市场需求，办出了特色。

　　学校"面向市场、服务行业"，打造具有特色和竞争力的职业教育品牌，坚持以就业为导向，面向社会、面向市场办学，以适应社会发展需求。坚持在专业建设中准确定位、科学建设，不断优化师资结构，促进教师教学水平的提高。另外，积极整合课程体系，深化教学改革，有效服务行业、企业，促进专业深化发展。注重加强质量监督，规范教学管理。这些举措使学校立足民政、开放办学的特色非常鲜明。

　　另一方面，学校以市场需求为导向，形成了多层次、多形式的办学格局。坚持服务于民政事业发展，对民政类专业进行了全面改造，突出民政职业技术。学校增设的选举技术及应用、假肢与矫形技术、社区康复等专业极具行业特色，受到了各用人单位的欢迎。坚持开展民政系统业务培训和职业技能鉴定等服务，也为学校的发展开拓了更大的空间。

　　河南省民政学校的"民政＋经营"办学模式告诉我们：职业学校的专业要紧贴"市场"、依靠"政府"、服务"经济"、注重"营造"，这是职业学校建设的制胜法宝。

（胡嘉牧）

传承师范教育传统，创新专业发展形式
——湖南省常德师范学校

名校／名校长简介

常德师范学校位于素有"风景之国，文物之邦"美誉的湖南省常德市，学校肇基于 1947 年创建的常德简易师范，于 1953 年更名为常德师范学校，是一所历史悠久的综合性学校。1988 年，学校被评为全国先进中等师范学校；2001 年，学校被教育部列入《中国中等师范名校集》；2004 年，学校被评为全国重点中等职业学校；2005 年，学校被评为全国职业教育先进单位，被省教育厅确定为全省 4 个小学和幼儿园教师培养基地之一；2008 年，学校被评为省级文明单位。学校师资力量雄厚，各项专业设施齐备。

1980 年，学校首开幼师培训班；1985 年，学校开设幼师专业，后更名为学前教育专业。经过 20 多年的发展，该专业已被打造成学校的品牌专业，连年招生突破新高，在湘西北地区有较大的影响。

校长郭立纯，1958 年出生，湖南省中职数学教学研究会理事长。在他任职之初，常德师范学校一度陷入停办的困境，对此，郭立纯以卓越的胆识和超常的付出，果断实行师范教育与职业教育双轨并行，使学校步入健康发展的轨道。随后，在他的带领下，常德师范学校于 2004 年首创初等教育专业定单式培养模式。郭立纯深入一线担任过书法选修课教师，任湖南省5年制小教大专《美术选修》教材的副主编。他还担纲开展湘西北地区幼儿园师资情况调研、常德市农村小学教师队伍现状调查、环洞庭湖地区农村小学教师师资现状调研，其撰写的两份调研报告先后发表在《中国教师报》上。2003年，郭立纯被授予"常德市艰苦奋斗、勤政为民优秀领导干部"荣誉称号。

常德师范学校大门

"要当幼师，就到常德师范学校去学"，这是生活在湘西北地区的人们对学校的民间评说。学生素质高、师资队伍强、就业形势好，这是很多初中毕业生选择常德师范学校的主要原因。

常德师范学校是一所传统的师范学校，学校通过长期的师范教育实践形成了音乐、美术、舞蹈、语文、数学等在全省有影响力的重点学科，并成为全国有影响力的师范学校。在经历了1999年中师停办的震荡之后，学校为破解办学困局，迅速调整思路，找准优势点，吸收、继承了几十年师范教育的经验，并不断变革、探索专业发展的新形式。作为老牌优势专业的学前教育专业，也在课程设置、师资队伍建设、学生素质培养、发展就业市场等方面作出了一些有益探索，主要表现为"培养方案科学化，教师队伍专业化，教学管理精细化，培养环节市场化"。

第一，培养方案科学化。一直以来，以各种形式存在的中等幼儿师资教育学校主要注重专业技能，处于低水平发展阶段；专科、本科学前教育主要培养研究型人才，重理论轻专业技能。常德师范努力探索出一种既有专业技能，又有教育理论的学前教育培养模式，学校不仅建立了一整套严格的技能过关体系，而且还在教育教学上强调突出师范性，注重培养学生的人文精神和教师素质，收到了很好的效果。

第二，教师队伍专业化。师资队伍建设对于学前教育专业发展的重要性是不言而喻的，即使是最基本的"三学六法（或五大领域）"，也有近10门学前教育专业的教育类课程，一个或几个专业课教师打通关是无法保证教学质量的，结果往往是把学前教师教育等同于弹、唱、跳、画等技能训练。学校办了60余年的师范教育，代代教师的薪尽火传，为学校积累了优秀的师资力量。近年来，为了让这支队伍学历层次更高、结构更趋合理，学校一方面引进紧缺专业的高学历人才充实教学队伍，另一方面也鼓励本校教职员工提升学历层次，收到了良好的效果。同时，学校还建立了开展论文竞赛、提倡课题研究、奖励科研成果等一系列激励教师成长的机制，增强了教师专业化发展的自主意识。

第三，教学管理精细化。为了突出管理实效，确保教学质量，学校紧抓常规教学管理，一方面采取查课堂、查教案、出简报的方法，加强教学督察，规范教学秩序，提高教学质量；另一方面开展评教议教活动，建立教学意见反馈与评价机制，了解学生对教学的理性需求，做到教学相长。近年来，学校成立了学术督导委员会，校领导随机到教室听课、评课，学生对课堂的满意度持续增长。学校各部门都增强为师生服务、为教学一线服务的意识，精细化的管理提升了为师生、家长服务的效率与质量。

第四，培养环节市场化。学校开办职业教育后，学前教育专业也在办学环节中融入了职业教育的特点，并逐步面向市场。学校成立了招生就业指导办公室，开设就业指导课，建立就业网络和工作机制。学校牵头组织成立了常德市幼儿教育协会，并组织开展了一系列培训活动，加强了与幼儿园的联系，有利于及时了解用人单位的意见与需求。

经过多年的探索，学前教育专业迎来了新的发展高峰：办学规模逐年扩大，学生人数从最初的 223 人发展到现在的1600人，几乎占到全校学生人数的一半；教学质量不断提高，建立了一支高学历的教师队伍；学生就业形势良好，每年都有逾百家单位参加学校组织的毕业生供需见面会，学生就业率达到98％以上。

一、培养方案科学化：一专多能，德能智行全面发展

近年来，学校摒弃教学方案一成不变的传统，确立适时调整的观念，多次修订教学计划；继承并完善发展学校原有的技能过关体系，加强各类教学场馆建设，开展发挥学生兴趣特长的各项文体活动；把德育工作作为学校各项工作的增长点、闪光点、动情点，加强师生之间的良好互动；组织大型教育见习、实习活动，提高学生的教学实践能力。

1. 制订学前教育专业实施性教学计划

为把学生培养成能适应现代学前教育事业发展与改革需要，能胜任幼儿园教学工作，能在托幼机构以及其他有关机构从事保育、教育、管理等工作的新型学前教育工作者，学校数次根据学科发展变化以及本地幼儿园实际需要，调整学前教育专业的课程设置。

关于学前教育专业的划分，学校的管理层出现过两种思路，一种主张向东南沿海等发达地区看齐，把学前教育专业分为保育与教育两大方向；另一种则主张学校所在的湘西北地区属于不发达地区，无论是公办幼儿园还是私立幼儿园，教师人数的配置上都远不如发达地区，因此，全科型的幼儿教师将会更受本地及周边地区幼儿园的欢迎。如果一味效仿发达地区的做法，划分专业过细，势必会导致学生毕业后"水土不服"。

为了打破种种迷思，进一步提高教育教学及教研的针对性和实效性，服务当地学前教育，学校特别成立了调研工作组，对常德市及其所辖鼎城区、汉寿县、桃源县、石门县、岳阳市平江县、益阳市安化县、张家界市慈利县、怀化市沅陵县等 10 个区县市的 70 余所幼儿园，以区县市教育局幼教专干及幼儿园园长填写相关表格、教师个人问卷、座谈与访问等方式，就幼儿园师资现状进行了专题调研。通过实地调查和对数据的统计、总结、归纳和分析，调研组写出了调研报告《湘西北地区幼儿园师资存在的突出问题及队伍建设的思考》。调研结果表明，全科型的幼儿教师更受幼儿园的欢迎。

新制订的学前教育专业教学课程被分为"四大板块"，即公共基础知识、专业核心课程、专业方向课程、选修课程，其中也包含了技能训练、综合实训、顶岗实习等内容。考虑到学生要在 3 年的时间内修完所有科目，学校适当地压缩了公共基础知识的比重，突出专业核心课程，尤其是加强了教学法的课程，特别针对幼儿园五大领域的课程内容分别开设了相应的教学论课程。学校强化了实训课程，增加学生的见习、实习活动时间，让学生有机会带着问题观察幼儿园的教学活动，使其加深对幼儿发展规律和特征的了解。学校鼓励学生培养多种特长，增强其对幼儿园教学活动的适应性。学校新制订的专业计划中，选修课得到进一步强化，音乐欣赏、外国民族舞蹈、中国画、乐器、自然科学基础、综合文学等选修课总计达 540 课时，充分满足了学生发展个人特长的需要。

2. 技能过关与技能培养

技能训练是培养学生职业技能的重要环节，是对学生进行思想教育、劳动教育和培养学生敬业精神与职业意识的有效途径，也是使学生养成良好的职业习惯的重要措施。1998 年，学校把粉笔字、钢笔字、毛笔字、简笔画、普通话确定为学生的教学基本功。随着幼儿园教育内容的不断丰富，学校增加了相应的教学基本功项目。目前，该专业已形成了一整套学前教育专业的技能过关体系，包括三笔字、普通话、讲故事、三千常用字、简笔画、手工制作、英语口语、弹唱合一、儿童舞蹈、游戏设计等 10 余项专业基本功。

学前教育专业学生练习基本功

从日常训练、集中展示到专门考核，学生的技能过关考试制度成熟，操作规范。每学期开学之初，学校相关部门提前计划学期的技能过关项目，并安排早、晚自习进行技能训练，专业课教师下班指导。以讲故事过关考试为例，该项过关考试通常安排在二年二期，由语文教研组负责组织。考前，教研组集体研究决定考核范围、考核标准，给予学生一定的练习时间。考试时由两名非原任教师担任考官，学生依次到教室抽签、准备。两名考官认真观看、倾听，记录考核表现，并在考后合议结果。未能通过的学生将再次安排补考。技能过关重在让学生掌握基本的教学技能，因此不计分数，只计是否合格。虽然这只是校内的考评，但是在严格程度上不亚于任何严肃的社会化考试，一方面采取原任教师回避制度，以保证考核结果的公平、公正；另一方面考试过程组织严谨，两名考官相互制约，坚决杜绝任何包庇过关的现象。技能过关考核的实施有利于提高学生的教学基本功，有利于好学风气的营造。

为了让学生从各自的兴趣特长出发精心修炼成才，学校努力为学前教育专业的学生搭设攀登素质高峰的通道，学校在体育、音乐、舞蹈、计算机、英语等许多方面都建有专用教室和场馆，如拥有 150 架钢琴的琴房，新建的计算机房，可容纳上千人的体育馆，具有专业特色的学生阅览室等一大批现代化高标准的教育场馆。2009 年，学校在上级部门的大力支持下，重新制订并启动校园建设规划。新规划的校园将在功能分区、环境美化与艺术化、文化内涵和教育意义等方面发生根本变化，规划修建在即的艺术楼完工后，学前教育专业的办学条件将大大改善。

学校每年都举办突出专业特色的艺术活动，让学生们一展所长，在活动中提升专业技能、实现自我。一年一度的春季校园艺术节，这场持续 1 个月的师生艺术盛宴，20 多项文化艺术活动相继登场，涉及文学、音乐、舞蹈、戏曲、演讲、美术、书法、手工、设计、教学技能等方面。学前教育专业师

学校每年举办的突出专业特色的艺术活动

生多次代表市教育局参加省级以上大型表演活动及比赛，并取得良好成绩。2007 年 10 月，受文化部的委托，应宋庆龄基金会的邀请，在台湾"中国青年大陆研究文教基金会"的安排下，以学前教育专业学生为主体的 26 名师生组成"湖南少年艺术访问团"赴台进行了为期 10 天的文化交流访问，举办了以"乐舞艺术心、欢乐民族情"为主题的四场交流演出活动，受到了台湾民众及广大青少年学生的热烈欢迎，文化交流活动取得圆满成功。

3. 德育工作

由于学前教育专业的学生毕业后大都从事幼儿教育工作，因此学生的思想道德素质显得尤为重要。学校每年通过对新生的家庭和成长背景的普查得知，这些学生大多来自弱势群体，罕有干部子弟就读，他们最大的缺失是爱的缺失。这对学校的德育工作是一个很大的挑战。学校针对如何对待学生这个德

邓萌老师与学生交流

育工作的核心问题进行多次讨论交流，最终达成"把学生当生命看，把学生当儿女看，把学生当学生看，把学生当作品看"的共识。

在工作中，班主任们保持对学生的热爱之心、奉献之诚、期许之情，尽全力弥补他们爱的缺失。学校有 24 小时及"5＋2（双休日）"全天候的援助热线，有从校长到部主任、到学生干事、到班主任的立体式援助热线，无论何时何地，有呼唤就有奔赴。师生之间的温馨故事层出不穷：一个班 41 名学生，其中 39 名来自单亲家庭，全校绝大部分是留守少年，经年累月难见父母一面，有孩子因病急需手术，父母无法及时赶到签字，我们的班主任老师义无反顾地代签。一位年轻的老师记得住每名学生的生日，并在他们生日时送棒棒糖、发祝福短信。学校成立了"中职学校班主任专业化建设研究"课题组，众多班主任老师都参与并写下了自己的亲身实践，集结成《今天，

我们这样做班主任》一书出版发行，本书所产生的效应、效益，是积极而广泛的，有的中职学校全校教师人手一本，如浙江交通技师学院和广东湛江农工商职业技术学校。

学校在活动的组织上，总是精心设计、反复推敲，力求真情感。一年一度的校运会，有盛大的开闭幕式、隆重的点火仪式，有中途插播的生日祝福歌。组织者事先对过生日的学生摸底，并安排班主任老师为小寿星献花赠书，意外盛大的祝福总是让这些幸运的学生热泪盈眶。运动会上为获奖学生颁奖的也不总是校领导或者老师，有时还会隆重请出默默无闻的校园清洁工为学生颁奖，学校通过这样的细节传达出更丰富的寓意。两年一度的"我最喜欢的老师"颁奖典礼上，都是由学生亲手授予老师奖项并发表颁奖理由，那样的场面同样会让全校师生动容。新一年度的"感动常师"先进典型的评选已经拉开序幕，校道展板上有他们的先进事迹，我们还将安排一个颁奖仪式。学校的德育工作多次受到上级部门的表彰，被市领导作为先进典型在全市进行推广。

4. 见习、实习活动

为了满足 1600 余名学生见习、实习活动的需要，学校把市城区的常师附小幼儿园、常德市第一幼儿园、文博幼儿园等 10 余所幼儿园确定为见习、实习基地。

学校在一年级两个学期中分散安排课程见习；集中见习安排在二年级一期，为期两天。学校联系见习的幼儿园分别组织学前教育专业各年级学生到各示范幼儿园进行参观、观摩等教学见习活动，见习中要求学生通过仔细观察、认真分析、翔实记录，让学生了解各级各类幼儿园的日常教学管理工作和保育工作，巩固其专业思想，促进其专业学习。

学校学生在幼儿园实习

教育实习是学前教育专业教学计划中一个重要组成部分，是本专业学生理论联系实际，培养学生职业技能的一个实践性教学环节。实习安排在第五学期，为期五周。

实习生们在原任教师的悉心指导下参与了幼儿园所有的教育与保育活动，加深了对幼儿园保育教育工作特点的了解以及对各个年龄段幼儿学习特点的认识，强化了专业意识，树立了正确的幼儿教育观与儿童观；同时通过一日活动——各个环节及教学、游戏等各类型活动的组织指导，学生在保育和教育两方面均得到有效的实践学习。实习期间，学校领导、班主任经常探望实习学生。实习结束后，教学部要对学生在实习单位的表现和实习报告进行全面考核，成绩列入学生成绩册。学校还召开总结表彰大会，评选优秀实习生、优质汇报课。

顶岗实习则安排在最后一学期，采用分散实习的形式，由实习生自行联系实习单位进行实习，实习时间为 18 周左右。

二、教师队伍专业化：学历提升和专业化研究

学前教育领域还有许多理论和实践问题亟待深入研究，因此学校鼓励教师提升学历层次，倡导在教中研究，教师专业化程度明显提高。

1. 学历提升与教师培训

2000 年，学校制订常德师范教师业务培训进修规划，提出在 3 年时间内，使 5％的教师获得硕士学位，90％的教师参加一次以上的校外业务进修，同时，学校要求教师确定个人的专业研究方向。2007 年，学校首次引进全日制硕士研究生 7 名，截至 2011 年 3 月，学校已有 40 人获硕士研究生学位，17 人研究生在读，远远超出了当初制订的目标。

为了提高学校的教育教学，提升教师的专业化水平，学校采取"请进来、送出去"的办法开展教师培训。近年来，学校已先后邀请生命化教育的提倡者张文质、翔宇教育集团总校长卢志文等专家、学者来校讲学。学前教育专业的谭芳老师、李剑虹老师先后被送到北京参加蒙台梭利、儿童美术教学法的学习。经过必要的甄别，凡一些好的研讨会和培训活动，学校都会派教师参加。学校要求，凡外出参观学习者返校后要么在校园网上发布关于学习的心得体会主题帖，要么在不同的范围内（教研组、教学部乃至全校）作报告，汇报自己的学习体会。2010 年，借与日本琵琶湖学院大学结成友好学校之机，校长郭立纯、办公室主任梁平全面参观了日本滋贺县东近江市的向日葵幼儿园，了解日本的学前教育活动开展情况，并撰文在《常德师范报》。

2. 教研写作竞赛和课题研究

当前，学前教育处于新一轮改革与发展阶段，无论是管理者还是教师都要不断吸收新的思想、新的理念、新的做法，要学会针对自己的本职工作，不断探索、不断提升。为此，学校在 2007 年将校内论文写作竞赛活动、班

主任工作案例撰写竞赛活动和读书心得体会交流活动这三项活动加以整合，命名为"教研写作竞赛活动"。"教研写作竞赛活动"是一个群众性、基础性的平台，凡本校教师本学期撰写、未发表、未外送参加评奖活动的文章都可以参评，文章形式、体裁可以灵活多样，诸如案例、案例评析、课后记、教育随笔、有特色的优秀教案、教案评析、课堂实录与评析等都可以参赛。为了以科研带动教师的专业成长，学校还制订了常德师范学校教育科研奖励办法，不仅对公开发表论文、编著教材的教师进行奖励，还对教研写作竞赛的优胜者予以适当奖励，3年来学校的此项花费近30万元。

在这样的氛围下，学前教育专业教师迅速成长，3年来共发表论文或作品近百篇，主编或参编了《幼儿园管理》《形体训练》《音乐基础》《中职语文》《幼师英语》等多部教材，指导学生获得市级以上多项奖励。2011年，为了让学前教育专业的科研水平再上一个台阶，学校领导多次在学校教职工大会上倡导草根式课题研究，邀请省、市专家指导课题开题报告撰写，并设置校级课题资助教师研究，教师申报课题的热情十分高涨。

3. 教研组建设

注重团队合作是常德师范的优良传统之一，从教师团队来说，最基础的团队就是教研组，学校的教研组建设已经初见成效了。2007年学校出台了《关于加强教研组建设的意见》，加强教研组常规建设，教研组长不再由上级任命，而是公开选拔，大力改善教研组软硬件设施，完备各种制度，加强教研组文化建设，划拨专项经费，努力改善教师的工作环境。为加强教研组考核，2008年学校又出台了《教研组目标管理考核办法》，对确定的各项目标进行细化、量化，并规定年终考核被评为优秀教研组的组长为本年度的优岗，这极大地调动了教研组组长的工作积极性。

另外，学校在每个教研组设置了一名教科信息员，教科信息员主要就课题研究的开展、教科研理论的学习、教研活动的策划等方面适当地加强学习培训。学校鼓励教研组的教科信息员以创新者的姿态去工作，进而影响同组教师。学校要求教科信息员要成为教研话题、教研课题的催生者，打破学科界限，打破教师之间的各种隔膜，加强信息资料的收集、整理工作，及时掌握本学科教学改革的动向、发展趋势和最新研究成果。目前，与学前教育相关的多个教研组以课程为基础，以课题研究为载体，进行了多个与专业相关的课题研究，初步展现了教研组建设的成果。

4. 成立幼教协会

2006 年，常德市教育学会幼儿教育专业委员会在本校成立，首批会员单位 55 个，副校长杨瑞桥当选理事长，由分管学前教育专业的教学部负责专业委员会的日常工作。协会成立以来，共出版 3 期《常德幼教》杂志，举办论文评选、园长培训、骨干教师培训、奥尔夫音乐培训等多项活动，共计培训 600 余人次，并多次参与市级示范性幼儿园评估工作。2011 年，幼教协会将更好地发挥行业指导作用，举办全市幼儿园教师的教学比武，更有针对性地开展教师培训，指导教学实践，让我市幼儿园教育教学活动更符合幼儿的身心发展，逐步提高教师教学水平。

三、教学管理精细化：加强督导，提升服务品质

学校除了进行查课堂、查教案、出简报、开展评教议教活动等常规教学管理外，还探索实施了新的教学督导工作方式。此外，学校开展管理人员的"三新"活动，加强为教学一线服务的意识，提高工作效率，经费向教学一线倾斜，细致贴心的服务得到了师生、家长的好评。

1. 课堂督导

"今天的学校最深刻的危机在于失去了教师自身作为专家的相互合作、共同成长的据点。"（佐藤学《静悄悄的革命》）这句话一针见血地指出了当今教师的生存状态。只有当"合作性同事"关系建立起来后，学校的改变才有可能。而这种同事性关系只有在所有教师都开放教室，互相观摩教学、互相批评时才能构建起来。学校为提高课堂教学水平，先后成立了教学督导小组和学术督导委员会，聘请本校退休教师、学校领导、部主任、学科带头人担任督导员，听课、讲评。委员会还制订了《常德师范学校教学督导暂行条例》（以下简称《条例》）和学期工作计划。《条例》规定，每位成员必须履行督查教学常规的落实情况、教学任务的完成情况、定性评价教师的课堂教学质量等职责。"每学期至少听每位教师一堂课"是学术督导委员会的工作目标，督导员中校级领导每人每学期听课不少于 10 节，教导科、教学部领导每人每周听课不少于 2 节。学校根据实际情况不定时召开教学督导例会，总结、调整、安排相关工作，对重点问题组织专门商讨和研究，并要求会议要有记录。

课堂教学督导致力于"敲开教师的心门"，为了能让教师们愉快地打开教室的大门，督导员在听课过程中要充分尊重教师的专业自主权、树立"教

师是课堂管理的第一责任人，教室是教师专业自主权的表现之所"的观念，并做到"督导员要在上课铃声结束之前进入教学场地，听课时不要接打手机"。

督导组对青年教师主要在技术分析方面提出建议，对中老年骨干教师主要在理念更新方面提出建议。技术分析是指使用摄像等技术手段分析课堂教学，教导科将提供这方面的便利，教师做好准备工作之后，联系电教人员到微格教室摄录一节课或片段，自行或请人观摩分析，可以对自己的教学技能等各个方面有所发现，简单、方便、实用。期末，每位督导员交一份听课总结或者感言，长短不限，以促进督导员与教师之间的良性互动。

2. 树立为师生服务的理念

学校近年来提倡精细化管理，精细化管理就是使组织管理各单元精确、高效、协同和持续运行，提高管理质量。它的终极目标是要各部门以高效、优质的工作为师生服务，为家长服务。

科室人员开展了"三新活动"——倡导新作风、树立新形象、创造新业绩，活动取得了显著的成效，科室面貌焕然一新，工作人员服务意识、自律意识得以提升。在资金紧张的情况下，学校严格执行部门经费包干制度，压缩行政开支5％向教学一线倾斜，为教师购置了必备的文具、教学用具。新生报到、毕业生离校，学校简化手续办理程序，提高工作效率。每年的8月是新生报道的日子，学校不仅在各市区各大车站安排接站人员，还为远道而来的家长提供休息场所，一个盒饭、一把休息椅、一张家校联系卡，让在外务工的家长安心，赢得了家长的认可与称赞，增加了学校的美誉度。

四、培养环节市场化：供需见面会和回访顶岗实习学生

1998年，学校成立招生就业指导办公室，到2002年，就业网络和工作机制已经基本成熟，毕业生的就业率达98％以上。此时，"以服务为宗旨，以就业为导向，面向社会，面向市场"的职业教育办学指导思想在全国职教会上进一步确立。

学校在学前教育专业开设了就业指导课，还邀请部分有影响力的企业来学校讲课，为毕业生举行模拟招聘会，将学生的面试表现录像，让学生在实践中改进不足，效果明显；大力开展就业指导咨询，并经常与毕业班学生促膝谈心；开展就业倾向调查，了解毕业生的就业意愿。学校通过多种形式的活动，对毕业生及时进行就业形势、政策和程序的指导，同时加强了在需求

信息、就业技巧和就业观念等方面的指导，引导毕业生树立正确的择业观、降低就业期望值，使其积极做好就业前的思想准备和心理准备。同时，学校积极联系用人单位，并与省内外多家单位形成合作关系，仅 2010 年就联系用人单位 80 多家，考察合作单位 40 余家，达成合作意向单位 30 余家，进一步为学前教育专业的学生开拓就业市场，保持了多年的高就业率。学校还经常举办各种供需见面会，主动为用人单位和毕业生提供全方位服务，以做好桥梁工作。

1. 校园供需见面会

2010 年，学校举行了幼儿教育专业毕业生专场招聘会，共有 60 多家幼儿园到会，提供了近 200 多个幼教岗位。2011 年，学校在 2011 届幼师毕业生供需见面会上发放 100 多份邀请函，组织了 120 家大型幼教机构来校招聘幼教人才，其中包括深圳晶晶国际幼教集团、广州同仁教育集团、长沙诺贝尔摇篮幼教集团等大型知名教育机构。供需见面会的前一天晚上，学校大礼堂舞台举办了"'我们在路上'2011 届毕业晚会"，观看演出的各市县教育局领导、幼儿园园长纷纷表示：常师的学生太有才华了，我们就需要这样的学生！供需见面会当天，现场人头攒动，热闹非凡，120 家幼儿园应邀而来，1600 个岗位虚位以待，292 名学子各展风采。汉寿县、澧县等 6 个区县教育局特别组团为本县各幼儿园招聘教师，安乡县教育局的招聘席前挂出了醒目的宣传牌：招聘 40 人，择优录取 10 人并解决事业编制。随着社会各界对幼教事业的重视，幼师专业毕业生的薪资看涨，广州同仁集团、长沙诺贝尔摇篮集团等大型集团开出了最高为 3500 元的月薪。据招生就业科统计，90％的学前教育毕业生与用人单位达成了就业意向。

2. 回访顶岗实习学生

近年来，学校毕业生的初次就业率都在 98％以上，在全市的中等职业学校中名列前茅，还被评为湖南省毕业生就业工作先进单位。这些成绩的取得，与学校对就业工作的重视是分不开的。学校每年都会选派领导、专职教师、班主任、学生管理干事对用人单位进行回访，同时对顶岗实习学生和毕业生进行跟踪调查。跟踪回访工作是毕业生就业工作的一项重要内容，也是学校的优良传统。学校可以通过组织有经验的就业指导人员到经常联系的企业进行回访，交流用工信息，还可以通过有成就的校友利用自身的资源，为母校的毕业生提供就业岗位。

在回访中，用人单位对学校顶岗实习生和毕业生给予了充分的肯定，对学校的顶岗实习生和毕业生回访活动表示热烈欢迎。用人单位普遍认为学校的毕业生有自己的特色，综合素质高，能够很快适应工作，大多数实习生、毕业生都能够在一定的时间里独当一面。

经过多年的专业积淀和近年来的变革创新，该校积累了一些优势和好的做法。

一是教师队伍的建设成绩较为突出。虽然该校只是一所中职学校，但是在教师队伍建设方面具有前瞻意识，学校的师资队伍建设走在了很多同类学校的前面。学校鼓励在职教师提升学历时下了很大的决心，采取了一系列举措，如取得学位后给予一定的奖励，攻读学位时在工作量上给予照顾。教师们认为提升学历对自己的成长有益，而且学校给予支持，所以，教师攻读学位的积极性很高，学校现有 40 位教师获得硕士学位。学次层次提升了，教师们就有了从事教科研的底气，加上学校领导的不断鼓励，教师从事课题研究的热情很高，2011 年学校初步报审的课题数量达到 10 个，远远超过去年。

二是与职业岗位的对接体系初步建成。学校多年师范教育的积淀与职业教育的新理念发生碰撞，产生了新的火花。该校学前教育专业的一整套技能训练体系和见习、实习活动的开展，有利于学生零距离对接岗位。从实习的情况来看，很多幼儿园都非常愿意接收该校的实习生，这是对学校教育工作的极大肯定。

三是常规教学管理到位，教学质量稳步提升。学校继承多年来的常规教学管理方式，并成立学术督导委员会促进教师课堂教学水平的提升。督导员们怀着满满的善良愿望、揣着拳拳的学习诚意而来，教师们也愉快地打开教室的大门，课堂教学因为这样的良性互动而生动活泼，学生的反响也很好。

四是艺术教育有特色。学校的艺术教育师资很强，多数学前教育专业的学生也都能达到"一专多能"的教育目标。从该校开展湘西北地区幼儿园调研的情况来看，艺术类幼师是很多幼儿园都紧缺的，而且待遇较普通幼师要高。学校开办的选修课就满足了发展特长的学生的需要，也成为学校教育的一大特色。

五是德育工作卓有成效。该校的学生大多数都是农村留守家庭的子女，家庭教育和爱的缺失使得学校的德育工作难度很大。学校主要在各项活动中流露出对学生的关爱，发扬人人平等、互爱的精神，并建立起一支认真负责的班主任队伍，以爱感化学生。

六是学校主动为学生谋出路，形成良性循环效应。当前社会上毕业生工作难找已经不是一件新鲜事，学校本着负责的态度把学生送出去，并多次回访就业单位，不仅能树立起学校的好口碑，也让家长更加放心把孩子送来读书，还能根据用人单位的意见调整办学思路，让学校工作形成良性循环。

同时，学校必须承认当前学前教育专业发展程度仍然不高，特别是以下几点值得反思、改进。

一是传统的课堂教学模式还没有得到根本性转变。由于场地建设的滞后，课程实训开展得不充分。课程实训是指需要单独开设与课程相配套的包含在课程教学中的技能课程。专业课教师可根据本专业实际，在课堂内进行理论教学的同时，安排适当时间进行实践训练，如教学基本技能的训练、教学组织能力的训练、保教工作能力的训练等。由于近年来国家对中职入学门槛放低，学生素质有一定滑坡，主动参与课程的积极性不高，"教师讲，学生听"的局面短时间内很难得到扭转。

二是专业构架还不够清晰。由于学校的传统是由各学科教研组安排教师授课，因此并没有一个固定的教师班底对学前教育专业授课，这对于教师的专业化发展有着较大的制约。教学研究必然要以大量的教学实践为基础，非固定班底从事教学会导致教学研究能力较为低下，或者流于纸上谈兵。

三是教材脱离实际的现象仍然比较普遍。学前教育长期以来是教育领域的薄弱环节，不仅科学合理的幼儿师范教育体系还没有完全形成，很多教材也是重理论轻实践，对学生职业素质的培养帮助甚微。教师也很难完全脱离教材去教学。因此，学校有必要结合当地实际编写教材。

四是"双师型"教师数量较少。学校的教师缺少在幼儿园实际教学的经验，这对于幼儿教师的培养是不利的。因此，学校要引进紧缺的学前教育专业毕业生，鼓励教师多到幼儿园参加教学实践，从而能更好地引导学生成长。

专家点评

师范教育专业可谓职业教育的传统专业，不仅具有成熟的模式，更具有成功的经验。但随着经济的不断发展，在师范教育的中师专业范畴内，却经历了分化与震荡，甚至不少学校出现了办学困局。常德师范学校经过不懈的努力和拼搏，突破困局，走出了一条创新专业发展之路。

常德师范学校突破办学困局的重点在于研究地区的人才需求，并对学校的学前教育专业进行创新发展。学校结合当地学前教育的实际需求，开展了有针对性的调研，并进行了一些有益探索。学校确定了创建品牌专业的工作系统，并以"四化"形式体现，即培养方案科学化、教师队伍专业化、教学管理精细化、培养环节市场化。学校提出适时调整教学方案的要求，继承并完善发展学校原有的技能过关体系，形成了"一专多能，德能智行全面发展"的全科型幼儿教师的培养模式。学校还在专业课程上进行探索和改革，以板块教学的方式将技能训练、综合实训、顶岗实习等内容融入教学过程中，不仅重视知识的传授，更突出专业特色，加强学生的技能培训，不仅注重德育教育，更强化职业道德的行为落实。在学生实践过程中，学校注重培养和考察学生的职业意识、职业操守、职业技能和职业适应，使得学生能很快适应岗位需求，受到用人单位的欢迎和好评。

常德师范学校在专业建设中兼顾学校的发展、学生的发展、专业自身发展和社会的发展。学校在发展中继承传统、突出创新，在专业发展中适应需求、不断调整，在学生发展中注重德能并重，在社会发展中强调服务适应，形成了"扬我特长，做精专业，为他服务，培养能人"的创新发展格局，使老专业焕然一新。

（胡嘉牧）

改革办学与教育模式，强化专业与品牌建设

——四川省达县职业高级中学

名校／名校长简介

　　四川省达县职业高级中学，建于1963年，占地面积20多万平方米，建筑面积14余万平方米，位于达州市美丽的洲河之畔。学校坚持"市场导向、规模扩张、内涵发展、效益彰显"的办学理念，办学规模不断扩大，综合实力不断提高，先后被评为国家级重点中等职业学校、首批省级示范性中等职业学校、四川省达州市扶贫开发培训示范基地、中国西部名校、社会满意学校、四川省文明单位、四川省校风示范学校、四川省改革创新先进单位等。

　　学校设置了计算机、经济管理、电工电子、机械制造四大职教专业部，开设了有计算机、机电、财会、机械、模具、数控、制造、汽修、建筑、幼师、旅游、动漫、广告设计、电子商务、办公自动化等20余个专业。学校有教学班85个，在校学生近6000人，每年举办四川省扶贫开发、阳光工程、劳务品牌等各类短训达5000人次以上。

　　学校设施设备先进，有省内一流的多媒体室、计算机操作室、电子电器实验室、财会模拟室、服装制作室、建筑设计制作室、语音室、多功能室和旅游、数控、模具、电子等实训基地，设备价值

2000 多万。

学校现有教职工 260 余人，"双师型"教师占 80%，形成了一支数量充足、结构合理、技艺精湛、素质优良的高素质教师队伍。

学校全体师生，以"厚德、精技、服务、创新"为宗旨，始终秉持"一条心、一口气、一股劲、创一流"的学校精神，不断演绎辉煌业绩：6 项科研成果分别获国家、省、市政府奖励；教师赛课 100 多人次获省、市、县一等奖；近 5 年每年招收职高新生人数近 2000 人，居四川省同类学校前列；学生技能大赛 5 次居省前列、市第一，学校获省人才培养奖和市团体金奖；对口高考 16 年蝉联达州市第一；各类职业资格和技术等级考试获证率达 99%，就业率超过 98%，为经济社会发展输送了万余名合格的实用技术人才；学校就业学生遍布全国大中城市，深受用人单位好评。

校长陈军，1966 年 8 月出生，四川省巴中市人，研究生学历，达州市语文学科带头人，达州市教育学会副会长，四川省职教学会理事，2009 年他被授予"全国优秀教育者""全国优秀校长"等称号，2010 年被评为四川省特级教师，多次被表彰为达州市、达县优

校长陈军

秀教育者、优秀校长。现任国家级重点中等职业学校——四川省达县职业高级中学党委书记、校长。

陈军任校长以来，解放思想、锐意改革、着力创新，全面提升学校的综合实力和办学水平。短短 10 年，他所领导的四川省达县职业高级中学，由一个不足 2000 人的省级重点职业学校，一跃而成为在校学生5000 多人的国家级重点中等职业学校。这一巨大变化，是与陈军独特的教育管理思想分不开的。

　　陈军的教育管理思想，是其在 20 多年的教育教学和管理工作，尤其是近 10 年的管理工作中，把马克思主义哲学、教育学、心理学、管理学等科学理论灵活运用于教育教学和管理的实践中所形成的。陈军教育管理思想的本质是以就业为导向，以服务为宗旨，以能力为本位，培养适应经济社会发展的现代化人才；着眼点是坚持教育创新，走特色强校之路；核心是以人为本和科学发展。

一、在办学方向上，坚持以市场为导向，走规模扩张、内涵发展、效益彰显之路

　　一是"三抓并重"（抓政策落实，抓市场需要，抓学校升格），拓宽办学思路，扩大办学规模。二是"五重齐举"（重视就业质量，重视技能比赛，重视对口高考，重视课题研究，重视文化构建），促进内涵发展。三是"三效共显"（彰显育人效益，彰显社会效益，彰显经济效益），铸就品牌。在"三五三"思想的引领下，学校成功实现了"三个提升"：一是"升温"，近五年来学校每年招收职高生近2000人，对口高考获达州市 16 连冠；二是"升格"，学校由省级重点职中发展为国家级重点职中、首批省级示范性中职校；三是"升值"，学校有 6 项课题研究获省、市、县一二等奖，学生就业渠道大大拓宽，就业质量大大提升，建立了以长三角（上海、江苏、浙江）、珠三角（广州、深圳、珠海）和川三角（成都、重庆、达州）为主的稳定就业基地，取得了良好的育人、社会和经济效益。目前，学校占地面积由 2.4 万平方米增至 20 多万平方米，校舍面积由 0.6 万平方米增至 14 余万平方米，学生由2000余人增至5000余人，学校设备总价值由 400 万元增至2500万元。

二、在人才培养上，秉持"德育立身，技能强身，着眼终身"的育人理念

1. 以"九三三三"德育教育模式，让学生以德立身

以九项专题教育（一月勤劳俭朴教育，三月文明礼仪教育，四月诚信敬业教育，五月感恩励志教育，六月健美环保教育，九月民族团结教育，十月爱国主义教育，十一月法制安全教育，十二月青春期心理健康教育）为主线，达到"三全"（全员、全方位、全过程育人）"三成"（高一成型、高二成人、高三成才）"三化"（管理常规化、精细化、量化）的育人效果。其中"九专"是内容，"三全"是路径，"三化"是措施，"三成"是目的。

2. 推行"一体化"模式，强化学生专业技能

一是"研、教、学、做"一体化。科研导航，指明方向。学校以《中职学生校企无缝对接技能训练模式的实践与研究》《中职学校分类导学法的实践与研究》等学校省、市级获奖科研课题，对教师专业教学进行科学指导，务求技能培训适用高效。夯实基础，因材施教。文化课教师对文化基础知识进行分解整合，实行模块教学；专业课教师根据学分制考核、职业资格考试和各项技能大赛等要求，为每个学生量身制作技能培训方案。近几年，学生参加省、市技能大赛，5 次稳居达州市第一，2 次获省团体金奖、省人才培养奖；150 余人次获全国中小学美术作品大奖赛金、银、铜奖。学校坚持"六合一"，强化技能培训。"车间与教室合一、学生与学徒合一、教师与师傅合一、作

参加省、市技能大赛多次获奖

品与产品合一、理论与实践合一、育人与创收合一"，大力强化实训实作，强化学生技能培训。寓学于演，强化巩固。在老师的指导下，学生把专业技能知识、岗位技能训练、生产办公实践等学习内容搬上舞台，在演出中巩固所学专业知识，提高职业素养。

二是"课内、课外"一体化。学校以建兴趣小组的形式，强化学生的学以致用。学校成立了办公自动化、空调维修安装、室内装饰设计等 7 个课外技能实践兴趣小组，让学生利用课余时间到学校实习场所利用所学知识服务群众，并获取相应报酬。另外，学校还不定时地组织学生深入社区、乡村服

务群众。每年学校派出学生 1000 余人次参加"送科技下乡"活动，搞社会调查，投身社会实践。寒假，学校组织学生进行社会实践活动；暑假，通过自荐或学校推荐形式，要求学生暑假打工。开学时学校分别就社会实践调查和暑假打工情况，召开总结表彰大会。提倡一专多能，鼓励选修课程。结合学分制教育教学思想，学校加大开设选修课程的力度，真正让学生具有"一专多能"的本领。全校 95% 以上的学生都参加了课外选修班。

3. 注重心理健康、文化濡养、礼仪修身，着眼学生终身发展

一是抓心理健康教育，促健康成长。学校成立了"心理健康教育小组"和校园"心吧"（心理咨询室），建立了校园网心理咨询 QQ 群和问题学生心理档案，开设心理教育课程。采用"五结合"心理健康教育模式（心理教育与心理咨询、班主任管理工作和学科教学相结合，心理辅导和心理行为矫正相结合、集体教育和个别辅导相结合），对学生进行立体化心理教育。

二是文化濡养，陶冶情操。传承民族文化，倡导和谐相处。学校每学期都开展以"树立中国魂、种植民族根"为主题的征文、书法、演讲、诗歌朗诵、文艺表演、讲红色故事、唱红色歌曲、诵红色诗词、颂红色人物、走红色路线等传统文化教育系列活动，让学生接受优秀民族文化的熏陶，增强民族自

参加市、县文艺演出多次获奖

信心、自尊心和自豪感。藏区"9+3"学生来校后，学校成立了藏文化教研室，通过讲座培训、校园媒体宣传、开展活动等形式，促进民族文化认同意识，使汉藏学生和谐相处。培育校园文化，打造魅力校园。学校精心布置校园，让每一角落都凸显文化因子；成立文学社，创办文学刊物，举办文学讲座和诗词吟诵赛；每周举行"激情广场大家乐"文艺演出；制校旗、做校徽、唱校歌。这些活动使学校变成一部立体的、多彩的、有吸引力的美育教科书。

三是礼仪修身，加强修养。严制度，正礼仪。学校严格执行《规范》《守则》和《十不准》，端正学生言谈举止。常检查，督礼仪。学校成立了以学生为成员的"文明礼仪督察组"，不时对学生的着装进行检查。诵经典，传礼仪。学校成立了"经典诵读兴趣小组"，开展《论语》《三字经》《弟子

规》等经典诵读比赛活动，让学生用经典传承文明礼仪。重实践，学礼仪。每周末学校组织学生上街进行文明劝导活动，让学生在实践中学习文明礼仪。强宣传，扬礼仪。学校利用校园各种媒体扬善鞭丑，普及礼仪知识，提高礼仪意识；并评出先进典型，以典型示范。

三、在师资队伍建设上，坚持"以训增识，以赛促学，鼓励跨行，培养双师"16字理念

一是以训增识。采取"走出去观摩取经，请进来充电洗脑，坐下来狠练内功"的方式提升教师素质。学校每年斥资30多万元，派教师参加国际、国家、省级各类培训和邀请专家来校培训，以提高教师专业素质和综合素质。二是以赛促学。学校每年如期举行专业课教师技能大比武、文化课教师教学大比武和全体教职工综合素质大比武，以此促进教师不断进步。三是鼓励跨行。学校鼓励老师跨学科学习，跨学科教学，尤其鼓励文化课教师中有能力者转向专业课教学。四是培养"双师"。学校成立了"双师型"建设工程领导小组，制订了"三合三重"（坚持专职与兼职结合、学校与企业结合、培养与引进结合，理论与实践并重、教学能力与专业实践能力并重、学历提高与专业培训并重的基本原则）"三优先"（骨干专业、特色专业、实训指导急需的人才优先培养；中青年骨干教师和专业学科带头人优先培养；积极参与教学改革，在教学、科研方面有突出业绩的教师优先培养）"二四层次"（将教师分为合格教师、骨干教师、专业学科带头人、名师四个层次的类别，制订各层各类人员的达标要求、达标时间、培养途径、评估办法等，分别要求取得中高级技能证书；对教师的专业技能提出"会""熟""精""专"四个层次的要求，即基本掌握相关技能，会实际操作；能熟练掌握相关技能，能熟练操作；能精通所教专业相应职业技能；拥有一项以上高水平专业技能）"校企互助"（指派教师到生产第一线进行专业实践训练，请企业的工程技术人员将新技术、新成果、新工艺和管理经验带进学校介绍给教师）的培养方案，着力打造"双师型"教师队伍。

从上述陈军校长的教育管理思想中，我们不难看出其管理理念的主要特征是人本与发展思想。可以说，学校在以人为本和以科学发展为核心的教育管理思想指导下，实现了精细与精致的统一、规模与效益的统一、管理与育人的统一。

当今世界，科学技术的发展日新月异，经济全球化步伐正迅猛加快，各国对人才的竞争越来越激烈，人力资源的成功开发与合理使用已成为各国经济建设的头等大事。为此，党中央、国务院抓住机遇，迎接挑战，提出了"科教兴国"战略，做出了大力发展职业教育的英明决策。2005年11月7日，国务院总理温家宝在全国职业教育工作会议上的讲话指出，要推进产业结构优化升级，转变经济增长方式，提高自主创新能力，不断提高现代化水平。这些都对我国人力资源的结构和素质提出了新的更高的要求。国民经济的各行各业不但需要一大批科学家、工程师和经营管理人才，而且需要数以千万计的高技能人才和数以亿计的高素质劳动者。没有这样一支高技能、专业化的劳动大军，再先进的科学技术和机器设备也很难转化为现实的生产力。我国目前在生产一线的劳动者素质偏低和技能型人才紧缺问题十分突出，现有技术工人只占全部工人的1/3左右，而且多数是初级工，技师和高级技师仅占4%。中等职业技术教育正担负着直接为我国经济建设培养输送大批技术型人才和高素质劳动者的历史使命。因此，加快建设适应市场需求的重点特色专业迫在眉睫。建设学校特色专业是优化专业结构、提高人才培养质量、办出专业水平和特色的重要措施，四川省达县职业高级中学在特色专业的建设上独树一帜，成效显著。

一、特色重点专业建设的必要性和紧迫性

（1）经济体制和经济增长方式的两个根本性转变，不断对职业教育的功能和结构提出新的要求，原有的专业门类、布局、培养目标和方向等在一定程度上已经不适应社会经济发展的需求，必须以可持续性发展战略为导向，调整、拓展、新增适应新形势的特色专业。

（2）随着我国产业结构和技术构成的变革，知识密集型产业和技术密集型、高技术产业的发展，要求职业学校的专业设置应向覆盖面宽和综合性强的方向发展，做到与当地经济发展和产业结构相适应，以满足地方特色产业的需要。另外，还要克服盲目、随意设置专业的现象。

（3）如果把职业学校培养的人才看成教学的"产品"，则专业是"产品"的"规格型号"。"规格型号"对不对路，关系到办学的兴衰，社会的认同。

改革办学与教育模式，强化专业与品牌建设

——四川省达县职业高级中学

与企业的生存发展道理一样，学校务必树立名牌意识、创办名牌特色专业，培养出适销对路的专门人才。

魏林是学校2005级会计班学生，由于基础差，对没有特色的老专业不感兴趣，上课他总是开小差、搞小动作；老师批评他，他就和老师顶嘴，成了一名令人头疼的后进生。班主任多次找他谈话，希望他遵守纪律，专心听讲，好好学习。但他公开说："我这成绩考大学是没门的，技能也没学到；成天坐在教室里，老师讲的我不感兴趣，太郁闷了！"在当时的大气候下，班主任也无可奈何。不久，该生对学习失去了兴趣，就自动辍学了。可见，新鲜的特色专业才是吸引学生的"宝葫芦"。

（4）从教育资源的投入来看，对基础薄弱、师资不足、财力有限的学校来说，平衡发展各类专业，力度不够、规模小、重复建设、力量分散，很难求得较好的办学效益。

（5）从重点职校的现状看，其办学规模和办学条件等硬件建设已经走过了创重点达标之路，现在应该向教学质量、课程结构、师资队伍、专业建设等软件方面发展，以求"硬件更硬，软件优化"。走内涵发展、滚动发展的道路，实现专业结构优化，改造、合并、拓宽专业面，向集约化方向发展迫在眉睫。简单、粗放、低效的问题必须解决。

（6）从地域特征上看，达州市除国家办学外，集体、行业、个人等多形式办学相继崛起，在生源、师资、文凭等方面出现了激烈的竞争，且愈演愈烈。在这种情况下，学校若无特色专业吸引生源，定会是"门前冷落鞍马稀"，无人问津。

莫林涛的家长在沿海打过工，他专门把子女从达县三中转到该校，满怀期盼地说："老师，我的孩子在普高没学啥，听说你们学校的旅游专业办得很有特色，还有送到北京武警总部工作的，我把他转过来学旅游，我们那儿有个男生就是学这个专业闯出了一条路，现在人家已是大堂副经理了……"

张小龙，达县檬双乡人，初中毕业后因没考上重点中学辍学在家，其父亲很着急，并四处打听，要为儿子谋条出路。张小龙的父亲听说达县职高的电子专业办得很有规模和特色，学生能学以致用，于是他抱着试一试的心态到学校为儿子报了名，希望儿子学成后开个家电维修门市。3年后，该生学有所成，通过打拼终于如愿以偿，在南城开了个家电门市，成了扬子空调驻达县总代理兼瓮福集团安全电子系统及达州广播电视局常约安装维修员，张小龙说："感谢达县职高，感谢崔老师交给我的电子技术，引用一句歌词：

有梦想谁都了不起，有勇气就会有奇迹。有特色就有吸引力！"

二、加强特色专业建设的举措与成效

1. 重认识，把创建特色专业作为学校生存发展、办学特色体现的基础工程

学校坚持正确的办学方向，主动为社会经济发展服务、为"三农"服务、为建设社会主义新农村服务，高度重视特色专业创建工作，将其列入学校近年的工作目标，并于 2005 年 11 月成立了特色专业建设领导小组，校长挂帅任组长，副校长任副组长，中层干部、专业负责人、专业骨干教师和行业专家为成员，负责组织和实施特色专业建设的论证、开发、调整、组建新专业和特色专业教学，领导小组定期开会研究解决特色专业建设过程中遇到的具体问题，提出新措施，小组成员分工合作，各司其职，始终把创建特色专业作为学校生存发展、办学特色体现的基础工程抓紧抓好，不断促进特色专业向现代化迈进。

2. 重投入，把建设实训基地、设备设施作为办好特色专业的物质条件

"十一五"期间，中央财政安排 100 亿元用于加强职业教育基础设施建设；安排 40 亿元用于职业教育困难学生补助；安排 15 亿元用于职业教育骨干教师培训。

1997 年以来，达县县委县政府高度重视该校建设，把该校长远发展和建设特色专业列入议事日程，通过多形式、多途径推动学校快速发展。县政府除足额拨付职教经费外，还从城市教育附加费中抽取了一定比例的经费用于职教发展，同时在项目审批、土地征用等方面予以政策倾斜，减免部分费用。几年来，县财政局先后通过资金划拨、增加职教事业费等多种途径，累计投入 150 万元，为学校专业建设与发展提供支持。2004 年经县政府批准，将白马初中整体并入该校，增添了学校的发展空间，并把该校建成了省、市、县再就业扶贫开发、劳动力转移培训基地和达县职业教育中心。目前，县委县政府在近 20 万平方米的杨柳新区投资上亿元，拟将四川省达县职业高级中学打造成为川东职教航母、万人职教中心。与此同时，学校不断加强基础建设，采取借资、垫资、"借船下海""引凤筑巢"等多种方式筹集资金 2000 多万元，同时积极争取职教专项经费、国家重点项目"农村富余劳动力转移培训中心""达州市专业技术人员继续教育基地"和灾后重建等资金近 500 万元，征地扩建校园，新建教学、生活设施，增建专业实作实训室，增添教学设备，美化校园环境，使学校办学条件大为改观。尤其是学校以"实

用性和先进性相结合"为指导思想,以"高起点、适度超前和带有示范性"为建设原则,以岗位能力要求为依据,系统地建设电子电器应用与维修专业实训基地。学校实训基地有14个实验室,总建筑面积约4500平方米,设备总值达600余万元。整个专业实训中心工位有600多个,专业实验、实训开出率100%。学校还考察其他兄弟学校、科研单位,深入工厂和各级各类职业培训机构,确立让学生在真实的职业环境下得到职业技能和综合素养的训练,提高实训项目高技术含量并体现新技术、新工艺的教学方法,使之成为教学、科研、生产、培训相结合的多功能实训基地。学校专门开辟出2200平方米的室内场地供建设基地使用,划出专项经费300万元,并组建电工电子自动化专业公共实训基地建设小组,面向全国公开招标,购进了工业加工型的电子线路设计制作实训室小型快速PCB批量生产线、20套PLC实训设备等装置,建成了数控车、数控铣、线切割、CAD/CAM等现代化加工设备,满足了学生的实训需要。为满足旅游专业学生的实训需要,学校与企业合作共建了金万达酒店。此外,学校还积极开展校企合作,与达州通用、四川长虹、深圳富士康、海尔等10多家企业建立了长期的合作关系,使之成为学生稳定的专业实习基地。学校还在苏宁电器、沃尔玛电器、国美电器、达钢集团等企业挂牌,把这些企业确定为校外实训基地。学校还先后联系了深圳海韵电子厂、惠州永昶电子厂、浙江凯歌电子、成都阿波罗电器等数十家知名企业,安排了数百个岗位供该校学生实习。学校学生凭借两年的在校学习与实作实训掌握的技能,能够迅速适应完全真实的工作环境。他们进入车间、厂房,真实了解产品及系统的生产环节,熟悉了电子产品生产流程,掌握了先进的电子产品生产工艺,获得了组织和管理生产的初步知识。

2006年6月,四川省达县职业高级中学邀请了省内外35家实力雄厚、管理规范的企业领导来校座谈。座谈会上校长满怀诚意地邀请行业内专家、企业的领导发言,为学校的专业建设与专业发展献计献策。深圳海韵电子、达州通用家电等公司的老总结合实际畅谈了各行业的发展前景、特色专业的需求、企业人才的管理和使用情况及学校培养的学生与企业需求之间的差距等。广东TCL集团、浙江好孩子集团等公司的领导就行业内的专业人才的需求状况以及学生学习的技能与企业要求的技能之间的脱节问题与学校教师进行了深入交流,并纷纷表示今后会提供更好的服务平台,接收更多的教师、学生到现场操作学习,同时希望能与学校加强联系,解决企业职工的培训问题。座谈会历时4个多小时,气氛热烈,收到了良好的效果。

3. 重实干，把政策措施的落实作为办好特色专业的重要保证

早在 2000 年，学校就着力开展特色专业现代化建设的实践与研究，取得了明显成效。2003 年 9 月，计算机及应用专业被达州市教育局确认为首批市级重点专业。2010 年《中职学生校企无缝对接技能训练模式的实践与研究》获达州市人民政府第二届教学成果一等奖。为了适应经济的发展和市场对人才的需求，学校在巩固和改造计算机及应用、电子电器应用与维修、会计三大骨干专业的基础上，根据市场变化及时对专业进行调整，不失时机地办好文秘、旅游服务与管理、计算机网络技术、影视节目制作、工业与民用建筑、工艺美术、电子商务、服装制作与营销、机械加工技术、数控技术应用、模具设计与制造、汽车运用与维修、化工过程装备技术、通信技术等专业。

4. 着眼社会需求，选准特色专业

学校着眼社会需求和自身条件选准特色专业，是体现"适应性"的关键，要力求走在社会发展和经济建设的前面。要实施名牌战略，要明白"名牌战略"是发展事业、创造奇效的法宝，许多企业均以此出奇制胜。职业学校更应有强烈的"名牌"意识。没有"名牌"，要创办特色专业；有了"名牌"，就要打好特色专业这张"名牌"，实现"名牌效应"。学校设置特色专业应本着"实用、超前、稳定"的原则，根据当时、当地、本校的实际情况精心设计，精心规划，并申报给政府，列入政府经济建设规划之中。达县职高计算机及应用、电子技术应用、会计 3 个骨干专业在 20 世纪 90 年代就被纳入了达县国民经济"九五"发展规划。选准、发展特色专业只有做到结合当前形势、结合当地经济建设、结合校情、结合发展趋势，才具有生命力，才能成为特色专业。

5. 瞄准市场变化，培育特色专业

特色专业不是设计出来的，而是精心培育出来的。市场变化是专业设置的传感器和光敏靶。学校应根据市场需求和生源变化决定培养目标和人才规格，修订教学计划，开设新专业、新课程。学校应在容易被人们接受和重视的"厚基础、窄方向"应变性较强的特色专业上花大力气，达县职高就此做过有益的尝试。学校于 1988 年设置的纺织专业，为兴建的川东北最大的蜀东化纤厂对口培养了 40 名专业技术人员，并全部被录用，如今大部分技术人员成为生产技术骨干。1991 年开设时装专业，组建学生时装模特队，两度参加了省"首届服装节"和"省中专职业中学首届艺术节"，分别荣获希望

奖、二等奖。对此,《教育导报》撰文称赞"登上了我省服装、经济、艺术的殿堂"。原省教委杜江副主任欣然题词:"获殊荣当之无愧,育人才劳苦功高。"学校依托专业创办的海达校服厂系达州市最早的校服定点生产厂,为两个地区的几百所学校加工服装几十万套,深受学生青睐。1992年开设的计算机专业,现发展成为计算机及应用、计算机网络技术、工艺美术、工业与民用建筑、办公自动化5个分支专业,形成了人才培训、设备装配、机器维修一条龙的教学实体和经济实体。多年来,学校已为省内外培养了近万名初、中级技术人才,出现了毕业生供不应求的局面。正是通过加强特色专业的高标准建设,在创"名牌"的办学过程中,学校呈长足发展之势。制冷和空调设备应用与维修专业市场前景广阔,学校相应扩大该专业的规模;数控技术应用、模具设计与制造、化工过程装备技术,市场急需掌握这些技术的人才,学校于2006年秋增设了这些专业。为了满足达县市场和社会主义新农村建设的需要,学校还将开设园林、烹饪、群众文化艺术、家政与社区服务、美容美发与形象设计、农村经济管理等新兴特色专业。

四川省达县职业高级中学根据各地市场需求和家长的期望,设置特色专业,确定教学内容、办学形式,注重教学质量和学生技能素质的提高,为各地培养输送了大批合格适用的具有中等专业技术的人才。中国人民武装警察部队政治部给学校发来感谢信说:"她们来单位时间不久,我们就看到了她们优秀的品格,积极热情的工作态度,严谨的工作作风,较强的文化专业知识,熟练的业务技能,敏捷的思维,做人的道理和为人处世的原则……"唐超兰同学的妈妈感动得热泪盈眶,说:"想不到我女儿以前成绩那样差,现在也有出息了!感谢达县职高……"

2007年初,宏通网络公司与四川省达县职业高级中学签订协议,需要10名网络管理人员,5名网页制作人员,5名办公自动化操作员;君涛电脑公司需要3名计算机组装与网络建设人员;现代网吧需要2名网络管理员;其他公司共需20名办公自动化人员。该校在计算机专业中组织有意向加入这些公司的学生分成3个班进行了为期一个月的强化集训,他们参加了各公司的考核,成绩优异,均被录用。特事特办,特殊需求促特色专业,特色专业育特别人才。

下为四川省达县职业高级中学"一年定向实验强基础"特色模块示意图。

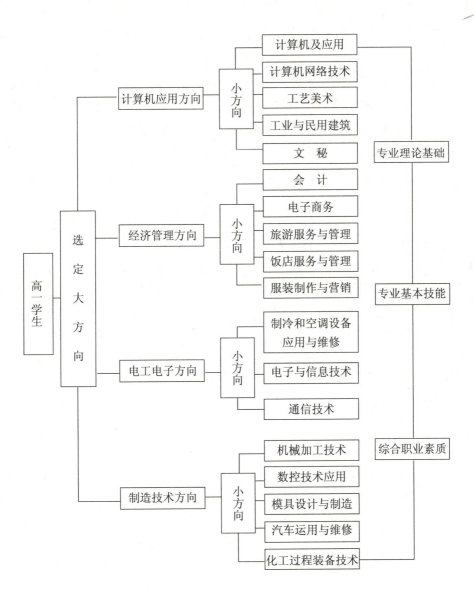

6. 实施能人战略，办好特色专业

　　特色专业必须由骨干教师办、能人办。校长要挂帅、蹲点，要把特色专业作为办学的"丰产试验田"。特色专业的组长必须是能人，必须具备较强的组织决策能力、开拓创新精神和较高的业务水平。学校要充分放权让利，给他一定的人事安排、资产利用、利益分配等权利，让他有职有权，大胆工作。由专业组长聘任班主任，组长和班主任共同选聘科任教师，形成一支结构合理、学科配套、素质优良的骨干教师队伍。为此，培养骨干教师就成为

加强教师队伍建设的重点课题。达县职高在培养骨干教师方面做了明确要求，一是要求学历达标；二是在专业课教师中推行"双证制"（学历证、技术等级证）；三是根据专业需要定向培养；四是根据教师的德、能、勤、绩定位培养为省地县校级骨干教师、拔尖人才、优秀人才；五是通过"以定促学、以研促学、以赛促学、以考促学、以聘促学"及自学、函授、脱产培训等多形式、多途径长期培养骨干教师；六是提供舞台，压担子，给任务，让其"亮相"显能，形成你追我赶、人才脱颖而出的良好局面；七是给予精神和物质奖励政策；八是实施人文关怀，动之以情，给教师多一些温暖，形成强烈的情感共鸣；九是领导做表率，中层以上干部带头上主课，搞科研，成为业务骨干和学科带头人或把关人，把教师队伍建设列为学校基本建设的重中之重，在时间、经费等方面给予充分保障和支持，做到人尽其才，充分调动教师的工作积极性。近几年来，学校制订并认真实施了《"十五"期间加强教师队伍建设的实施意见》，积极开展《职高"三定五促"校本培训的实践与研究》，采取"走出去观摩取经，请进来充电洗脑，坐下来狠练内功"和"一帮一""传帮带"等多种途径和形式，并辅之以学代培、以课代培、以研代培、以会代培、以考察代培等方式多角度、全方位提高教师的综合素质和教育教学水平，教师由教学型转为教育、科研、学术型，已初步建成一支数量充足、结构合理、师德高尚、结构稳定、充满活力的师资队伍。四川省达县职业高级中学还专门从深圳 TCL 集团聘请了高级工程师作为电子专业兼职教师，协助指导学校电子专业建设。该专业有一支事业心强、专业理论与技能过硬、团结协作的专业课教师队伍，该专业现有专业课教师 22 人，其中有本科学历的有 16 人，占 73%；高级职称者 7 人，中级职称者 13 人，中级以上职称者占 91%，获得职业资格证书的"双师型"教师 13 人，占 59%；专业课教师总数与本专业在校生数之比为 1：31；实践指导教师 11 人，占专业课教师的 50%；特级教师后备人选 1 人，市学科带头人 3 人。如骨干专业负责人张荣老师本科毕业，工学学士，具有电工高级职业资格，他参与了学校电子电器应用与维修专业实验实作改革方案的编写和该专业的建设等工作，有较强的教研和专业实践能力，他多次参加市教学技能展示活动并获一等奖，指导学生参加省电子类专业技能大赛获一等奖，张荣老师还多次被县委、教育局表彰为优秀共产党员。

四川省达县职业高级中学与四川长虹集团培训中心、海韵电子厂联合开展职教教师培训，并达成了如下协议：学校每向长虹集团、海韵电子厂输送一批学生，电子厂可以免费为该校培训一至两名教师，让教师深入工厂，学习工厂的新工艺、新设备、新方法、新管理，从而使教师的教学与工厂实际接轨，为专业课教师找到了深入生产实践的机会，走出了一条提高职业学校专业课教师教学能力、专业能力的特色路子。电子厂利用企业技术水平和生产现场的优势资源，安排教师深入企业一线的各工作岗位进行生产实践，选派教学经验丰富的工程师或技师职称以上的人员作为培训师，采取专家专题讲座、学员互动、工学结合等形式为该校骨干教师开展技能培训，使教师系统地掌握了产品的研发、设计、生产、营销、售后服务等整个生产和经营过程。教师们在企业学到了最鲜活、最先进、最具特色的技术和职业教育理念，他们回到学校后，成为具有先进教学理念和过硬技术的"双师型"教师，有力地推动了学校的教学模式改革。2007年9月，电子专业教师何国明、张荣自制的作品——制冷循环综合示教板在四川省第八届自制教具评选活动中荣获二等奖，胡知平、何国明老师制作的自动控制综合示教板获一等奖。

2007年，成都阿波罗电器有限公司与学校开设了一个"TCL特色班"，工厂派出5名技术员和1名行政主管到学校"TCL特色班"对工厂的规章制度、企业文化、企业管理、冰箱生产流程及故障处理等进行了专题培训，除课程安排、教学计划根据用工单位要求而定外，甚至连实习学生的生活作息、行为规范，都严格按企业员工要求特别执行。"TCL特色班"学生毕业后，上手快，能很快融入公司团队。

7. 健全运行机制，保驾特色专业

特色专业必须有相应的管理体制和运行机制保驾护航。学校要实行校长负责制，特色专业也应实行专业部负责制。所谓专业部负责制，就是明确责、权、利，充分调动每个教职工的主动性、积极性，增强办学活力，把专业部办成教育、教学、教研、创收服务一条龙的实体。一个特色专业就是一个"小学校"、一个"小企业"，让专业部独立地、创造性地工作，增强活力，加强竞争、激励、制约等运行机制，推行全员聘任制，实行双向选择，形成岗位靠竞聘，能者上、平者让、庸者下的竞争局面。达县职高自1991年以来，推行了专业组（部）负责制，实行校、部层次负责，学校负责宏观调控，专业部微观管理，这样增强了专业部的自主性、灵活性，也增强了办学活力。

8. 充实高新设备，装备特色专业

特色专业的设备必须高起点、高质量、较齐全、较先进，特色专业的实习

厂（场）、生产线、工位、仪器等设备添置应有预见性和超前性，其质量和先进程度应居于当地的领先水平。学校应集中财力，把有限的资金用在建设特色专业上，有计划分期分批武装 2—3 个特色专业。基于以上认识，自 1992 年以来，四川省达县职业高级中学自筹资金1500万元解决设备装配问题，从数量和档次上基本满足了教学的需要。学校培训中心、教学楼、图书馆、学生公寓、食堂等教学生活设施齐全，专业实训基地充分满足教育教学和学生技能训练的需要。学校利用中央财政支持的专项资金和自筹资金建成了省内一流设施设备的公共实训基地，主要建设有电热电动实训室、自动控制实训室、PLC实验室、电工电子实验室、彩电实训室、照明电路实训室、冰箱空调实训室、电子装配实训室、制图室、家用电器实验室、家用电器维修室、音频视频实训室、数控实训室、车工室、钳工室、焊工室、电子技术应用软件实训室、办公自动化及网

学生在实训车间实作训练

络实训室、计算机操作室、计算机组装室和多媒体室等，并利用职教专项资金努力打造机械专业、旅游专业，力争在近年创省级重点专业。另外，学校还建立了校外实训基地 3 个、校外实习基地 98 个。

9. 创建一流质量，壮大特色专业

质量是学校的生命，更是特色专业的生命。质量的标准是什么？怎样提高质量？可以从以下几个方面来评估。一看是否建立综合性的课程体系，使学生适应可持续发展的要求；二看文化课、专业理论课知识的点与面、量与比；三看专业技能水平，尤其是动手操作能力；四看学生的综合素质，尤其是职业道德素质、文化专业素质和实践创新能力的高低；五看社会、用人单位的反映。总之，职业学校的质量不能简单用"考分"衡量。达县职高在质量上狠下工夫，在课程结构、知识结构方面多次进行优化设置。在技能训练方面做到总目标与阶段目标分步实施，把实习、训练、考核、鉴定有机结合，全面实施"双证制"和技能等级多证制。1995 年以来，四川省达县职业高级中学连续 16 年摘取对口高考达州市桂冠，学生技能合格率达 100%，就业率在 98% 以上。质量的提高，促进了特色专业的壮大，学校计算机专业由最初的 2 个班扩大到现在的 17 个班，在校人数由原来的 90 人扩大到现在的 850 多人。学校牢固树立

学校举行全市中职学校、职业院校技能大赛

"德育为首，教学为中心，技能为核心"的理念，全面实施素质教育、创新教育，实施分层教学、分类导学、考教分离，开展"学生评教"，举行学科竞赛，全力推进现代化教学，全体师生形成了"比、学、赶、帮、超"的局面，育人效果良好，具体表现为以下几点：一是学生思想明显进步。近年来，学校共培养入党积极分子600多人，发展学生党员40多人，其中电子电器应用与维修专业13人。二是学生技能显著增强。近年来，学校有40多人次获全国书法段位，130余人次获全国中小学美术作品大奖赛金、银、铜奖，2000多名学生参加省计算机、英语和市珠算、电工、电子等级鉴定，均获得相应等级证书；2006年9月，129名学生参加全国英语等级考试取得了可喜的成绩，合格率为92%，参考人数和合格率居达州市第一。2008年，学生莫军发和刘华参加达州市电子专业类及计算机专业类学生技能大赛获得冠军。

下图是四川省达县职业高级中学学生综合素质评估指标层级图。

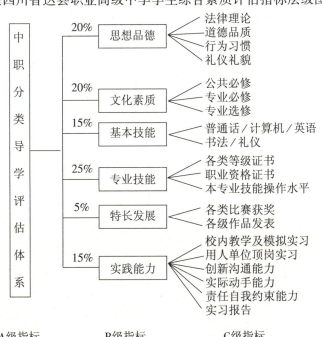

| A级指标 | B级指标 | C级指标 |

2006 年该校旅游班学生艾茹芳以独具特色的魅力打进唱响达州十强，并获省十运会"圣火天使"亚军。2007 年 12 月 8 日，旅游班学生谭斯月以宜文宜武、刚柔相济的独特气质获得世界超模大赛达州赛区 T 台组冠军。

2007 年，该校电子专业学生参加电工证、电子装配证、普通话、制冷设备维修证等 10 多个工种的职业技能培训考证，合格率为 92％；毕业生做到人均 2—3 个职业技能资格证书。

2008 年 1 月 28 日，由四川省教育厅和四川省劳动和社会保障厅共同举办的四川省中等职业学校"高教杯"电子类专业学生技能竞赛中，该校电子电器应用与维修专业学生邹东获白电（全自动洗衣机和冰箱）维修第一名，王毅获黑电（电视机）维修第二名，电子技术专业学生郝均华获电子装配三等奖。

自 2004 年至今，在达州家电售后服务行业中，从技术骨干到主任 70 多人都是达县职高电子专业毕业生，他们成为达州家电行业的名牌；有 28 人在本地开设了自己的公司，如杨林开设了达州市捷迅手机维修部、尹茂力开设了美的达州售后服务部、刘多斌成立了长虹售后服务中心等。2007 年 7 月，该校给沿海电子厂输送了 300 多名顶岗实习的学生，现在已有 2 人任车间主任、16 人任车间副主任、62 人任小组长、176 人任技术员、13 人在办公室工作，这些都是在特色专业的树枝上结出的丰硕成果。

10. 兴办经济实体，拓展特色专业

特色专业要发展，务必增强自身造血功能，要有发展后劲，必须围绕专业兴办实体，走"厂校结合，校企结合，产教结合"之路，拓展办学空间。坚持育人创收"两手抓，两手硬"，使教学、教研、生产、经营、销售、培训、服务一体化，夯实学校发展的物质基础，也让学生在勤工俭学活动中得到劳动锻炼和劳动技能培训，反过来促进教学质量的提高，充分发挥育人效益。学校积极稳妥地围绕 3 个骨干专业兴办了达川地区计算机、电子电器服务中心，机电厂、彩印厂、服装厂和金万达酒店等校办产业，年产值在 400 万元左右，年创税利 30 万元，主要用于改善办学条件和教职工福利，有力地促进了特色专业向纵深发展。

11. 深化内部改革，发展特色专业

特色专业的拓展、深化必须面对社会经济发展趋势，随时掌握社会对专业技术人才的要求，产业结构、技术结构、劳务信息对教学的影响，据此深化内部改革，具体应做到以下几点：一是大胆探索办学模式，走与企事业联合办学的路子，达到"横联、上挂、下辐射"。二是办学形式、层次要灵活。做到长短结合、工学结合、校企合作（无缝对接）。促进专业与产业、职业岗位对接，专业课程内容与职业标准对接，教学过程与生产过程对接，学历证书与职业资格证书对接，职业教育与终身学习对接。三是改革教学模式，形成"一年定向实验强基础，二年定位实训强技能，三年定岗实习强就业"的三步流程人才培养模式。学校办学理念先进，实施"大职教发展，大手笔建设，大专业开发，大服务富民"四大战略，以学生发展为本位，以学生能力培养为核心，突出"厚德""精技"两个重点，强化学生职业道德培养和职业技能训练。注重向学生传授新知识、新技术、新工艺、新方法，推行"课程模块化""技能项目化""训练层次化""考核社会化"。如将高一电子专业学生的基础学习任务分解为电子元件的识别、仪器仪表的应用、电路分析、电子装配、电子制图、照明电路、自动控制、机械基础等八大模块，以全面提高学生综合素质、促进学生个性发展和满足职业岗位要求为目标，以生存能力、就业能力培养为重点，以"够用、适用"为尺度，全方位进行教学模式与课程改革。尤其注重教学方式的改革，正在有计划地实施弹性学制、工学结合、半工半读等实践研究。学校还成立了专门的课题研究小组，出台了《学分制实施细则》《弹性学制试行方案》，全面开展职高分类导学法的实践与研究，其阶段成果《就业实用英语分类导学法的实践与研究》获达县第三届社会科学成果二等奖，2008年《中职学校分类导学的实践与研究》获达州市教科研一等奖，2009年《农村中职学校电子专业校企无缝对接三步流程人才培养模式的实践与研究》获全国教育管理科研成果优秀奖。四是加强对学生的就业指导，推销自己的教学"产品"。学校主动与主管部门、职能部门、劳动部门、职业介绍机构建立就业信息网，与企事业单位建立供求关系，使每一位毕业生都有归宿，不求人人升学，但要个个成才。近几年，学校派专人到各地考察，广泛建立了成都、重庆、深圳、福州等就业基地，电子专业学生分别被推荐去成都速达电子有限公司、成都磁力科电子有限公司、四川长虹集团重庆市江北区国藤电器维修服务部、重庆市沙坪坝区铂涛制冷设备维修部、深圳爱富彼文教用品有限公司、深圳海量通讯有限公司、深圳富士康科技集团等企业，旅游、文秘专业的学生被选派到北京武警总部、中国纪检监察学院工作，深受用人单位好评。学校毕业生连续几年就业率在98％以上，真正做到了"出口畅"。五是立足全省、扩大生源范围，力求"入口旺"。学校电子电器应用与维修专业和新开办的数控技术、模具制造专业成为学生首选专业，电子专业 2010 年秋季招生达到 440 多人，目前电子专业在校生共 12 个教学班 684 人，分别来自成都、西藏、重庆、渠县、大竹、宣汉等地。以下为学校校企无缝对接特色教学模式实施流程图。

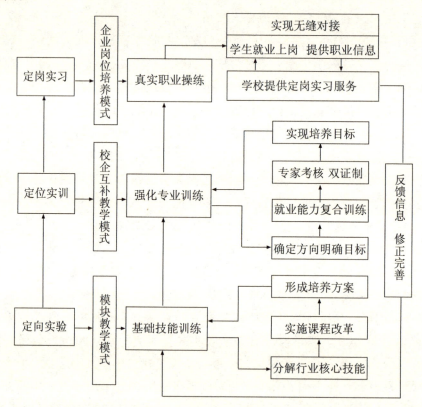

以"电子元件的识别"这一核心技能模块为例，把该技能模块再细分为导线和线缆的识别、各种开关的识别、电阻的识别、电容的识别、电感与变压器的识别、晶体管的识别、各种电路板的识别、散热器的识别、微电机的识别、传感器的识别、电声器件的识别、光电器件的识别等特色小模块，然后以各子技能为单元实施教学。

学校机电专业积极推行独具特色的德国双元制项目教学法的实践与研究，在培训与课堂教学过程中，学生与教师共同承担完成一个完整的项目，学生学习独立，有助于理解综合复杂的工作情况。以下为项目教学法操作过程表。

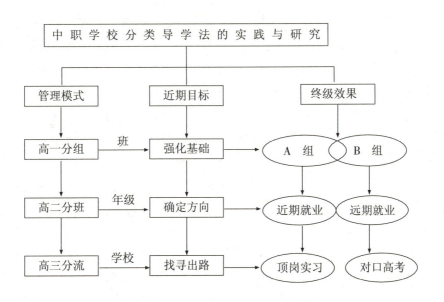

三、加强特色专业的现代化建设

面向世界、面向未来、面向市场，学校只有加强特色专业的现代化建设，才能在 21 世纪的国内外各种竞争中发挥其应有的功能与作用。这里仅就其理论上进行一些探讨，目的在于指导后期的实践研究。

特色专业的现代化建设，就是指从职业教育现代化的物质条件入手，由表及里，改革与职业教育现代化不相适应的教育观念、教学内容、教学方法、教学手段，提高师资和学校管理水平，改善教学条件，使之逐步接近世界先进水平，培养出适应现代化建设需要的高素质劳动者和新型技术人才，其主要目标表现为以下几个方面：

（1）思想与观念现代化：以"三个面向"和科学发展观为指引，按照国家的教育方针，全面实施素质教育、创新教育、终身教育。

（2）专业设置现代化：依托国内外市场，面向高新技术、高新产业，培养有创新意识和创新能力的实用型人才。

（3）专业设备现代化：量足质高，体现专业特色和水平，具有先进性、实用性、配套性，形成教学、实习、生产、服务一条龙格局，实现育人、创收、社会三大效益。

（4）专业教学现代化：课程结构、模块及比例、序列、衔接科学合理。教学内容要反映科学技术和社会科学的先进成果，处理好理论与实践、知识与能力、传统知识技术和高新知识技术及相关知识技能的关系。另外，教学方法灵活多样，教师重在"会教"，学生重在"会学"。手段上要引入多媒体等，实行音、像、图、文多形式、多渠道传递。教学现代化的关键要由"书本"转向"人本"，转向实践能力，转向"多元智能"。

（5）专业课教师现代化：具有现代教育理念和"三高"（高学历、高水平、高技能）水准，与时俱进，知识更新快，能掌握现代高新技术，使用现代教学手段。

（6）专业管理现代化：运用"信息论""系统论""控制论"及现代化信息手段，实行专业负责管理体制，运用激励、竞争机制，充分发挥专业、集体与个人的主动性、积极性、创造性，使专业充满生机、活力、潜力。

最终，通过各项目标的实施，逐步实现整体办学目标：规模大、质量高、特色浓、效益好，意在以专业现代化来推动和深化专业内部和职教内部的改革，经过不断努力促进学校现代化和职业教育现代化。

近年来，四川省达县职业高级中学凭借精良的设备、优秀的师资、科学的管理、一流的服务，在本地区形成了明显的特色优势，产生了良好的影响。先后为本地企业提供了职工专业技术提高培训、新职工培训、劳动力转移培训，大力推进政府扶贫工程、温暖工程和再就业工程，培训了大批技术人才和高素质劳动者。学校在获得"国重"殊荣后，2006 年又被确认为四川省首批示范性中职校，长期以来学校处于达州市领头雁和排头兵的地位，是达州市规模最大、办学业绩最显著的公办中等职业学校。学校在办学理念、管理策略、改革成效等各个方面均位居同类学校前列。学校特色专业建设成效好，机械专业和旅游专业均已成为市级重点专业，各专业建设的论文和经验在全省交流并获全国职教优秀论文一等奖；学校三项教学成果获省、市政府奖励；先后接待本市内外学校参观、学习 100 多次，省、市领导来校视察、指导工作 580 余次；人民日报、四川质量报、四川法制报、四川农村日报、达州日报等新闻媒体频繁报道学校办学业绩，四川省公共频道、达州电视台、达县电视台曾分别作过《勇立潮头竞风流》《职教明珠》《国重铸辉煌，特色奏凯歌》《鹰击长空》等专题报道，充分反映了该校在经济社会发展和社会主义新农村建设中的巨大作用。

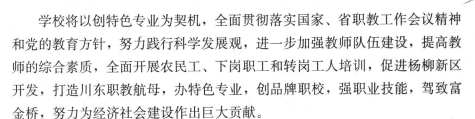

学校将以创特色专业为契机，全面贯彻落实国家、省职教工作会议精神和党的教育方针，努力践行科学发展观，进一步加强教师队伍建设，提高教师的综合素质，全面开展农民工、下岗职工和转岗工人培训，促进杨柳新区开发，打造川东职教航母，办特色专业，创品牌职校，强职业技能，驾致富金桥，努力为经济社会建设作出巨大贡献。

自强不息的四川省达县职业高级中学全体教职工，如今正抓住国家"十二五"规划的发展契机，开拓创新，锐意进取，在加快 20 多万平方米新校区建设的基础上，力争早日把学校建成 1000 所全国示范性中等职业学校，为经济社会发展作出更大的贡献。

四川省达县职业高级中学位于我国经济欠发达地区。学校把办学目标定位在现代化办学，瞄准经济发展的规律确立学校的发展规划，以"走出去观摩取经，请进来充电洗脑，坐下来狠练内功"的方式提高自身发展后劲。这种做法富有重要意义，即一流的思想才能办出一流的学校，现代化的思想才能办出现代化的专业，经济相对落后地区也能办出现代化的学校和专业。

四川省达县职业高级中学积极建设特色专业，强调"六化"，即思想观念现代化、专业设置现代化、专业设备现代化、专业教学现代化、专业教师现代化、专业管理现代化。这一办学思想和实践提高了职业教育品味，契合了社会经济建设现代化的需要，具有前瞻性和时代性。学校将学生的发展规划进行系统划分，在不同阶段为学生提供不同的教育教学指导。经过不断调整，最终使学生走向适合自己的就业或升学道路。学校在软硬件的建设中注重贴近现代化的发展标准，为学生、教师和学校发展提供了良好的思想和物质基础。

四川省达县职业高级中学的办学实践表明，职业学校着眼社会需求，瞄准市场变化，以现代化思想为统领，对解决职业教育人才培养在教育结果与市场需求之间的系统性偏差具有重要意义。

（胡嘉牧）

办特色化的民族职业教育

——天津市交通学校

名校／名校长简介

　　天津市交通学校始建于1972年，占地总面积9.6万平方米。学校隶属于天津市交通（集团）有限公司，是国家级重点中等职业学校，同时也是天津市三所招收内地西藏中职班的学校之一。学校拥有完善的教学楼、学生公寓、体育运动场馆及各专业实训设备和驾驶员训练场地等学习、生活设施，另外，学校还配备了先进的语音室、计算机室、多媒体教室、图书馆等各种办学需要的办学设施，为学生进行技术深造和提高教学质量奠定了坚实的基础。学校近40年来为交通行业和社会各企事业单位输送了数以万计的高素质技能型人才。同时凭借悠久的历史和雄厚的软硬件实力，学校汽车运用与维修专业比赛被天津市教委评定为天津市中等职业学校骨干专业、物流与管理专业成为主流专业方向，学校主流专业办学在全国取得了可喜的成就：从2007—2010年参加全国技能大赛以来，汽车运用与维修专业连续获得多个一、二等奖；2010年学校首次参加物流组合项目比赛获得了一等奖。经国家劳动和社会保障部、天津市人力资源和社会保障局批准，该校成为拥有国家职业技能鉴定资格、道路运输资格考试、机关事业单位工人技术等级培训考核的学校，从而为该校各层次学生顺利获得职业技能资格证提供了有利的保障。除此以外，多年来学校还一直与天津交通职业学院、长沙理工大学、天津公安警官职业学院、天津工程师范学院等多所高校联合办学，鼓励学生通过自考、春季高考、成人高考等方式继续深造。2011 年面对新形势、新任务学校提出了新的办学指导思想：以邓小平理论和"三个代表"重要思想为指导，落实科学发展观，围绕天津滨海新区的发展解放思想，创新教育，推动天津交通中职教育的深化与改革，进一步扩大规模，优化结构，提高质量，增强活力。突出抓好高素质技能型人才培养，逐步构建适应市场经济体制、与市场需求和劳动就业紧密联系的、灵活开放的职业教育体系，为全面服务经济发展提供强有力的人才支持和智力保障。

学校的发展原则如下：

1. 必须坚持"以服务为宗旨，以就业为导向"的理念，着力培养适应经济社会发展需要的高素质劳动者和技能型人才。

2. 必须满足城乡居民对职业教育多样化的需求，为就业、择业、创业和成才创造条件。调整专业结构，深化课程改革，改进教学方法，加强职业指导、创业教育，以适应全民终身学习需要。

3. 必须与生产劳动和社会实践紧密结合，实行灵活多样的人才培养模式，改革以学校和课堂为中心的传统的人才培养模式，加强校企合作，采取工学结合、半工半读、订单培养等多种人才培养模式，真正促进学生实践能力和职业技能的形成与发展。

学校以就业为导向，以校企合作、工学结合为平台，创新人才订单培养模式。同时，学校又与天津市长途汽车公司、天津一汽丰田汽车有限公司、天津一汽夏利汽车股份有限公司、南方物流、奥森物流等60多家企业签署了2011年订单式培养和实习就业协议。确保学生顶岗实习时每月待遇，并且连续4年保持毕业生就业率达98％以上。学校的办学层次有3年制普通中专班（初中毕业生）、1年制"大中专"班（普通高中毕业生）、"三二分段"中职接高职（初中毕业生）、2年制自考全日制大专班（中专及高中毕业生）和3年制成人教育大专班（中职及同等学力毕业生）。另外，学校青年职业服务中心还为社会提供就业定向安置、企业人力资源中介、岗位技能培训、职业资格鉴定、人事档案存放、跨国人才交流、人力资源派遣等服务项目。

从1985年开始，国务院决定在全国16个省市开办内地西藏中学或西藏班。1994年，在国务院第三次援藏工作座谈会上，中央又作出了"继续办好

内地西藏中学和西藏班，长期坚持、不断完善、适当扩大规模"的指示。在内地创办西藏班的根本目的和任务，就是要利用内地学校的办学条件和师资优势，帮助西藏地区培养一批拥护社会主义，能自觉维护祖国统一、民族团结，具有初步的科学世界观和较扎实的科学文化知识以及有一定劳动技能的建设骨干，有效促进西藏的改革开放、经济繁荣和事业发展。实践证明，在内地为西藏办学，是党中央、国务院一项具有战略意义的决策，对维护祖国统一、民族团结将起到重要作用。利用内地较好的办学条件帮助西藏培养人才，有利于密切西藏同内地的联系，有利于西藏各项建设和对外开放，有利于学生的全面发展。

根据教育部、发改委和财政部三部委联合颁布的（教民〔2010〕5号）文件要求，从2010年开始，在天津市选择三所中职学校连续3年开办内地中职班（每年40人）。举办内地西藏中职班，为培养西藏经济建设急需的职业技能型人才，为西藏产业结构调整与特色产业发展提供强有力的技能人才支持，是党中央、国务院从全局高度作出的战略决策，它充分体现了中央对西藏各族人民的深切关怀，对进一步推动西藏教育发展、全面带动广大牧民脱贫致富具有重要意义，同时也是维护国家统一和民族团结，实现各民族共同奋斗、共同繁荣发展的重要举措。

一、西藏人口教育情况

以前的西藏没有一所现代意义上的学校，适龄儿童入学率不足2%，文盲率高达95%。第四次人口普查表明，西藏总人口为2196010人。其中，具有小学以上文化程度的有552123人，占总人口的25.14%；具有大学（含大专）文化程度的有12610人，占总人口的0.57%；具有高中（含中专）文化程度的有46590人，占总人口的2.12%；具有初中文化程度的有84539人，占总人口的3.85%；具有小学文化程度的408384人，占总人口的18.59%；文盲、半文盲人口为975652人，占总人口的44.43%。每千人拥有小学以上文化程度的有25人，其中大学5人、高中21人、初中38人、小学185人。另外，西藏人才匮乏，各类人才结构也不合理，全区数千名干部中大多数是行政干部，科技、经济管理人员只占1/5左右，可谓是"人才奇缺"。西藏经济发展缺乏自身人力、财力、物力等方面的支持，而人力的缺乏是制约西藏经济发展的关键因素，这与当前以经济建设为中心的社会要求是极不相符的。多年来，国家投入大量的资金发展西藏的教育事业，使西藏在全国率先实现了城乡免费义务教育。西藏自治区党委、西藏自治区人民政府针对西藏实际在《关于改革和发展西藏教育的决定》中提出：到 20 世纪末，西藏自治区基础教育的发展目标是"基本实现县县有中学，乡乡有完全小学，适龄儿童入学率达到 80％以上；牧区基本普及四年义务教育，农区基本普及六年义务教育，主要城镇普及九年义务教育。"为达到这一目标，自治区党委、政府还对区内一些贫困适龄儿童上学实行"包吃、包穿、包住"的"三包"教育政策。这足以说明西藏自治区党委和自治区人民政府是时时将西藏人民的疾苦放在心上的，是处处为西藏人民的根本利益工作的；同时，也说明西藏教育的落后，落后的教育制约了西藏经济的繁荣与发展。经过国家政策的实施，20 多年来全国先后有 20 多个省、直辖市的学校开办内地西藏班（校），包括内地重点高中、高等学校招收西藏班学生，为西藏培养输送了近 2 万名各级各类建设人才。现代科学技术迅速发展，科技队伍不断壮大，2007 年各类专业技术人员达到46500人，其中，以藏族为主的少数民族技术人员达31400人。一批博士、硕士、科学家、工程师等高级人才脱颖而出，成为推动西藏发展的生力军。

通过以上问题分析，可以看出在西藏的改革与发展中培养高素质的劳动者和接班人是关键。但是，与内地相比，西藏教育事业内部改革和发展相对滞后，教育质量较低，与西藏社会主义现代化建设事业和人民群众对教育的需求日益增大之间的矛盾还很突出，教育还很不适应西藏经济、政治、文化和社会发展的要求。因此，大力发展西藏地区的教育是十分紧迫和必要的，而充分利用内地的经济优势和教育资源，直接帮助西藏培养人才，同样是非常有政治远见的重要举措。党中央、国务院"智力援藏"、在内地办西藏班（校）的战略方针，正是站在这一国家的高度、政治的高度、民族的高度，为西藏的发展描绘了一幅更为广阔、前程锦绣的教育发展蓝图。

二、内地西藏中职班的办学模式

内地西藏中职班的办学宗旨是：为西藏地区的经济建设和社会发展服务，为西藏培养 21 世纪德、智、体、美、劳全面发展的人才。

（一）高度重视、精心准备

自从接到举办内地西藏中职班的任务后，无论是天津市教委、天津市交通集团党政还是学校党政部门都高度重视，专门成立了由天津市交通集团党委书记靳和连任组长、学校校长薄小川任副组长的"接收内地西藏中职班工作领导小组"，并多次召开专题会议，学习国家相关的工作要求，统一思想，提高认识，研究部署工作，并明确了这项任务的特殊性和政治性，讲明在内地办西藏班的目的、意义，提出了"高境界、高效率、高起步、高要求"的工作方针，最终部署了一系列专门针对西藏学生的工作，以倒排工期的形式投入各项准备工作。从 2010 年 7 月 14 日接到任务后，全体教职员工放弃休假，开始了紧张、有序的筹建和准备工作。教职工购置了崭新的学习生活用品，大到课桌椅、床铺，小到水杯、牙刷、卫生纸，甚至连学生到校后第一次洗浴后换洗的内衣内裤都准备得一应俱全。学校为他们安排了最好的教室、宿舍位置，对多媒体教室、计算机房、学生教室、学生活动室、宿舍、教师办公室和教师值班室、洗漱间、卫生间、浴室和楼道进行了重新装修和布置，确保学生开学后的学习生活环境达到最好状态。期间，学校克服了经费滞后的困难，全体教职工周到细致、昼夜不分、忘我工作，最终圆满完成了前期硬件准备工作。

在硬件设施准备的同时，学校还不断加强全体教职员工和在校学生思想觉悟上的认识。学校采取"走出去，请进来"的方式多次组织教职工学习，统一思想认识，提高重视程度，通过专家讲座、学习文件和座谈等多种方式武装教职工的头脑，明确了对西藏学生的教育教学方式，坚持社会主义办学方向，明确了西藏的跨越发展和长治久安，是西藏教育的首要任务。立德树人作为教育的重要任务，是西藏教育发展的战略主题。大家从看西藏地图开始，了解其气候、地貌、历史和政治等方面的情况，学校特地印制了有关西藏风土人情、藏语的学习手册，让学生逐步了解西藏的生活习俗和民风民情，以便和学生沟通、交流。招收内地西藏中职班的工作对学校既是机遇又是挑战，为了充分做好接收工作，学校组成了一个政治觉悟高、专业技术强、认真负责的团队进行教学和管理。面向社会进行了专职人员招聘和遴选，最终确定了西藏班班主任、副班主任、生活指导教师，并安排有经验的教师为任课教师，在学习、生活等方面为西藏学生服务。此外，天津市教委领导、交通集团党政领导在不同阶段多次到校检查指导工作，以确保万无一失。2010 年 9 月 3 日，薄小川校长、李桂花书记亲自到北京迎接 40 名西藏学生，这些学生的专业是汽车运用与维修，他们将在天津进行为期 3 年的学习生活。学校全体师生为西藏学生举行了非常隆重的欢迎仪式。在欢迎仪式上，薄校长代表学校全体师生对远道而来的学生表示热烈的欢迎。他讲道："内地西藏中职班为西藏培养各类技能人才，是党中央、国务院为切实解决西藏牧区缺乏技能型人才、对西藏各族人民深切关怀的具体体现，是培养西藏人才，带动西藏经济发展，实现民族统一、团结、奋斗、共同繁荣发展的重要举措。学校将本着'坚持不懈，始终如一；不断创新，锻造英才'的工作要求，全面做好西藏技能人才的培养工作。全校师生在整个暑期里精心准

开学典礼

备，为大家创造了良好的学习、生活环境。在天津市交通学校这个大家庭里，他能提供给同学们良好的学习环境和全新的发展机会，同学们将会认识更多的事物，掌握更多的知识，结识更多的朋友。不管是从年龄还是从现在生活的环境来说，你们已经开始步入社会，开始独立思考自己的人生了。这是党中央发展少数民族教育、振兴少数民族地区经济的政策，才使得你们有机会来到天津市交通学校接受教育。家乡父老、亲朋好友对大家寄予着厚望，大家应该深深理解父母的关心和国家给你们提供的如此优良的学习机遇，应该努力学习将来报答父母的养育之恩。待学业有成，便投身于西藏地区的繁荣发展和经济建设中去。"薄校长在讲话中希望同学们一定要坚持高举民族大团结的旗帜，深刻领会"汉族离不开少数民族，少数民族离不开汉族，少数民族之间相互离不开"的思想内涵，在共同的学习生活中相互尊重、相互关心、和睦相处，要像爱护自己的眼睛和生命一样，维护民族平等团结。"同学们不要忘记父母的期盼；不要忘记家乡父老的嘱托；不要忘记发展少数民族教育，加快少数民族地区、边疆地区、贫困地区经济发展的庄严使命；更不要忘记胡锦涛总书记对我们青年一代'理想远大、信念坚定的新一代；品德高尚、意志顽强的新一代；视野开阔、知识丰富的新一代；开拓进取、艰苦创业的新一代'的希望。校党委、校行政希望大家勇于承担历史使命，不负党和人民的厚望，义不容辞地继承'爱国、进步、民主、科学'的优良传统，勤奋学习、掌握技能、提高素质、增长才干、锻炼胆识、不懈进取，在全面建设小康社会的伟大实践中谱写出更加壮丽的青春乐章！"

（二）贴近实际，因材施教

2010年学校接收的40名来自西藏的汽车运用与维修专业中职学生，主要来自拉萨、山南、昌都、日喀则、林芝、那曲、阿里等地区，学制3年。其中男36名，女4名。学生层次参差不齐，跨度很大。年龄层次上的跨度在15—23岁之间，文化层次上的跨度在（藏区）小学三年级至高中水平，部分同学汉语拼音不认识，语言交流有障碍，风俗习惯也因生源地不同而各有差异。基础最差的学生甚至连一句汉语都听不懂，一句汉话都不会说。他们自由散漫、我行我素的情况非常严重，说话办事没有分寸，处理事情的方式也比较极端。这给我们的教育管理和教学工作带来了前所未有的困难。作为内地西藏中职学校，承担着为建设 21 世纪新西藏培养高素质劳动者和接班人的历史重任。为了完成党和国家交给的这一光荣而艰巨的任务，不辜负西藏人民的期望，学校不仅要坚持正确的政治原则、政治立场、政治方向，而且还要树立正确的祖国观、民族观、宗教观和教育观，立足于教育实际、天津实际、学校实际和学生实际，探求自己的教育管理模式，力争通过三年的教育、管理和引导，使来到交通学校学习的每一个藏族学生的生活能力有明显提高、语言表达能力有明显进步、思想观念有明显转变、文化素质有明显提高，使他们的陋习得以改变、个性得以张扬、情感得以升华、人格得以重构，真正成为建设 21 世纪新西藏的高素质的劳动者和接班人。因此，西藏班的管理与教学要求我们必须因材施教，积极认真，高度负责。

1. 全力以赴，帮助学生过好生活关

西藏班学生初到学校，脸上不时露出一种新奇、焦虑、不安和期盼的神情，因为这些学生第一次远离家乡，远离父母亲人，千里迢迢来到内地上学，在环境气候、生活方式、饮食习惯等方面都有一种不适应感。在环境气候上，内地人到西藏因缺氧有高山反应，而学生们从西藏到内地，也因内地空气湿度大，氧气充裕，同样会产生低原反应。在生活方式上，尤其是西藏农牧区的学生，没有洗澡的习惯，有的地区人们一生只洗三次澡；大小便不上厕所，就地解决，因为偏远的牧区没有厕所，也不会用手纸；不会用洗衣机，甚至把鞋子放到洗衣机里面用脚踩着洗。在饮食习惯上，他们不喜欢甜的食物、咸的食物，不喜欢海产品、豆制品，而喜欢辣的食物，喜欢抽烟、喝酒。另外，他们到内地还有一个时区的差异，在新奇感逐渐消失的同时，不适应感则逐渐强烈。面对这一张张天真幼稚、焦虑期盼的小面孔，一种真挚的父母之爱，一种神圣的民族情感在全体教职工的心中渐渐升起，学校领导果断决策一定要帮助学生过好生活关。

（1）促进良好习惯的养成。爱是前提，培养藏族学生良好的生活习惯是关键。首先是直接引导，学生刚到校时，全校教职工分工负责，每位教师带 3—4 个学生，指导他们上厕所、用手纸，指导他们饭前便后要洗手，指导他们洗头、洗澡、洗内衣，指导他们睡觉关蚊帐、盖被子，指导他们到超市购物，直到他们会做为止。其次是检查督促，由于长期的环境影响，学生良好生活习惯

按照学校要求整理仪表

的养成不是一蹴而就的，学校采取的策略是"低起点，小坡度，稳推进"的工作方法。如西藏的一些学生就是不喜欢洗澡、洗衣服，因此，每次洗澡生活指导老师、班主任都亲自随同，以督促每个学生做好个人卫生，养成良好的卫生习惯。

（2）促进自理能力的提高。培养良好习惯的目的更主要的是要提高每一位同学在生活上的自理能力。学生到校后学校就把他们送到部队，请武警官兵对学生进行军训，除了队列训练外，还有一项重要内容就是内务训练，教会他们床铺抹平整，被子叠方正，物品摆整齐，推动其内务管理上水平。此

学生在部队参加军训

外，学校开展个人生活能力竞赛，如叠军被、宿舍卫生、个人卫生评比，通过竞赛增强了学生的自我管理意识，提高了学生的自我管理能力。

（3）增进感情的信任度。对这些年龄不大又远离父母的孩子，教师首先要在情感上给予他们关爱，把他们当作自己的孩子来看待。同时，学校还要配备经验丰富、感情细腻、责任心强的男女教师作为他们的生活指导老师，照顾他们的衣食住行，关心他们的病痛冷暖。指导老师吃饭时与他们同桌，晚上睡觉前督促他们洗漱、为他们盖被子，手把手教他们用洗衣机洗衣服，发现学生身体稍有不适就送他们去医院，给他们买水果……在这些孩子面前，老师既做教师，又当父母。为了这些孩子，老师们的行动正如陶行知先生所说："捧着一颗心来，不带半根草去。"因此，学生们会情不自禁地叫老师"天津阿妈"或"天津阿爸"。其次，在生活上学校为每个学生配置了必备的生活用品，除了被褥、席帐等大件外，连牙膏、牙刷、拖鞋等也都配齐了，使学生到校之后没有后顾之忧；另外，为了方便学生经常与家长通信和电话联系，学校特地安装了专用电话并设立了话吧、视频通话等通讯设施，使学生处处感受到家的温暖。活动室里小型的体育锻炼器材供他们业余时间随时活动。晚上7：30分组织大家观看中央电视台的《新闻联播》和《气象预报》，让他们关心国家大事、了解家乡信息。第三，在饮食上给予关爱。学校专门设立了富有藏族特色的"雪域餐厅"，学生每月伙食标准为400元，为适合学生口味，食堂逐步摸索出藏族学生爱吃的饭菜，且每周都有食谱，做到营养全面，荤素搭配，粗细搭配，使学生真正感受到生活在这里比家里还幸福，老师真好，天津交通学校真好。

2. 千方百计，帮助学生过好语言关

学生来自西藏各个不同的学校，语言表达水平参差不齐，绝大部分学生的汉语水平仅仅是能使用一般的生活用语和交际用语，即使是拉萨市里的学生，汉语水平也比较差。

（1）营造汉语言氛围。一直以藏语为主要交流工具的学生，要他们在较短时间内学好汉语言，没有一个良好的语言氛围是不行的。首先，学校给每个学生发了一本《新华字典》，教他们用字典，要求他们读不准的字就查字典，在积累的基础上注意运用。其次，利用黑板报、画栏进行学好普通话的宣传，摘抄短小精悍的普通话训练语句，使学生处处见到的都是民族特点与汉语言表达相结合的内容，以增强其说普通话的意识，积极创设一个使用汉语言的氛围。另外，学校还给西藏学生发放了《钢笔字帖》，让西藏学生常练硬笔书法，提高他们的汉字水平。

（2）强化汉语训练。为了提高学生的汉语表达能力，学校要求任课教师、管理老师放慢语言速度，时时处处进行对话训练、硬笔书法训练，加快藏族学生过好语言关的进程。

3. 多种渠道，帮助学生过好思想关

人以德为立身之本，"德"既包括正确的政治观点，如爱祖国、爱人民、爱集体，也包括最基本的为人处世的行为准则，如诚实、笃信、正义感和责任感等，还包括良好的心理素质，如勇敢、豁达、意志坚定。学校实施素质教育的一个重要方面就是加强德育工作，让学生养成良好的道德品行，使他们受益终身。由于西藏学生善良、纯朴，他们对真善美和假恶丑还缺乏一定的分辨能力。因此，作为藏族班，学校帮助学生过好思想关显得尤为重要。

学校党委书记梁来增与西藏学生"结对子"

（1）以父母之情感化学生。刚到内地，西藏学生对内地学校的老师有一种自我封闭心理，与老师之间构筑了一堵无形的墙。只有消除了这一情感障碍，思想工作才能到位，教育教学工作才能较好地开展。学校要求所有教职工对学生的生活、身体多关心，要动之以情；对学生的过激言词要多谅解，要感之以心；对学生的思想顾虑多交流，要晓之以理；对学生的行为过失多诱导，导之以行，使西藏学生产生一种归宿感："教师就是父母，学校就是

家。"为此，学校启动了党员干部与西藏中职班学生"结对子"活动。为便于学校西藏班学生的管理工作，使学生快速融入社会和学校这个大家庭，按照学校党政的安排，从学生入校开始，党员干部要与西藏班学生结成对子，并将此项工作常规化贯穿始终。此项工作的目的是促使党员干部深入了解西藏班学生的思想状况，加强师生之间的沟通与交流，解决学生的思想问题，促进学生的身心健康发展。另一方面，配合西藏中职班教师进一步提高学生文明守纪、行为礼仪、学习认知、思想品德、公益服务等综合素质，"结对子"活动不提倡单纯的物质帮助形式，而是通过关心西藏班学生的学习，促使他们健康成长、圆满完成学业，从而达到服务社会、贡献家乡的目的。各党支部充分认识到开展师生"结对子"活动的意义，做好师生"结对子"的宣传和指导工作，并不断创新活动的形式和方法。每名参加此项活动的党员干部都深刻领会到这项工作的重要意义，以高度责任心和责任感，自觉学习西藏政策，切实重视和完成好工作，从学生的思想、行为、生活和学习等方面对互助学生进行帮助，让学生深刻体会到社会、学校、教师对他们的关怀。同时，通过党员干部与所负责学生的沟通和交流，让他们吐露心声，以便教师了解他们的喜怒哀乐，并填写好师生联系手册，记录好学生的成长历程，从而促进学校的管理。薄校长对教师提出了明确的要求：①倾情倾力投入；②注重思想和学习上的更多关心；③让学生珍惜在津提供的优越条件，努力学习，争取让更多的西藏学生走向各类赛场。

（2）以真实事例教育学生。学校一方面从道理上教育他们，另一方面又以真实事例教育他们，给他们讲解历代达赖、班禅敬献中央政府礼品的史实，让他们知道西藏历来就是祖国不可分割的一部分；以西藏那曲地区为例，东部五个县寺多、僧多，但全部都是贫困县，西部地区寺少、僧少，而富裕程度远远超过东部，让他们了解只有走社会主义道路，发展教育，培养人才，才是西藏繁荣富裕的保证。通过拉萨市的发展，向他们讲解拉萨市的邮电大楼、拉萨市第一人民医院等大型建筑，都是内地建筑工人在那里建造的；布达拉宫下的大马路，由江苏省出资出力改为宽阔的水泥路，路名也由金珠路（解放路）更名为江苏路。以真实事例说明西藏的发展离不开祖国的支持，离不开全国各族人民的共同支持，只有在社会主义这个大家庭中西藏才有更加美好的未来。

（3）以丰富的活动陶冶学生。对这些从西藏雪域高原来的学生来说，由于相对的闭塞落后，光从理论说教上着手，是很难收到教育的高效的。因此，学校以活动为载体，开展了众多丰富多彩、形式多样的思想教育活动，寓思想教育于活动中。如天津一日游让他们更多地了解了天津，看到了祖国的快速发展；2009年10月1日，是新中国成立60周年的日子，同学们早早就起床，开始这一天的升旗，同时还进行了国旗下的演讲。为了让同学们过一个有意义的国庆节，清晨，同学们就集合在多媒体教室，共同观看2009年国庆60周年阅兵式。同时，学校还邀请了两位特殊的客人，一位是曾经参加过国庆阅兵式、代表三军女战士仪仗队的魏鑫教官，一位是曾经主持设计制造天津市国庆阅兵彩车的刘亚平总工程师，这两位专家从不同侧面为同学们介绍了国庆节阅兵式的训练和彩车的制作过程，同学们认真地学习和观看。通过二位专家动情的讲解，同学们收获颇丰。10月1日也是西藏班同学米玛拉珠和强巴扎西两位同学的生日，也是他们到天津学习以来迎接的第一

3月5日，共度藏历新年

个生日，学校的老师和军训部队的教官为他们带来了生日蛋糕，为两位同学过生日的同时也为10月份过生日的8名同学举办了集体生日宴会，同学们团聚在一起，吃蛋糕、唱歌、跳舞，展现大家的喜悦心情。另外，学校还组织西藏班的同学参观天津周邓纪念馆、平津战役纪念馆，让他们了解周恩来、邓颖超两位伟人的丰功伟绩，为他们的

崇高人格和英勇事迹所感动，同学们纷纷为两位伟人和革命先烈敬献花束，并在他们崇拜的伟人塑像前合影留念。学校还带他们观看北京天安门广场升旗仪式、爬长城，使他们亲身感受祖国的美好和强大。经历了一次次强烈的爱国主义教育后，学生的心灵受到了震动，感情得到了升华，思想得到了净化，正像他们的一首歌唱到的："太阳和月亮是一个妈妈的女儿，她们的妈妈叫光辉；藏族和汉族是一个妈妈的女儿，他们的妈妈叫中国。"3月5日是藏历兔年大年初一。学校更是利用这个机会举办了"相约交校，共度藏历新年"活动，让学生感受大家庭的温暖。从藏历二十九开始，天津交通学校的校园里就洋溢着浓浓的节日氛围，藏民族传统文化以及西藏班学生入校以来的成长历程宣传栏布置一新，教室、寝室到处洋溢着民族节日的气氛。二十九吃"古突"，三十放鞭炮，初一大联欢、送贺卡、聚餐、"结对子"的党员干部短信祝福……西藏班学生的节日丰富多彩。大年初一，集团领导以及学校党政领导班子成员和西藏班的师生共度藏历新年，并向西藏班的学生致以节日的祝福，勉励西藏班的学生要珍惜学习机会，坚决维护国家统一和民族团结，要争当民族团结进步的模范，早日学成返藏，建设家乡。

虽然学校做了大量的思想工作，举行了很多有声有色的活动，但仍避免不了一部分学生的不良行为和违纪问题，如散漫、抽烟、私自外出现象频频发生。针对这些问题，学校一经发现严肃处理，起到了以儆效尤的作用。同时，借每一个处理违纪的机会，学校对班务进行整顿，维护了班级内部的稳定。经历了一次次的整顿，班内学生的表现逐渐稳定，心态逐渐平和。由于学生正处于青春期，情绪起伏不定，所以教师不能放松警惕，必须做好预防，努力提高学生的文化水平和思想素质。

4. 严把教学，帮助学生过好学习关

振兴民族的希望在教育。党中央、国务院决定办内地西藏中职班，其目的就是要充分依靠内地的教育资源和教育优势，帮助西藏发展职业教育，培养技术人才。因此，学校根据西藏班学生的实际，注重教学的针对性，加强教学的直观性，重视情感的渗透性，从学生的实际出发，做到循序渐进。让学生在生动活泼、轻松愉悦的氛围中陶冶性情，提高能力，丰富知识，让学生的身心得到全面而健康的发展。

（1）注重因材施教。西藏班学生的水平从小学到高中参差不齐，如果教师仍机械地照搬学校的教学方法去教西藏的学生，其结果是不言而喻的。所以，教学必须具有针对性。学校根据西藏班学生的实际，确定了"低起点，小步走，稳提高"的教学原则。一是重视语言的作用。因为语言是工具，语言残缺、语言障碍是学习各门功课的绊脚石。学校从一开始就确定了强化汉语教学的教学策略，在教育教学过程中注意渗透和发挥语言的功能作用，创设语言氛围，重视语言训练和纠错，提高学生的语言文字表达能力。二是注意因材施教，从学生的实际出发，如语文教学，不同层次人员采取不同进度，注意"坡度""密度"和"适度"，做到循序渐进、照顾到每一个学生。

（2）注重教学的直观性。西藏班学生由于基础较差，理解能力不强，对一些概念化的内容往往不甚了解。因此，直观教学势必成为教好西藏学生的重要手段。教学直观性原则主要体现在以下几个方面。

①采用可视性教学手段，如为帮助学生对知识的理解和记忆，运用图片、教具、音像、挂图、简笔画、卡片以及多媒体等多元化教学手段，帮助学生理解和记忆。

②采用直观性教学方法。学校在政治、语文、外语、汽车基础知识等课上都尽可能采用现代化教学手段辅助教学，多安排实训课程，提高课堂教学的直观性和学生的动手能力，帮助学生理解、记忆所学内容。

（3）重视情感渗透。现代教育非常重视教育中的情感因素，美国哈佛大

学心理学博士 D. 戈尔曼认为："真正决定一个人成功与否的关键，是情商而不是智商。"因此，对西藏班学生来说，培养他们的情感品质显得尤为重要。作为教师，能够尊重并信任他们，使他们感到自己的言行无不受到老师期待的感召、感化，因而形成接受教育影响的主动性和积极性。情感的渗透不仅是对学生身体、生活的关怀照料，也不仅仅是课堂上老师外显的情感气氛，更主要的是在教室里为学生解除心理压力、激发思维、调动积极性而创造的一种情景教学，让学生在生动活泼、轻松愉悦的氛围中陶冶性情、提高能力、丰富知识，使其身心得到全面健康而和谐的发展。如教师用简洁、富有情感的语言去鼓励和启发并不太出色的学生。老师常用富有情感的语言或非语言（手势、表情、目光、声调）主动与学生交流、启发和激励学生，使他们消除自卑、胆怯的心理，形成良好的学习品质，促使其理性情感的升华。与此同时，教师在作业的批阅、试卷的编制、考试的方式上都要注意到情感的渗透，给学生信心，目的是帮助他们尽快掌握技能，拥有过硬的技术本领。2010 年，全市中等职业学校汽车专业学生技能大赛，学校特意选拔了西藏班的洛松泽仁同学参加个人组的比赛，他与天津其他 30 余名选手同台竞技，良好的竞技状态和较好的技能水平，获得大赛三等奖，检验了学校教学成果的同时，也展现了西藏班学生的风采，并得到了市教委领导及专家的高度肯定。最重要的是，这件事让他个人和全体西藏班学生鼓足了学习的勇气。

西藏班的管理工作要求我们耐心、细心加责任心。不计较个人得失的工作作风是做好这项工作的基本前提。既然接受了这些工作，就是选择了辛苦和奉献。西藏班的老师每天工作时间长达十七八个小时，他们不厌其烦地带领学生去银行办理存取款、邮局取包裹、商店买衣服、超市购买日用品、看病等。这些教师深知学生离家万里到天津学习，没有家长的呵护，学生的内心充满了迷茫和无助。多一份理解，就多一份情；多一份关心，就多一份爱。工作中老师们通常拥有多种身份：在教育教学工作中担任老师，在日常生活和课余活动中担任家长，在学生生活起居上充当"保姆"，在学生发生争执和矛盾时又充当"警察"，有时候学生生病了还要当半个"医生"，学生小的物品损坏了还要当"修理工"。教师们注重在学生面临不同状况时自身角色的转换，时时牢记对学生"严、细、爱"的工作要求，引导西藏学生健康成长，使西藏学生稳定、充实地度过内地的学习生活。事实证明，西藏班的学生们都是懂感情、知报恩的好学生，教师们不计辛劳的努力和付出都没有白费，终于得到了这些学生的信任。这不仅使他们在远离家乡的日子里有了心灵上的依靠，还为学校的教育和教学打下了良好的管理基础，为他们将来安心学习、快乐生活建立了坚实的感情基础。

交通学校内地西藏中职班开办以来，一直受到天津市教委、交通集团党政的高度重视和关怀，西藏班学生在学校也感受到了祖国大家庭的温暖，为了表达他们感恩的心情，西藏班的同学们特意编排了手语歌曲《感恩的心》，并在 2011 年新年联欢会上献给天津市教委、交通集团党政和学校的每一位师生。

2010 年的工作为内地西藏中职班工作的持续开展开了一个好头。在上级领导的关心支持下，在学校党政的带领下，经过全体教职工团结一心、努力奋斗，西藏班在学生管理、教育教学、思想提升等方面都取得了显著的成效。面对 2011 年的工作，学校在总结的基础上提出了更加切实可行的新思路和新举措。2011 年学校把工作重点放在建立有组织、有纪律的团结集体上。通过更多的文娱活动和学习经历加强学生的集体意识，杜绝学生自由散漫的作风，减少和化解学生内部矛盾，增强学生团队合作意识。西藏内地中职班的工作只能做好，没有退路。因为它关系到西藏的发展建设，关系到祖国的安定统一。

天津市交通学校内地西藏中职班才刚刚起步，还处于蹒跚探索和发展之中，还需要各级政府、交通集团党政、社会各界的扶植和支持。但是，从该校创办的那一天起，就立足高起点，追求高品位，立志要把学校办成具有西藏特色、天津特色、交通特色的"三特色"学校，坚持"严、细、爱"的管理原则，扎实做好内地西藏中职班的各项工作，努力为雪域高原的孩子们开辟一条通往知识和技能的"天路"。办好内地西藏中职班，已列为该校 2011 年重点工作中"八大攻坚战"之一，面对未来，学校从实际出发，继续保持前一段工作中的良好势头，继续提高思想认识觉悟，提高理论政策的学习水平，将解放思想和创新精神应用到实际工作中，力争打造一支思想素质优良、政治觉悟过硬、业务能力精深的西藏班工作队伍，通过教师们的努力逐步探索出一条培养藏族学生的创新之路，不断提高西藏班的教育教学水平，为促进民族文化繁荣、增强民族团结、维护国家统一作出贡献。

专家点评

专业是连接行业、职业和教学的桥梁。天津市交通学校紧紧围绕交通行业建设主干专业和主流专业，并承办内地西藏中职班，体现了其专业的行业性和品牌性，在民族职业教育方面走出了特色化的发展之路。

1. 专业建设行业化

天津市交通学校隶属于天津市交通（集团）有限公司，在专业建设方面紧密围绕交通行业需求，培养交通行业需要的各类高素质技能型人才。学校承办的内地西藏中职班的专业——汽车运用与维修，被天津市教委评定为天津市中等职业学校骨干专业，是学校专业建设行业化的一个突出表现。此外，学校的物流、汽修实训设备和驾驶员训练场地，体现了紧密结合行业的特色；学校还成为拥有国家职业技能鉴定资格、道路运输资格考试、机关事业单位工人技术等级培训考核的学校，彰显了学校在交通行业专业建设和发展中的实力。

2. 专业结构特色化

专业结构是各专业之间的比例关系，体现了学校办学的特色和方向。天津市交通学校建校40年来，一直致力于培养交通行业需要的高素质技能型人才，将物流与管理专业作为主流专业方向，汽车运用与维修专业为骨干专业，形成了结构合理、特色突出的专业发展模式。为满足城乡居民对职业教育多样化需求，学校以终身学习为指导思想，形成了结构合理、协调发展、灵活开放的职业教育体系。一方面，学校创新人才订单培养模式，与交通、物流等行业的企业签署订单培养和实习就业协议，保障学生顶岗实习待遇，提高毕业生就业率；另一方面，学校与相关高校联合办学，鼓励学生通过自考、春季高考、成人高考等方式继续深造。

3. 专业教育民族化

承办内地西藏中职班是"智力援藏"的一项重要工作，在实现民族团结与发展方面具有重要的意义。天津市交通学校秉承为西藏地区的经济建设和社会发展的服务意识，为西藏培养德、智、体、美、劳全面发展加特长的人才服务理念，根据学生的特点，因材施教。在专业教育教学上，学校将民族文化、民族情感摆在突出的位置，帮助学生突破生活关、语言关、思想关和学习关，努力为雪域高原的学生开辟一条通往知识和技能的"天路"。

（佛朝晖）

中职也争俏，特色显文章
——福建省仙游职业中专学校

名校／名校长简介

　　福建省仙游职业中专学校位于仙游县城东部，创办于1972年，1982年该校开始办职业高中，1984年改为职业中专学校，2000年4月该校被评为省级重点职校，2008年3月被评为国家级重点中等职业学校。目前，校园占地面积为71333平方米，校内建筑面积为36260平方米。学校开设九大类18个专业，学生4600多人，其中全日制学生2635人。现有专任教师103人，其中高级讲师22人，省市级骨干教师、学科带头人16人，"双师型"教师53人。学校图书藏书总量达8万册，教学设备齐全，现有各类多媒体及专用电脑教室10间、电脑580台。学校配有电子电工、电脑美术、会计专业等模拟仿真设备，有专业的舞蹈厅、音乐教室。目前学校有古典工艺家具、电脑美术设计、油画、雕塑、机械制造、汽车、电子等10多个实训基地。学校积极贯彻"上挂、横联、下辐射"的办学原则，主动与南京林业大学家具学院、福建教育学院、湄洲湾职业技术学院、福建电大、福建机电铁路学校、福建二轻学校等院校联合办学。2年来，学校凭借国家职业技能鉴定站、县级职教中心的功能充分发挥莆田市工艺美术职业技术教育集团龙头院校辐射作用，在抓好学历教育的同时，注重非学历教育，因地制宜举办"阳光工程"、劳动技能培训、SIYB培训、农村实用人才带头人等各类培训班238期，受训人员达23980人次。学校在无偿培训农民工和提高劳动职业技能培训方面，以服务为宗旨，以奉献促发展，取得了可喜成绩，得到各级领导的充分肯定和新闻媒体的高度关注，中央电视台新闻联播、中国教育报等10多家新闻媒体曾做过相关报道，学校于2004年2月在全国农村劳动力转移培训经验交流会上交流经验，2006年7月学校被教育部、科技部、农业部、劳动和社会保障部等七部委共同授予"全国农村青年转移就业"先进单位。

学校紧紧抓住职业教育发展的大好机遇，全面贯彻党的教育方针，积极贯彻《国家中长期教育改革和发展规划纲要（2010—2020）》、教育部《中等职业教育改革创新行动计划（2010—2012）》《关于制定中等职业学校教学计划的原则意见》和新教学大纲实施意见，坚持以服务为宗旨，以就业为导向，以人为本，面向市场，注重抓常规管理与机制创新，努力探索职业教育发展的新思路。学校坚持遵循教育规律，创建职教品牌，培养"四用"（有用、管用、实用、好用）人才，服务地方经济的办学宗旨，提出"重视质量，提升内涵，扩张规模，保障就业"的办学口号，实现学生"进得来，学得好，留得住，出得去"的办学目标。学校积极推行"双证书"制度，通过"助学金+奖学金"的优惠政策为莘莘学子提供就业与升学的空间和舞台。学校先后被评为福建省省级花园式单位、福建省全民健身节先进单位、福建省职业教育先进单位、福建省教育系统先进集体、福建省第十届文明学校。2010年学校在第十四届省运会大型开幕式的精彩表现获得了省政府的表彰，2010年学校工会被全国总工会授予"全国职工教育培训示范点"称号。

核心管理思想

职业学校作为管理的一个群体，其职业的教育性与教育的职业性，决定了其办学管理思想的普遍性与特殊性。撇开学校管理思想的普遍性，我们自然会发现职业教育的特殊性，那就是学校管理必须确立"接轨市场，服务社会"的核心思想。因为职业教育是我国教育事业的重要组成部分，是教育体系中不可缺少的教育类型，也是现代教育体制的重要标志，它与社会经济发展的关系最直接、最密切。如果与普通教育相比，或从职业教育的发展来说，职业教育的特殊性是显而易见的。具体来说，一是教育目的不同。职业教育不但重视学生职业知识和职业技能的培养，同时也重视职业道德和职业素质的教育，是直接为社会经济建设培养懂技术、会管理、能服务的职业与技能性教育。二是教育要求的不

教学教研现场

同。职业教育以提高学生的专业知识与技术能力为主，重在让学生懂得做什么，怎么做，使学生学有专长。三是课程的不同。职业教育除满足学生继续学习的需要，其课程结构更加注重学生技能的应用性、针对性和职业性，以适应社会经济发展的需要。正是由于职业教育的特殊性，学校始终努力端正办学思想，明确办学目标，并在长期的教育与教学管理中提炼了可操作的、更为具体的发展思路。

学校办学宗旨：遵循教育规律，创建职教品牌培养"四用"，人才服务地方经济。

学校办学思想：抓住机遇，挖掘潜力，注重质量，提升内涵，扩张规模，保障就业。

学校管理目标：强化育人意识，倡导敬业奉献，构建和谐、崇德、有

序、有效、管理统一的机制，让社会满意、政府放心、家长安心、学生开心（教书育人、管理育人、服务育人、环境育人）。

教育教学目标：面向市场，面向社会，以产业为引领，以就业为导向，以素质为基础，以能力为本位，以"成人＋成才＋成功"为目标，让学生"进得来，学得好，留得住，出得去"，实现教育与教学的有机统一。

作为国家级重点职业学校，又地处农业大县，学校非常重视科学管理，并在实践中形成了一套独特的管理思想，其主要内涵为以人为本、注重技能、支持改革、彰显特色。

 实践应用

在古代，儒家十分重视人在管理过程中的地位，一切管理活动都是围绕着治人而展开的，可以说对人的管理是儒家理论的核心。

近年来，胡锦涛总书记、温家宝总理等中央领导对职业教育多次作出重要批示，指出职业教育是面向人人、面向全社会的教育，其最大目标是实现择业自由和全面发展，使人们更好地赢得尊严。自由、全面发展、尊严，这就是人本，而且是最大的人本。可以说，有了党中央国务院的高度重视、正确领导和大力推动，中等职业教育围绕经济社会发展需求，在服务中深化改革、在贡献中加快发展，从解决突出问题入手，以改革创新为强大动力，突出重点、整体规划，推进中等职业教育在新时期实现科学发展。刚刚颁布的《中等职业教育改革创新行动计划（2010—2012）》所确定的职业教育改革创新目标，就是最好的例证。

（1）转变职业教育发展方式，以改革创新为动力，整合资源、优化结构、强化内涵、提高质量，基本形成教育与产业紧密结合，规模、结构、质量、效益协调发展的格局。

（2）改革创新人才培养模式，以产业为引领、就业为导向、素质为基础、能力为本位，动态更新专业、课程和教材，基本形成多途径多形式实现工学结合的局面，"校企一体"改革取得明显进展，专业建设管理规范化和教育教学信息化的水平明显提高。

（3）完善评价考核管理制度，基本形成以素质能力评价学生、以教学效果评价教师、以贡献水平评价学校，教育与产业、校内与校外结合的评价机制；支持学生继续学习和职业生涯持续发展，初步建立中、高等职业教育衔

接，职业教育与普通教育相互沟通的框架体系。

（4）创新职业教育运行机制，落实政府责任，强化部门协调，加强行业指导，基本形成政府统筹、部门配合、行业企业与社会各方深度参与，公办与民办共同发展的局面。

可以看出，未来3年职业教育改革创新的目标，从人才培养模式到评价考核管理制度，从职业教育发展方式到职业教育运行机制，都蕴含着以人为本的管理思想。因为"以人为本"强调人是一切社会活动的根本目的，坚持以人为本，就是要以实现人的全面发展为目标，以人为本的核心就是一切为了人，一切管理都要从人性出发，平等地看待每一个人。

以"成人＋成才＋成功"为目标，让"专业紧跟企业跑，人才围绕企业转"，这是学校在倡导人本思想前提下提出的办学思路。围绕这一办学思路，学校积极挖掘潜力，开拓创新，在弹性学制、专业设置、院校联办、校企合作、学生自治、教师选课、教师培训、双证制度，特别是在地方特色专业与建设的探索方面进行了有益的尝试，并在实践中取得了一定的成效。

一、以人为本——做好学校管理的前提保障

毫无疑问，就学校管理的主客体来说，无论是管理者还是被管理者，无论是教师还是学生，他们都是一个个活生生的人，他们有思想、有感情、有独立的人格、有各种需要，他们渴望求知、渴望得到尊重、渴望实现自身价值，这些是作为生命体的人的主要特性。所以，学校管理必须正视这种特性，在注重管理的科学化、有序化的同时，必须确立生命意识，关注每个生命，坚持以人为本，实施人本管理，做到以情感人，以情育人。

有待完善的学校管理模式——学生自治与"牵而弗抑"

"仙游职业中专学校的毕业生，凡是在学校当过学生干部的，在招聘时每月工资可以多加300—500元。"这是多家企业在招聘会上的要求。

学生干部月工资可以加300—500元，这是为什么呢？

原来，仙游职业中专学校有一个很好的做法，那就是充分让学生会民主自治。在这个民主自治的学生会里，学生通过锻炼学会了很多以前不愿意做、不会做、不敢做的东西，特别是在实习实训过程中学会的实践管理这一难得的经验。职业学校招收进来的学生，中考分数一般都是不高的，其初中时代经常被老师批评不说，还经常受班干部的管制。"后进生"就是"另类

学生"，在正常的情况下他们是没有"发言权"的，很多时候是不敢说、不会做、不让说。而进入该校后，学生起点差不多，他们渴望得到尊重，渴望得到肯定，于是一旦有机会成为班干部、学生会干部，他们愿意做、有时间做、有机会做、敢于去做，因此做起事来就干得比任何人更卖劲、更认真、更负责，有时候会博采众长、另辟蹊径，大胆运用企业实践管理模式来管理学生，达到了意想不到的效果。例如，该校学生会倡导文明自治的"早读督导，上课考勤，晚修监管，校内巡查，校外自尊"的学生自治模式很受师生赞赏并取得了很好的管理效果。2009 年，全县校园安全现场会议在该校召开，该校的学生自治管理模式经验也在会上交流并得到肯定与推广，学校连续 3 年被评为市校园平安先进单位。

子曰："性相近，习相远。博学于文，约之以礼。"我们相信，任何学生都是可以教化的。当然，学生的教化离不开学校的教师和相关部门。2011 年 4 月，该校根据工作需要把原先负责学生会工作的政教处副主任郭老师调到培训处当主任，给学生会安排了另外 1 名女教师来负责日常工作。然而，想不到郭老师的职位变动给学校学生会管理带来了一场"考验"。首先是学生会集体祝贺郭老师"转正"；其次是对郭老师恋恋不舍，有的学生干部还到校长室来求郭老师留下来负责学生会，说他们需要"引路人"，除郭老师以外，他们不喜欢其他老师。更为严重的是，学生会集体在 4 月 15 日的校长接待日上提出严正声明，说学校如果不重视学生会组织，那么学生会将自动解散。为了稳住学生会的良好态势，学校有关部门及时召开协调论证会议，从学校管理、学校教学、学校稳定、学校民主、学生成长等方面与学生面对面对话，结果学生会还是自动解散了。

基于学生会的暂时过激行为，学校进行了全面的分析和反思，认为学生会的初衷是好的，他们渴望"出人头地"，期待得到肯定，愿意用自己的智慧来管好学生，为学校出谋献策。他们相信的是现状，对不了解的人和事感到疑惑，甚至有出轨行为，这是很正常的。为了解决问题，学校政教处决定组建临时学生会，结果又出现了其他问题，个别学生会老干部公然对临时学生会干部说："平时都是我们管你们的，今天反倒管我们来了，你们凭的是什么？我们就是不听，你们又能把我们怎样！"尽管新来的主任也绞尽脑汁地想控制局面，但校园文明、行为规范、公共卫生等环节不尽如人意，正常的"早读督导，上课考勤，晚修监管，校内巡查"等学生会常规而独特的工作不见了，学校教育教学秩序受到了明显的冲击，任课教师、学生家长、学生都忧心忡忡，老师们也议论纷纷。有的老师说管理好我们的学生真难；有的老师说学校管理如果能像以前那样，有学生会的民主自治，学校教学工作就好做多了。

解铃还需系铃人。学校制度的"硬"还要与学生管理的"软"互补到位，为了确保学校工作的稳定，学校最终还是动员郭老师返回岗位，既当培训处主任，又当政教处副主任，重新负责学生会日常工作。为此，学校还于期末专门召开了学生代表大会，正式选举产生了新一届学生会组织，给学生一次公开、公平、公正的选择与亮相，目前学生会各项工作像提速的"动车"，稳步向前迈进。

学生不单单是被管理的对象，更应该是管理的参与者、组织者。牵而弗抑，改变管理者视野，不应俯视学生，而应平等对待学生，更应仰视学生。罗森塔尔效应告诉我们：作为学校教学的老师要明白，学生是"人"——是能动的主体，是有思想情感的人，他们具有独特的创造价值。同时，学生又是发展中的人——具有发展的可能性和可塑性，是"小成人"。改变教育实践中否认学生的人的属性的做法不妥，让学生"活""动"，但更要牵引，凡事"牵而弗抑"，相信职业教育的明天会更好。

老师和学生是充满灵感、有血有肉的人，学校管理应更多地从思想上入手，攻心为上，并创设宽松、和谐、团结的人际环境来促进教师更主动、积极地做好工作，促进学生更主动、自觉地去完成学习任务。

教育——成功的同时必然伴有失败

学生郑杰，系 2009 级电美专业学生，几年前父母前往重庆做生意，郑杰寄养在奶奶家。郑杰自入学以来，由于对学习缺少兴趣，出现厌学、逃学、迟到、旷课等现象，学习成绩一般，且因专业课学习缺乏基础而无法进入学习状态，结果课堂上打不起精神，经常做小动作，扰乱班级上课秩序，甚至向任课教师"挑战"。很多教师建议把该生开除，但学校认为，教育是学校的职责，教化一个人等于救活一个家庭。于是，班会、电话家访、个别谈心、写保证书等，凡是能想到的方法都采用了，甚至也按程序给予了纪律处分，但收效甚微，而郑杰同学也是时好时坏。期中考试过后的某一天下午，郑杰趁下课的时间，急匆匆地往幼师专业班舞蹈室跑，想对女生"献殷勤"。面对紧闭的大门，郑杰用脚大力一踢，这突然的一踢直击李老师的背脊，李老师转身一看，发现郑杰正急往隔壁教室跑，不但不道歉，反而做鬼脸。李老师走进隔壁教室，找到郑杰进行说教，结果郑杰大叫大嚷外加满口粗话："你敢拿我怎么样？"年轻气盛的李老师再也按捺不住，于是给了郑杰一巴掌。猛然间，犹如野虎中枪，郑杰拿起身边的课桌，狠狠地向李老师砸过去，练过舞蹈的李老师侧身一躲，结果砸在了从隔壁教室出来劝架的女生林某的前额眼骨上，女生林某被送往医院救治，经法医鉴定，属于轻伤。

"报案，我们一定要给女儿讨个说法"，受伤的女生家长直接向当地公安局报警。警车来了，校园一片哗然。为了抑制事态扩大，当晚学校就召开由班主任、校保卫处、分管领导、学生家长共同参与的专门协调会，经过多方的商讨与努力，双方家长终于达成庭外调解。

事后，学校以李老师事件对全校教师开展职业道德再教育，同时也准备对郑杰进行处分。事过一天，家长就带来孩子，强烈要求学校让学生再读。面对如此情况，留还是去？在教师间形成一场热议。

"再给一次机会，求求你们学校"，面对家长的苦苦哀求，学校最终还是让郑杰继续留读。但和教育中的大多数现象一样，郑杰在新学期消失了。

受教育是学生的权利，教育学生是学校的职责。然而，只教书不育人的现象在很多学校中都存在。特别是中等职业学校，面对现实的教育往往是在无奈中推卸责任，或更多的是埋怨责怪：说什么"问题"学生多、"双差"学生多，而在职责上很少甚至没有想过学校自己应有的责任。职业教育——作为教育与职业相连接的主要渠道之一，它是教育事业中与经济社会发展联系最直接、最密切的部分。学校如何营造良好的学习环境、如何控制学生、如何教育学生成长成才、如何促进学生有效就业，如何使其就业后爱岗敬业、甘于奉献……这些都是学校必须正视的教育问题。当然人们关注更多的是教育的成功，而成功里更多的是正面的成绩，对于教育的"盲区"和失败却很少有人问及和面对。或许我们该问：我们今天的教育，包括职业教育，究竟是为谁服务的？该如何服务？面对教育的"盲区"和失败，我们又如何去理解以人为本呢？

二、注重技能——满意就业与服务社会的敲门砖

所谓技能，就是掌握和运用专门技术的能力。技能与知识不同，它是一种熟能生巧的体力活，对眼和手的协调能力要求很高。技能必须亲自学习，并坚持练习才能掌握其中的技巧。

技能按其熟练程度可分为初级技能和技巧性技能。初级技能只表示"会

做"某件事,而未达到熟练的程度。初级技能如果经过有目的、有组织的反复练习,动作就会趋向自动化,而达到技巧性技能阶段。在技能形成过程中,各种技能动作之间会相互影响。已形成的技能若促进新技能的形成,叫技能正迁移。如果已形成的技能阻碍了新技能的形成,叫技能干扰或技能负迁移。

有专家提出职校管理应当注意市场导向。第一,计划设置专业应满足市场的变化。要改变按职校为本、教师为本设置专业的模式,将市场需求空间小的专业关停、市场需求饱和的专业转向、市场供应紧缺的专业扩盘、潜在市场看好的专业领先突入,并以此为原则重组教育教学资源。第二,组织教学内容要关注市场的需求。改变课程设置重复,教材讲义内容陈旧,重课堂理论传授、轻实践性带教的弊端。通过教学模式的革新,做到课程结构、教材选用、课堂教学和实践性教学与市场接轨,教学内容力求体现新知识、新工艺、新技术、新方法。第三,保证培养的学生具备就业市场所需的知识、能力素质。为此,要转变教师怎么教学生就怎么学、教师教什么学生就学什么这种单向式、灌输式的教学方法,坚持深化素质教育,以学生德育为核心,以提高学生创新能力和实践动手能力为重点,探索旨在提高学生自主学习能力、研究释疑能力、动手操作能力、多向思维能力和处理信息能力的教学方法,为更好提高学生的技能服务。

有了专家的指路,有了关于对技能知识的一些认识,学校在平时的教学过程中就主动关注学生的技能与实践能力的培养,通过技能大赛促进学生技能素养的提升。同时,注重以市场为导向,通过完善教学设施设备、企业实习、技能考证等,确保学生的专业技能与企业需求吻合,使人才为企业服务,实现无缝对接,使毕业生就业率达96%以上,其中工艺美术专业毕业生供不应求,呈现良好的发展态势。

仙游是福建省工艺美术重点产区,工艺美术专业的古典工艺家具成为当地经济产业的重要支柱,产业发展具有很大优势,就技术骨干力量来说,已形成了一大批由老、中、青结合的工艺美术技术骨干人员,其中中国工艺美术大师3名、福建省工艺美术大师19名、省竹编专家1名及省工艺美术名人33名、市工艺美术大师50人、工艺美术师职称以上人员300多名,还有4000多名中高级技师。翻开学校校友册,许多毕业生利用自己在学校所学的专业技能敲开了生活与社会的大门,成为传统工艺美术领域的佼佼者。

蔡加新——"点石"成金展宏图

1983 届工艺美术专业毕业生蔡加新,现为福建省点石工艺有限公司董事长、仙游县油画行业协会常务副会长、莆田市油画艺术产业协会常务副会长。

福建省点石工艺有限公司于 1996 年创办,现有职工 300 多人,专业生产木框、PU 框、油画、欧式家具、树脂工艺品。公司已顺利通过 ISO9001：2000 质量管理体系认证,2008 年被评为福建省守合同重信用单位,其"点石"牌商标荣获 2008 年度福建省著名商标。公司连续 4 年出口销售额超过5000 万,公司以严谨的质量管理、超前的设计思维、独特隽永的产品风格、博采众长的经营理念,创造出了世界经典产品,其产品远销美国、加拿大、南美洲、非洲、欧洲、中东等几十个国家和地区。

王美钦——留美创作翘楚女

王美钦,1991 届工艺美术专业毕业生,1998 年进修于福建师范大学艺术学院美术系油画专业,美国纽约州立大学艺术史学博士,现任教于美国纽约州立大学。

王美钦毕业后长期致力于美术的创作研究,先后发表了《中国第二代写实油画家对油画写实技法的改造》《写实油画技法在中国的传播和发展》等论文,他出版的《克利论艺》(20 世纪外国大师论艺书系)(Klee on Art),深受海内外同行的一致赞赏。

林胜煌——旅日不忘故国情

林胜煌,1990 届工艺美术专业毕业生,后进修于中央工艺美术学院,留学日本东京艺术大学,现任日本东京艺术大学客座研究员。

林胜煌旅居日本多年,他始终在努力用艺术来表达自己的所听、所想。在艺术世界里,林胜煌先生可以说是一位慷慨者。搜索网页,我们不仅能欣赏到他的最新力作,还能欣赏到林胜煌先生珍藏的早期中国情结题材的紫铜作品,共同感受艺术节带给我们的独特人文气息。

近年来,一批从事古典工艺家具设计与制作的毕业生也已经陆续成熟起来,有的成为当地的企业家、有的成为技术骨干,他们都在运用自己所学习的专业技能为当地经济服务,实现了职业教育的目标和功能。

为了提高学校工艺美术专业学生的技能水平，学校还成立了技能鉴定站，对从事古典工艺家具的工人、技术人员给予考试评级，同时利用工艺美术省级示范性实训基地，结合地方经济实际，以创特色、树品牌为目标，依托莆田市工艺美术职业技术教育集团龙头院校的地位，巩固与南京林业大学家具学院的合作关系，不定期邀请南京林业大学专家、教授来校讲课，并组织相关人员听课、研讨，开展学术论坛。2009年5月，学校与南京林业大学、福建省古典工艺家具协会联合举办了"古典工艺家具设计与创新论坛会"。论坛会就古典家具的发展历史特点、款式结构、艺术欣赏、古今对比、中外借鉴、收藏价值等进行了大胆有益的讨论与探索，深受行业好评，收到了很好的效果。

三、支持改革——职业教育事业发展的根本出路

改革是发展的必由之路，30年改革开放的实践可以有力地证明这一点。教育部颁布的《中等职业教育改革创新行动计划（2010—2012)》就是支持职业教育改革的具体行为。学校作为国家级重点职业学校，在支持专业改革方面作出了有益的探索。学校认为："加强专业建设是职业学校提高教育教学质量和办学效益的一项重要工作，是学校抓内涵、抓质量、上水平的突破口，是职业学校提高人才培养质量的根本途径。职业教育的发展关键在于专业建设，专业建设得如何，标志着职业学校能否走强，决定着职业教育对经济发展的贡献度。"所以，学校支持把专业建设作为重要任务来抓，促使学校专业设置建立在职业教育与社会需求的结合点上，使职业教育有所作为。

学校从1982年起开设美术专业，1999年学校根据市场的需要，开始全面转向工艺美术专业建设。2001年学校开设了电脑美术设计专业，2006年该专业被评为省级重点专业，并开设了古典工艺家具设计与制作专业。2008年开设雕塑（彩塑）专业。目前，学校工艺美术类专业包括4个方向：古典工艺家具制作与设计、电脑美术设计（本专业为省级重点专业）、油画、雕塑。校内外配备相应的实训实习基地6个，其中古典工艺家具制作与设计已成为福建省省级示范性实训基地。

2010年学校工艺美术专业学生近2000人，学校内部建有古典工艺家具实训大楼，面积5050平方米，投资经费600多万元。学校还创建了工艺美术专业网站、承办《海峡工艺美术》专业刊物，发行海内外。

考虑到工艺美术产业的地方性与特色性，学校大胆创新，积极改革，在

专业设置、弹性学制、专业选择、院校联办、校企合作、教师队伍建设、学生双证制度等方面推出了一系列措施，培养了一大批优秀专业课教师，其中参加全国级培训的有5人，省级培训的有13人。教师发表论文53篇，编写地方教材13本，有3人出版个人专著，学校教师书画作品获全国性表彰达86人次，个别教师应邀出国讲学，并收到好评。

李柱——国画作品赴菲律宾展出

画家李柱于2011年2月19日至22日应邀参加由菲律宾马尼拉市政府、中国驻菲大使馆文化处、菲律宾中国商会总会、菲华青年学社等单位联合主办的"第十届菲中传统文化节"活动。菲律宾马尼拉市市长亚斐洛林阁下、中国驻菲大使白天阁下、菲律宾国家奥委会主席

教师出国交流

洪于柏阁下、菲律宾中国商会总会会长施万轸先生、菲华青年学社理事长施振忠先生等出席。

李柱有20多幅作品参加作为"第十届菲中传统文化节"主要项目之一的"第十一届菲华诗书画展览会"，成为本届活动的新亮点。在会上，李柱即兴演讲，博得大家的热烈掌声，李柱创作的两幅作品分别被马尼拉市政府和菲律宾中国商会总会收藏。菲律宾《世界日报》《商报》《华报》等媒体均以较大的篇幅对此作了相关报道。菲律宾国家电视台、马尼拉市电视台等电视媒体对李柱进行了专题采访和报道，并在黄金时间播出。

亚斐洛林、白天、洪于柏等分别与李柱合影留念。此次活动意义深远，充分体现了中菲两国优秀的传统文化，加强了两国的团结和融合，进一步推动了两国友好关系深入发展。

改革不是口号，无论是专业设置还是教学工作，无论是实习实训还是校企合作，只要有利于学校发展，有利于专业建设，学校都鼎力相助。可以说，改革给专业带来生机，改革给教师带来幸福，改革给企业带来效益。

校企合作——明韵清风雕刻一枝花

"手工制作出的神韵是机械制造无可比拟的，它赋予了制作者更多的灵

感，充满个人魅力，但是手工生产全都是凭着工匠的感觉和经验，行业专业人才的短缺，更使传承的重任受到影响。如今，雕刻工匠的缺乏是目前制约仙游古典家具行业发展的主要因素之一。目前古典家具雕刻工月工资往往能达到 6000—8000 元，但是本地的年轻人还是不愿意从事这个行业。现在雕刻工匠多来自外地，并呈日益短缺的趋势。"面对企业担忧的问题，学校广集良方，主动与南京林业大学家具学院、福建省古典工艺家具协会合作，积极寻找改革模式与对策，终于与明韵清风公司达成专业改革与校企合作协议，即学校的学生可以直接到该企业实习实训，企业为学生提供实习实训的一切方便。企业还可以从实习学生中找到合适有用的专业人才，双方实现共赢。目前该企业已经成为省、市工艺美术产业雕刻技术的领军派，人们戏称为"雕刻一枝花"。该企业注重技术创新，在机器上提高科技含量；在样式、图案做工上，融入地方文化特色，努力提高古典工艺家具的品质与品位。同时，他们还重视员工的素质教育，鼓励年轻的员工到仙游职专接受学历班教育，同时也非常支持职业教育，多次派企业骨干人员到仙游职专为古典工艺家具专业班的学生上课。对于学校学生，企业派专业人员给予指导，对能用、好用的学生，企业敢于高薪聘用，给行业树立了榜样，给学校带来了生机。2011 年该企业还与仙游"三人行"古典工艺家居装饰有限公司、仙游职业中专学校共同开发了几何建模、CAM 编程及 NC 程序开发，又率先开创了圆雕技术的先河。校企合作在仙游职业中专学校已成为实际行动，并逐步走向规范化。

对于学校专业设置及教师的发展，学校历来坚持"调查事实为重，鼓励支持为主，教师参与为上"的治学策略，在进行一些重大的教学决策时，包括教学教研、学习进修、活动参与、出外考察、专业改革、专业对家、教材征订与编写、校企合作等都能够主动与一线教师商量决策，形成了管理的又一风格，那就是——民主决策，科学操作。

对比传统教学——合班还是分班

2010 年学校工艺美术专业分为古典工具家具设计与制作、美术绘画、雕刻艺术设计与制作、电脑美术设计等方向，招收 3 年制学生，实行"3＋2"大专学历教育。由于古典工艺家具设计与制作在当地行业享有盛誉，秋季新招的学生达 78 人，凭着过去的教学经验与办学条件，78 人合班上课显然是不合适的，但如果分班，教师与设备资源又不能完全满足教学需要，面对现状，究竟是合还是分？

本着以人为本的管理思想，学校首先从专业发展入手，召开专业课教师研讨会。会上专业课教师普遍认为分班上课比较合理，且教学效果会更好，而学校教务处却因为教师与设备的分配问题犹豫再三，结果开学1个月后是分班还是合班还未成定论。国庆节后，专业课教师再次提请学校考虑学生的分班上课问题，而此时学生与家长又有一些看法，以为学校要分重点班与非重点班，结果有的家长打电话咨询，有的家长到学校责怪，使学校的教学秩序受到直接影响。为了进一步解开学生及家长的心结，学校破例在学期初召开学生家长会，由教务处、年级、专业课教师及校领导共同参与。家长会上，家长非常热衷、诚恳地对学校提出建议，希望学校以关心下一代的成长为目标，想办法投入财力，并向企业、校友聘用专业课教师。专业课教师经过多方讨论，也认为分班上课效果更好。最终学校将学生按专业方向分成3个小班，据后勤统计：仅这一专业的分班上课，教师在一个学期超课时8000多节。另外，学校还外聘教师（技师）3人，并增加投入设施设备经费116多万元。

叶澜教授说过，教育是一项直面生命的事业，对教师而言，课堂教学就是教师的职业生活，要让教师的职业生活丰富多彩，就必须鼓励教师精益求精，向自我挑战。在人事安排上，学校应遵循机会均等的原则，冲破人事制度的"晕轮"效应。当前，社会正处于转型时期，教师的价值取向、道德观念发生了很大变化，知人善任显得尤为重要。知人善任，重在"知人"，难也在"知人"。"知人"的过程是一个双向了解、交流的过程。决策者要知教师，教师也要知决策者。决策者要放下架子，对教师主动关心，坦诚交心，教师才能对决策者付出真心，对学校树立信心。学校决策者通过谈心、交心，达到知人、知心，从而把广大教师凝聚在领导群体的周围，从而实现保护人的自尊的目的，激励人的情感的目的，彰显人的价值的目的。

在学校管理中，学校管理者一定要改变"以管人为中心"的管理方式，代之以"以人为中心"的管理，尊重教师和学生的人格，尊重教师的工作和学生的学习，关心每一个教师和学生的情感，关心每一个教师和学生的存在及价值。只有以人的发展为根本，为人的发展服务的学校管理才能真正达到"管是为了不管"的最高境界，才能最大限度地调动广大教师和学生工作、学习的积极性、主动性和创造性，进而促进学校良好的教风、学风的形成和巩固，达到强、大、优的办校目的。

四、彰显特色——中等职业也争俏

仙游古典工艺家具生产历史悠久。自清末以来，仙游民间家具制作就已闻名遐迩，其中不乏精品被当作贡品，至今尚存于北京故宫博物院。改革开放后，仙游工艺美术开始复苏，其中木雕开始重新繁荣，当时完成了初步积累的厂家开始大量使用印度小叶紫檀、海南黄花梨等珍贵木材生产明清家具。现在，以木雕及古典家具为主的石雕、玉雕、铜雕、金银饰品、漆器、编织品等八大类共2000多个品种，已成为福建省工艺美术重点产区，并列入国家工艺美术产业特色区域之一。2007年，仙游县被中国工艺美术学会授予全国唯一的"中国古典工艺家具之都"的称号。

作为中国最早起步的古典家具制造基地之一，仙游古典家具积淀深厚，品种多而全，风格独具特色、制造工艺精良，形成了独特的优势和特色，也有部分企业创造了行业特色品牌，但古典工艺家具的现状也不容乐观。

"产品设计人员匮乏，烘干技术参数较低，市场营销艺术滞后，这些因素制约了产业的长足发展""如何给红木家具传统工艺与设计注入更多创新技术？"成为当前红木家具企业探索和尝试的课题。产品技艺升级难、企业规模扩大难、创新效益呈现难等瓶颈问题日渐突出。目前仙游的雕刻工匠一部分是本地人，另一部分是从浙江、江西等地重金聘来的，不少工匠年纪较大，亟需培养接班人。这些都是企业家所担忧的，也是职业教育必须面对的问题。仙游工艺美术产业要想健康发展，需要职校审时度势、理性对待。

作为市工艺美术职业技术教育集团龙头院校，为仙游的工艺产业持续健康发展分忧解难责无旁贷。分析仙游古典工艺家具的现状及存在的问题，学校积极思考，主动应对：一是牵线搭桥，做好与南京林业大学等高校的智力对接，加大创新力度；二是做好校企合作，努力服务企业，提升工艺水平；三是加大人才培训，因材施教，助推企业发展；四是用好用活政策，拟订发展规划，完善校企合作；五是实施品牌战略，提升学校的内涵和魅力，积极创设具有农村特色的中等职业学校。

1. 院校合作

自2008年以来，学校就积极与南京林业大学家具学院合作，开办古典工艺家具设计与制作专业学历教育、联合培训、教师进修培训、课题开发应用等。2009年5月，学校邀请南京林业大学家具学院院长、教授来校考察并达成合作意向。2009年底，由市教育局签约牵头，仙游职业中专学校主办的双方互派考察 3 次、学术论坛 1 次、教师及老板进修 12 人次、技术工人培训1000多人次、员工培训6000人次。此外，学校还积极探索"三段式"教学模式，主动与其他职业学校配合，发挥市工艺美术职业技术教育集团龙头院校及县级职教中心的作用，促进仙游职业教育及工艺美术品牌专业的发展。

为了进一步巩固与南京林业大学家具学院的合作关系，学校还不定期邀请南京林业大学专家、教授来校讲课。专家、教授针对行业状况，拟定研讨学术课题。2009 年，学校与南京林业大学家具学院共同举办"古典工艺家具设计创新与产业发展论坛"，论坛就古典家具的发展历史特点、款式结构、艺术欣赏、古今对比、中外借鉴、收藏价值等进行了大胆有益的讨论与探索，同时还对《中外古典工艺家具比较与鉴赏》《木材鉴定与家具修复》《烘干技术与难题突破》等课题进行了交流，其目的重在提高管理人员决策与企业创新能力，促进企业向品牌化方向发展。

2. 校企合作

学校积极与福建省古典工艺家具协会的所属企业，如三福古典工艺家具有限公司、坝下明珠古典工艺家具有限公司、飞鸿古典工艺家具有限公司等培养半工半读学生。2006 年，学校开办古典工艺家具设计与制作专业学历教育班，毕业学生 150 人，全部从事电脑家具设计；与点石及名艺油画公司、龙华塑雕公司等多家企业签

校企联欢

订订单式培养协议，培训学员 300 多人。为确保人才培育适销对路，工艺美术后继有人，2009 年起学校扩大招生规模，其中古典工艺家具设计与制作专业 100 人、油画专业 100 人、电脑美术专业 100 人，努力扩大学校工艺美术办学规模。

作为莆田市工艺美术职业技术教育集团龙头院校，仙游职业中专学校积极探索建立资源共享、自主发展办学模式，通过古典工艺家具实训基地建设的专业示范，辐射并带动其他专业的发展。学校倡导把课堂延伸到企业，把车间办到学校，力促产业带动专业、专业推动产业，着力实现"学生即工人，老师即师傅，学校即车间"的职业教育办学模式，推进职业教育课程改革工作的全面展开，整体提升职业教育的质量和效益，同时也推进工艺美术

产业水平整体提升。

3. 人才培训与基地建设

自 2006 年开始，学校开办古典工
艺家具专业，已经在校内外建立实训
基地 6 个。2009 年学校积极主动申报
福建省劳动和社会保障厅、福建省财
政厅联合组织的工艺美术省级示范性
实训基地，3 年将投入专项经费 350
万元。这一基地的建成，将大大促进
学校工艺美术专业建设的品牌效应与
社会效益。

工艺美术实训基地

学校注重发挥培养基地的辐射作用，重视培训效果的落实。2010 年以
来，学校按计划实施，积极巩固工艺美术产业技工基地，形成了良好的校企
合作模式，产生了积极的辐射作用。

（1）2010 年学历及非学历班招生 986 人，学历教育专业方向分为电脑美
术设计、古典工艺家具制作与设计、雕刻与设计、装饰与油画。产业技工基
地的建设，使得专业人才教育及其培训在当地家喻户晓。

（2）在非学历培训方面，一共培训各类人员 6000 人。培训形式以集中为
主，有的也根据企业需求分散到乡镇、企业车间，进行面对面、手把手的培
训。培训内容有电脑设计与制作、平雕与立体雕刻、3DMAX、PHOTO-
SHOP、精雕、家具制作与安全生产、职业道德、质量认证体系、劳动法律
法规等，形成了校内与校外、学历教育与非学历教育多渠道并举的人才培养
格局。

（3）根据产业发展需要，学校技
能鉴定站对部分培训学员做初、中级
技能等级鉴定。有了持证上岗，很多
企业的经济效益明显提高。经过培训
与技能鉴定，严格生产过程与监督，
推动产品质量的提升，仅此一项估计
为全县行业经济增加收入过亿元。

（4）有效推进校企合作。2010 年
校企互派专家或教师到学校、企业上

教师下企业实践教学

课、培训，其中明韵清风公司派出专业技术人员为学校学生上课 21 天，并开展技能竞赛与培训成果展览，收到了良好的效果。2010 年 5 月，学校牵头与县教育局、工艺办、古典工艺家具协会、企业代表共赴南京林业大学家具学院考察，进一步探索工艺产业发展途径。同时，学校的产业技工基地建设项目还被国家级莆田木材质量检测中心吸收为合作伙伴。

4. 用好用活政策，促使工艺美术产业向强、大方向发展

2010 年省政府决定传统工艺美术专业实行免试入学，在中招政策上给予开设传统工艺美术专业学校一定的招生自主权；行政主管部门应给学校足够的招生计划数，逐步使传统工艺美术专业人才的培养速度和数量满足产业发展的需要。同时，设立政府专项培养基金，对就读此专业的学生实行免费的定向培养，面向农村与乡镇的贫困新生开设工艺美术专业的"助学就业班"，为贫困学生铺设一条求学就业的"绿色通道"。此外，要扩大实训基地，建立集产、学、研一体的人才培养机制。

副省长陈桦批示省教育厅：对目前传统工艺美术类学校人才培养情况全面研究，采取特殊政策予以扶持。省教育厅经过深入调研，制订了加快培养福建省传统工艺美术类人才的措施，争取到 2012 年，全省培养工艺美术产业人才 2.07 万人；同时，积极面向企业开展职业技术培训和成人教育；进一步加强职业教育工艺美术专业实训基地建设，今年将启动中等职业教育专业结构调整工作，推行产学结合，实行"订单式"的人才培养模式，形成学生毕业后直接服务于企业的人才培养机制。

闻风而动，未雨绸缪。身处工艺美术产业集聚区的仙游职业中专学校，在计划上和行动上不甘落后，一方面重视硬件投入，另一方面积极落实 2011 年项目建设及工作计划。基于仙游工艺美术产业发展的实际情况，学校积极挖掘工艺美术专业的潜力，在抓好工艺美术产业技工培养基地建设的过程中，比较注重技术创新与品牌创设，敢为人先。2010 年学校在工艺美术专业设备设施的投入主要表现为以下方面。

校外：实训基地大型加工机器及设施设备 500 多万元。

校内：建设实训大楼一座，投资 600 多万元。另外投入 200 万元资金，由福建省设备采购供应办公室统一办理购买各种器材设备，专门用于技能型人才培养基地建设。

2011 年学校在具有地方特色的工艺美术专业方向和教学上明确提出了新的要求。

第一，改变传统的师徒授受方式，最大限度地借助现代化教学手段，改革课堂教学方式，因人而异，因材施教，提高教师的教学能力和教学效果。

第二，改变传统的手工生产方式，积极采取现代的、集约化的、高效的机械化生产方式。倡导研发创新，灌输品牌意识，确保专业建设的有效性和可控性。

第三，改变传统的、单一的、类同的产品样式，注重与现代时尚相结合的创新和设计，形成古今中外诗、画、木、瓷融为一体的设计理念。

第四，通过院校联办，利用高等院校的智力支持，借助古典工艺家具实训基地的有利条件，做好产、学、训、研相结合，促进校企合作，在改进中提升。

第五，强化研发中心建设，深化与南京林业大学家具学院的合作，特别是古典家具的鉴定、评估、修复等课题的开发应用，推进专业建设的有效性和可持续发展。

5. 实施品牌战略，创设具有地方特色的中等职业学校

实施品牌专业战略是学校管理理念的升华，有利于抢占职教市场的制高点。为此学校在研究办学策略的基础上，针对地方特色专业及产品品牌专利的保护，及时提出实施品牌战略。

第一，注重品牌专业的内涵。品牌专业是学校向职教服务对象提供的一组特定的特点、利益和服务。它可以向服务对象表达品牌专业所具有的属性、利益、价值、文化、个性和使用者信息，并使对象由此受惠。因此，实施品牌专业战略，首先要使相关专业具备内涵要求，确保其"货真价实"。

第二，创建品牌专业必须多途径实现。一是学校自创，即在注重专业质量、规模、效益（包括社会效益和经济效益）的前提下，通过申报重点专业，获得资质，强势出击；二是校企共创，即选择强势专业与知名企业深度合作，共同制订专业建设方案、开展教学科研、强化岗前培训、组织就业指导、实施毕业推荐，借势推进；三是多方合创，即通过与高校职教机构联合办班，引进先进的教学理念、模式、教材、师资和管理，提升专业品牌。

第三，加强品牌专业的宣传促销。创建品牌专业的目的在于为服务对象提供有质量、有就业市场的教育服务。因此，学校必须通过广告等媒体让社会公众了解和熟悉品牌专业，使服务对象加深印象、转变态度、引其注意，使其最终确定选择行为。近年来学校与行业机构共同推出品牌广告策略，创办了《海峡工艺美术》期刊、莆田市工艺美术职业技术教育集团专业网站、学校特色专

业发展简报等，有力地推进了品牌专业及地方特色产业的健康发展。

第四，争取品牌专业的连锁效应。创建品牌专业只是学校的一个亮点，学校要立足市场，应当争取整体提高。学校在创建品牌专业的同时，要注意提高管理的整体水平，让品牌专业带出品牌学校，使之在日趋激烈的职教市场竞争中立于不败之地。

仙游工艺美术产业的发展前景及其与职业教育的关系，必然要引起我们的反思。

一、仙游工艺美术产业的现状与问题

仙游工艺美术风格独特，有着丰厚的文化底蕴，在海内外享有盛誉，具体来说，具有以下几个特点：（1）门类全。仙游工艺美术涵盖了木雕、玉雕、石雕、铜雕、金银珠宝加工、油画、草竹编、民族民间工艺品等传统特色产业。（2）规模大。截至 2009 年底，全县共有工艺美术企业 2000 多家（包括个体经营户），从业人员约 15 万人，约占全省总数的 1/3，年产值近百亿元，其中规模以上工艺美术企业 164 家，完成产值 78.56 亿元，成为全国最大的内销木雕工艺品主产地和集散地。（3）品牌响。"中国木雕之城""中国古典工艺家具之都"等区域性品牌在全省乃至全国都具有较高的知名度。

另外，仙游也是福建省工艺美术重点产区，产业发展具有以下优势：（1）技术骨干力量较强。（2）原料供应有所保证。龙眼木、青石材目前基本能够自给；仙游赖店近年又出产石雕新材料"仙游石"；莆仙山区的竹、草、藤、树根等自然资源比较丰富；其他名贵木材、玉石料则由外地采购供应。近几年，仙游又涌现了一些莆仙本地的雕材供应商，基本上可以确保供需平衡；莆田秀屿国家级木材贸易加工示范区的设立，为木雕及古典工艺家具专用名贵木材提供了更多可供选择的材料资源。（3）产业集聚初具规模。现有的仙游坝下木雕——古典工艺家具产业集聚区，正在拓展的宝泉工艺园区，大剂、度尾、赖店等乡镇产业链出现端倪，初步形成了海内外市场销售网络。

二、仙游工艺美术产业发展面临的问题

（1）产业集聚区和企业规模偏小。现已形成的产业集聚区规模仍然很有限，与其他行业相比，业内上规模企业数量偏少，弱、小、差的企业数量占全行业比例较大。

（2）产业化程度不高。多数传统工艺美术企业和作坊仍然处于零星分散的粗放型生产状态。适合少量或限量生产的工艺美术品种材料贵，技艺不精，还未形成按生产特性和艺术价值对不同工艺美术品种采用不同生产方式的产业化发展格局。

（3）品种单调，档次不高。现代原创的高艺术附加值作品偏少，不少企业囿于重复加工传统作品，满足于在华人文化圈和市场圈内小打小闹，创新能力不足，打入欧美主流市场的拳头产品不多。

（4）产业配套能力不强。生产终端产品的加工型企业居多，产业服务配套型企业少，如产品研发、技术培训、市场营销、信息咨询等配套服务机构缺乏。

（5）市场存在着无序竞争的现象。

（6）技术工人队伍不稳定。

（7）作品著作权保护难度较大。

三、应对策略

职业学校教育的职业性要求学校管理必须"接轨市场，服务社会"，因为它与社会经济发展的关系最直接、最密切。为了接轨市场、服务社会，学校积极应对，主要从三个方面着手：一抓招生，二抓师资建设，三抓培训就业与学历提升。

（一）抓招生

招生与就业是职业教育的进口和出口。只有进口和出口渠道畅通，职业教育才能更好地为当地经济发展服务，这一观点已经成为该校办学的宗旨，也是师生们业已形成的共同认识。

对于职业学校来说，招生是学校重点工作之一。学校规模与就业是学校生存的命根子。和其他学校一样，该校除了成立招生小组召开专业招生会议，明确招生任务，改善招生方法外，学校还坚持每年在电视台作专题报道，并在户外广告等媒体上发布招生信息。但生源争夺大战的背后，学校总

是觉得筋疲力尽、事倍功半，或许是信息的不流通，或许是方法不对。从 2008 年起，该校以分组分片的形式，分派学校教师到各相关生源校做生源动员工作，兼以县级职教中心的名义实施"三统一"步骤，即统一印制招生简章、统一招生时间、统一招生计划。2009 年，该校还到企业、厂矿、乡村去做招生工作，开辟涉农专业 4 个教学点、8 个专业，招收学生 711 人，有效地推进了农村职业教育的发展。2010 年，学校以汽车教学班的有利条件组织了车队，分别开进本县范围的每一个乡镇及大部分的村居，前后共进行了 4 天，行程达1000多公里，分发招生简章10000多册，使更多的群众了解国家职业教育的政策，使家长对职业教育有了更大的信心和期盼。与此同时，县工艺办、福建省古典工艺家具协会也专门召开了新闻发布会，对愿意从事古典工艺家具行业的学生给予鼓励和奖励。部分从事古典工艺家具行业的老板也主动把自己的孩子、亲戚率先送到学校来，一时间，学校工艺美术专业的招生局面得到很好的改善。

另一方面，县教育主管部门还把各生源学校对职业教育的贡献作为县级评优评先的参数之一，在推进县级职教中心建设与职业教育的稳定发展方面产生了良好的轰动效应。

中等职业招生难的原因如下：

（1）认识的误区。很多时候，无论是教师还是家长，无论是政府部门还是社会人士，他们都会自然地把学习考试成绩差的学生推荐到职业学校，认为职业学校招生进来的学生就是"双差生""另类学生"。招生办等职能部门在招生划线的时候也是把分数最低的一条线归属于职业学校。政府官员评价教育的时候，都是高唱高考成绩与功劳，很少或不提职业教育的亮点，以至于把职业教育变成被遗忘的角落。

（2）政策宣传与落实不到位。近几年国家对职业教育的优惠政策不少，但知道的人不多，如免试入学、免除学费、困难补助、双证制度等。但教育附加费中用于职业教育投入的很少，更谈不上其他投资了，所以职业教育的设施设备、实训实习条件差，学生的动手能力与技能水平不高也就不足为奇了。

（3）用人制度与评价引导不完善。企业的用人不能坚持持证上岗，技术能手与一般员工没有身份区别，很多岗位用人不设门槛，员工没有动力也没有压力。有关部门对职业教育的办学方向和质量也没有很好地加以指导和评价，职业学校更多的是自己直接面对市场，往往出现专业设置滞后或盲目跟从，出现人才供求"错位""缺位"。

（4）学校自身素质与内涵不高。专业课教师数量的扩充、教师职业道德的提升、"双师型"教师比例的提高、职业教育的职业性理念的树立、动手能力与实践水平的考核、双证书制度的推行等，必将为职业教育带来新的希望与生机。

（二）抓师资队伍建设

抓师资队伍建设是提升职业教育质量的前提和保证。教育部《中等职业教育改革创新行动计划（2010—2012）》提出，健全教师队伍基本管理制度和政策机制，明确要求以建立健全相关管理制度和政策机制为抓手，逐步形成培养与培训并举，理论进修和企业实践并重，编制标准、任职资格与职务评聘相配套，专职与兼职相结合的中等职业学校教师队伍建设机制，为充实教师数量、提高队伍素质、优化队伍结构，创设制度环境。

目前，制约职业教育发展的因素之一是专业课教师的短缺，这一问题在很多职业学校是客观存在的，该校也不例外。作为中国古典工艺家具之都的仙游县，近几年来古典工艺家具发展势头良好，为了促进地方经济发展，保证提供一批技能型人才，2010—2011学年该校工艺美术专业由2个发展方向扩大为4个发展方向，由于班级增多，专业课教师不够，这一问题在学期开学初还没有得到落实。为了保证学校教学的正常进行，对于专业课教师的短缺究竟是外聘还是由本校教师兼职，学校没有统一意见。虽然最后还是采取本校教师兼职的方式，但现在看来并没有收到预期的效果。想想原因，既有值得思考的，也有无奈的。总之，教师是学校教学的保证，无师就少学，少师就难学，这是学校管理不得不思考的现实问题。

兼职教师熟悉学生，熟悉教材，专业对口，教学进度统一，便于教学检查。但如果专业课教师人数不够，部分专业课教师又不愿意超课时，而且兼课课时补助少，工资支付渠道不畅，有时和原有工资加在一起还要交税，同时教师超负荷地工作还会导致教学效果不理想。

短期聘用教师无法固定，有临时被聘用的自卑心理，真正对应专业不多，只能是接近或相关专业课教师。另外，被聘用教师的责任感与敬业精神常常不尽如人意，教材和学生熟悉程度不如本校教师。部分被聘用教师常常是懂得理论教学，不能实践教学，很难找到"双师型"的对口教师。另一方面，如果聘用工资高，学校无法承担；工资低，无人愿意做。同时，学校还要考虑"三保一金"问题。所以，没有专业课教师的教学，其效果是可想而知的。

教师短缺给学校教育教学工作带来了很大影响，这种现象在很多中等职业学校是普遍存在的，解决的唯一办法是，根据专业发展预测合理调配专业课教师。一是根据"凡进必考"原则，想方设法从高校非师范类毕业生招聘补充，教育部门要为高校毕业生愿意从事教育事业提供教学帮助，如准入门槛、教师证考取、教学实习等。二是当地政府要重视职业教育发展，为职业学校专业课教师短缺提供"特聘岗位""流动编制"，即职业学校专业课教师的聘用工资由当地财政预算并按时发放，学校承担"三保一金"，政府授权学校根据专业发展的需求，有权直接与相关教师签约，教师聘用合同1年一签，个别专业课教师根据其表现与学科的需要，也可以3年一签。这种"特聘岗位"既解决了专业课教师的短缺，又保证了学校的教学正常开展，减轻了学校的经济负担和压力，促进职业教育专业发展合理化、科学化。三是广泛与企业合作，聘请企业专家、行业骨干到学校兼职。

（三）抓培训就业与学历提升

学生董某，两年前修完工艺美术专业课程，该学生在校成绩优秀，专业特长突出。在企业实习时，已经有老板预言要聘用，而且工资待遇不低，但该生还想继续升学。实习老师下企业跟踪指导时，老板问教师的月工资是多少。当知道教师的月工资不到4000元时，老板开玩笑地说，如今的市场是"师不如生""高师不如技师"。于是，一场关于学生是就业好还是继续上学好的讨论在学校全面展开。结果仁者见仁，智者见智。围绕这一场热烈的讨论，学校给了三副不同的"处方"。

（1）就业——对处于被动学习状态，且学习成绩一般，但技能水平又比较高、恰好所学专业又是企业急需，并获得"双证"的学生，可以直接推荐就业；

（2）升学——对处于主动学习状态，学习方法正确，学习态度端正，且学习成绩比较优秀，但技能水平又不是很高，所学专业又是大众化的、家庭经济能够负担大学学习费用的学生，学校鼓励继续升学，并给予一定的职业生涯规划；

（3）工学结合——具备上面两种特征，但又有一些特殊的原因，如经济所迫、企业需求、学生厌学、阶段性教学实习需要、学习课题的调查研究等，学校采取工学结合模式，让学生有机会学习更多的专业知识，也有机会把理论与实际相结合，以期寻找"工学结合"的最佳效果。

模式不重要，技能是关键。仙游工艺美术产业技能型人才的缺少，已经明显地制约行业的健康发展。为此，该校及时理清思路，积极寻找对策，主动作为。

"培养实用人才，服务地方经济"，这是该校办学的宗旨。"以特色促品牌，以特色促发展"，这是该校的办学策略。只要全体教职工齐心协力，学校、社会、企业、政府共同谋划，坚持以市场为导向，以能力为本位，以道德为核心，以人为本，科学发展，相信仙游的职业教育会越办越好，仙游的古典工艺家具产业会走得更快、更远。

福建省仙游职业中专的专业设置，紧密围绕当地经济支柱产业——古典工艺家具产业开设，形成了以古典家具设计与制作为骨干专业的工艺美术专业群，在经营品牌专业的过程中积累了一定的经验。学校主要从内外两个方面打造专业品牌，不断提升服务古典工艺家具产业的能力。

引智。产业发展以科学研究和技术进步为动力。学校善于利用高校的智力支持，重视产品研发。学校积极与南京林业大学家具学院合作，通过联合开办学历教育、培训、课题开发、学术论坛，推动学校专业建设的发展，使学校在古典家具的鉴定、评估和修复等方面有了较大的提升。

宣传。宣传是发挥专业影响力的重要手段。学校通过广告等媒体让公众了解和熟悉品牌专业，从而使服务对象加深对品牌专业的注意，转变态度，最终作出选择。学校通过创办《海峡工艺美术》期刊、莆田市工艺美术职业技术教育集团专业网站、学校特色专业发展简报等，有力地推进了学校品牌专业及地方特色产业的健康发展。

合作。加强合作是发挥品牌效应辐射作用的重要措施。在办学方面，学校积极贯彻"上挂、横联、下辐射"的办学原则，主动与高校、兄弟职业学校联合办学，开展非学历教育；在校企合作方面，学校主动联系企业，为学生实习实训提供平台，也为企业员工培训提供服务，而企业的专业技术人员也向学校的教师和学生传授技艺，实现了校企的良性互动。

教学。硬件建设是提高教育教学质量的基础，学校配有电子电工、电脑美术、会计专业等模拟仿真设备，有专业的舞蹈厅、音乐教室，有古典工艺家具、电脑美术设计、油画、雕塑、机械制造、汽车、电子等10多个实训基地。学校在教学管理上，注重以人为本，注重学生的技能培养；在教学实践上，学校借助现代化教学手段，因材施教，提高教师的教学能力和教学效果。

师资。师资队伍建设是提高品牌专业内涵的重要源泉。在师资结构上，学校根据专业发展需求，通过引进和特聘等方式，保障学校的专业教学质量。

（佛朝晖）